설교 및 특강 제11집

율법에서의 자유

김근수 牧師 著

기독교문서선교회

저자 서문

하나님의 말씀의 상실로 인하여 점점 어두워지는 이 종말의 한때에 하나님 말씀, 곧 성경 말씀의 파수와 전파에 동역하시는 말씀의 사역자들에게 저의 설교 원고를 열한 번째 나누게 됩니다. 오늘날 적잖은 교회들이 말씀에서 멀어지는 현상을 보게 됩니다. 말씀보다는 신유에, 말씀보다는 축사(귀신)에, 말씀보다는 경배와 찬양에, 말씀보다는 코이노니아(교제)에 강조점을 두고 있습니다. 말씀의 자리는 밀리고 말씀의 시간은 짧아지고 있습니다. 말씀의 위기가 아닐 수 없습니다. 뿐만 아니라 선포되는 말씀도 본래적 계시의 의미와 정신에서 변질되고 왜곡됩니다. 말씀의 사역자들이 죽어가고 있는 것입니다. 이제 말씀으로 돌아가야 삽니다. 그래야 목회자도 교회도 삽니다.

강단의 경쟁시대에 "말씀 목회"에 생사를 걸고 말씀 속에서 뛰어 나온 선지자의 심정으로 교회와 신학교에서 외쳤던 메시지들을 모았습니다. 말씀은 살아 있고 생명력이 있습니다. 다른 어떤 프로그램보다 순수하게 말씀만 선포해도 교회는 계속적으로 신속하게 성장할 수 있습니다. 하나님의 말씀이 영혼들을 해산시키고, 양육시키고, 변화시키고, 성장시킬 것이 틀림없습니다.

    특히 이번 책에는 율법의 문자적 준행보다 그 정신적 시행이 구속사적 계시의 점진적 성취를 이룸에 강조한 내용이 많습니다. 그리고 특강으로 사도행전 연구를 부록으로 삽입하였습니다. 다락방 공부, 구역 공부, 청년 및 대학부 성경공부 교재로 효과적으로 활용할 수 있을 것입니다. 말씀목회에 전력투구하시는 강단의 동역자들에게 이 작은 책이 다시 한 번 격려가 되길 소원합니다.

2001년 5월 9일
김 근 수 識

목 차

저자 서문 / 3

1. 땅 끝까지(사 52:7-10) 9
2. 맥추절의 감사(출 34:22-24) 13
3. 말씀 교육(신 6:4-9) 17
4. 끈질긴 기도(눅 18:1-8) 21
5. 나를 좇으라(눅 18:18-30) 25
6. 미래가 여기에(막 4:1-9) 29
7. 나중 된 자(마 19:29-20:16) 33
8. 좁은 길(마 7:13-14) 37
9. 시험에서의 자유(고전 10:12-13) 41
10. 연민의 정(눅 7:11-17) 45
11. 나의 길(행 20:22-24) 49
12. 내 기도를(시 66:16-20) 53
13. 할 수 있는 대로(롬 1:8-17) 58
14. 본이 되라(벧전 5:1-4) 62
15. 가정 구원(행 10:1-8) 66
16. 잃어버린 아홉(눅 17:11-19) 71

17. 교회를 위하여(골 1:24-25) ·· 76
18. 골육과 친척(롬 8:31-9:5) ·· 80
19. 성령으로 난 사람(요 3:1-8) ······································ 84
20. 기도 정신(눅 18:1-8) ·· 88
21. 여호와의 손이 짧아졌느냐(민 11:16-23) ················· 92
22. 임마누엘의 신앙(민 13:25-14:10) ···························· 96
23. 자기를 비우는 삶(빌 2:5-8) ···································· 100
24. 성탄의 정신(눅 12:33-34) ······································· 104
25. 지키시는 자(시 121:1-8) ··· 109
26. 계속 부흥하는 교회(행 2:37-47) ···························· 114
27. 기도의 축복(눅 3:21-22) ··· 119
28. 주의 장막(시 84:1-2) ·· 124
29. 누구의 죄인가(요 9:1-7) ··· 129
30. 성령의 은사(고전 12:12,26-27) ······························ 133
31. 교회적 중보기도(행 12:1-12) ································· 137
32. 너를 시험하사(신 8:11-20) ····································· 141
33. 모세의 중보기도(신 9:12-21) ································· 146
34. 율법에서의 자유(갈 5:1-6) ····································· 151

35. 더불어 사는 삶(신 24:19-22) ·· 155
36. 여호와만 섬기자(수 24:13-15) ······································ 159
37. 그리스도같이(엡 4:30-5:2) ·· 163
38. 소금 되게 하소서(막 9:50) ·· 168
39. 고난과 순종(히 5:7-10) ·· 173
40. 산 소망(벧전 1:3-4) ·· 178
41. 전도의 말씀(딤후 4:9-18) ·· 182
42. 빛이 되게 하소서(마 5:14-16) ······································ 186
43. 천국에서 큰 자(마 18:1-10) ·· 191

〈부록〉 특강 Ⅰ : 사도행전 연구 / 195
　　　　특강 Ⅱ : 하나님의 나라 / 297
　　　　11권 찾아보기 / 309
　　　　1~10권 찾아보기 / 310

1
땅 끝까지

본문: 이사야 52:7-10

예수 그리스도께서 지상 사역을 마감하시고 마지막으로 제자들에게 당부하신 말씀을 기억하십니까? 곧 "성령의 권능을 받고…땅 끝까지 이르러 내 증인이 되리라"(행 1:8)는 선교의 명령이었습니다. 이 선교지상명령에도 나타난 말씀이 "땅 끝까지"입니다. 오늘의 본문 말씀에도 "땅 끝까지"(10절) "하나님의 구원"을 나타낼 것을 이사야 선지자가 예언했습니다.

1. 그러면 "땅 끝까지"란 무엇을 뜻합니까?

(1) 이사야 선지자에게는 이방 나라들을 뜻했습니다.

이사야 49:6 끝에 "내가 또 너로 이방의 빛을 삼아 나의 구원을 베풀어서 땅 끝까지 이르게 하리라"고 예언했습니다. 여기에 "이방"이란 이스라엘 백성이 불신의 나라, 여호와에 대한 신앙이 없는 민족을 가리키는 어휘입니다. 이 "이방"의 반대개념으로 채용된 용어가 "이스라엘"이었다면 "땅 끝"은 동질개념으로 사용된 말입니다. 하나님께서 이스라엘 민족뿐만 아니라 그 시대의 모든 나라와 모든 민족에게도 구원의 계획을 가지시고 그들로 그들의 죄악에서 돌이키기를 소원하셨습니다. 그래서 선지자들은 이방의 빛이 되신 예수 그리스도 곧 구원자이신 메시야의 대망을 선언했던 것입니다.

　(2) 바울 사도에게는 서바나를 뜻했습니다.

　바울 사도께서는 제3차 세계 선교여행을 마치면서 고린도에서 "이제는 이 지방에 일할 곳이 없고…서바나로…가려는 원이 있었다"고 했고, "너희에게를 지나 서바나로 가리라"(롬 15:23, 28)고 선교의 의지를 밝혔습니다. 그에게는 서바나가 그의 선교의 "땅 끝"이었습니다. 물론 그는 로마에서 순교하여 선교의 뜻을 이루지 못하셨지만 십자군 전쟁이 끝날 무렵 그의 후배 선교사들이 서바나에 선교했습니다. 그러나 주님의 재림은 없었습니다. 이는 또 다른 "땅 끝"이 남아 있음을 뜻합니다. "땅 끝" 선교 없이는 주님의 재림도 없습니다.

　(3) 현대 선교학자들에게는 10/40 창문지역을 뜻합니다.

　19세기 이후 대부분의 선교단체들과 선교학자, 선교사들은 지구의 위도, 경도의 십, 사십 창문지역에 살고 있는 20억 이상의 인간들에게 관심을 갖습니다. 대부분 회교를 신봉하는 회교 문화권 지역 중에도 선교 접근금지 구역 안에 복음의 접촉이 전혀 없는 사람들만 8억 이상이 살고 있기 때문입니다. 그러므로 "땅 끝" 선교는 모슬렘 종교 지역으로 단정하고 이 지역의 복음화를 위하여 최선을 다하고 있습니다.

　(4) 우리들에게는 북한을 뜻할 수 있습니다.

　"땅 끝"은 한 곳이 아닙니다. 그래서 오늘 본문 말씀에도 "모든 땅 끝까지도…"라고 여러 땅 끝을 암시합니다. 그러므로 지역적 의미를 초월하여 주관적이며 상징적 의미를 갖고 있음에 틀림이 없습니다. 그러면 우리의 "땅 끝"은 어디이겠습니까? 오늘의 선교 대상지역은 어디이겠습니까? 지난 며칠 동안 남북 정상회담을 지켜보면서 우리 그리스도인들은 북한 선교의 임박성을 다같이 느꼈을 것입니다. 철의 장막 저편, 동토의 땅이 접근금지 구역에서 이제 선교 근접 지역으로 돌아서고 있음을 깨닫지 않을 수 없습니다. 북한은 지난 50여 년간에 철저하게 교회와 그리스도인들을 잔해했습니다. 혹자들은 지하 교회가 남아 있다는 보고도 합니다만, 평양신학교, 숭실학교, 그리고 소래교회, 산정현교회 등은 없어지고 말았습니다. 이제 민족적 화해와 동질성 회복으로 통일 조국을 바라보게 됩니다. 믿어지지 않는 사실이 다가온 것입니다. 한국교회의 눈물의 기도를 하나님께서 응답하신 것입니다. 그러므로 이제 북한 교회 재건과 북한선교를 위한 준비가 시급하게 되었습니다. 이제 우리의 땅 끝은 북한으로 다가온 것입니다.

2. 그러면 어떻게 "땅 끝" 선교를 해야 합니까?

좋은 소식을 전하는 전도자가 되어야 하겠습니다. 7절 말씀에 "좋은 소식을 가져오며 평화를 공포하며…"라고 평화의 소식을 전파하는 전도자의 사명을 요구합니다. 평화 곧 "샬롬"은 먼저 하나님과 인간 사이의 화목을 뜻합니다. 죄와 불신앙, 그리고 불순종으로 하나님과 원수된 인간들이 예수 그리스도의 십자가를 통하여 사죄의 은총을 누리며 하나님을 아버지로 부르며 그의 은혜의 보좌 앞으로 담대히 나가게 되는 것이 일차적이며 수직적 평화입니다. 뿐만 아니라 십자가의 사랑과 용서를 체험한 그리스도인이 그 정신으로 남을 사랑하며, 그 허물을 용서하고 화해하는 것은 이차적이며 수평적 평화입니다. 북한 선교는 이 같은 이중적 평화를 가져오게 할 것입니다. 우리 시대에 주신 사명이자 또한 축복인 것입니다. 또한 "복된 좋은 소식" 곧 "구원을 공포하며"(7절하)라고 복음을 전달하는 "파수꾼의 소리"(8절)를 요구합니다. 선지자 에스겔은 파수꾼의 사명은 적의 침투를 경계하며, 적이 침입할 때 성 내에 비상나팔을 불어 위기를 알리는 것이라고 했습니다(겔 3장). 이 사명을 소홀히 하다가 성 안의 사람들이 적의 침투로 죽임을 당하면 그 피값을 파수꾼이 져야 한다고 했습니다. 한국교회는 이 민족의 파수꾼입니다. 그러므로 선교의 비상나팔을 불어야만 합니다. 예수 그리스도의 십자가 대속적 죽음과 그의 육체적 부활을 영적으로 더욱 굶주린 동족에게 알려야만 합니다. 사람은 떡으로만 사는 것이 아니라 여호와의 입에서 나오는 모든 말씀으로 삽니다. 북한에는 빵 못지 않게 복음이 필요합니다. 하나님의 말씀이 참으로 저들을 살리게 됩니다. 한국교회는 민족의 화해와 만남을 통하여 "땅 끝" 선교가 시작되도록 해야 합니다. 이 일에 우리들이 헌신해야 합니다. 이제 북한 선교는 황폐한 우리의 예루살렘이었던 평양을 복음으로 다시 꽃피게 해야 합니다. 북한의 동네마다 남한처럼 교회가 세워지도록 우리가 앞장서야 합니다.

오늘은 선교주일입니다. 북한 선교를 우리의 "땅 끝" 선교로 깨닫게 하는 감격적인 선교주일입니다. 이 "땅 끝" 선교에 헌신하시는 모든 이들 위에 우리 주 예수 그리스도의 은총이 충만하시기를 주님의 이름으로 축원합니다. †

2
맥추절의 감사

본문: 출애굽기 34:22-24

하나님께서는 성도들에게 하나님을 섬기는 정신을 앙양하고 그에게 감사하는 마음을 배양코자 구약시대에 삼대 감사절기를 친히 제정하시고 이를 지키도록 요청하셨습니다. 본문에는 유월절로 흔히 불리는 "무교병의 절기"(출 23:15)와 칠칠절로 간혹 불리는 "맥추절"(출 23:16)과 초막절이라고도 하는 "수장절"(출 23:16 하)을 지키라고 권고하셨습니다. 그 중 맥추절에 관하여 상고하면서 은혜를 나누려 합니다.

맥추절의 기원은 이스라엘 백성이 애굽에서 400여 년간 노예 생활하다가 출애굽한 후 모세가 시내산에서 받은 십계명과 규례에 하나님께서 이날을 가나안 입국 이후부터 지키도록 명한 데서 시작되었습니다. 따라서 이스라엘 백성이 가나안 땅에 들어와 정착한 후에 처음 수확한 밀과 보리로 맥추절을 지켰습니다. 유월절이 지난 후 49일 즉 7주 후에 이날을 지켰기에 "칠칠절"이라고도 하였고, 유월절부터 5순 즉 50일 만에 이날을 지켰기에 신구약 중간기부터 "오순절"이라고도 불렀습니다.

1. 그러면 맥추절을 지키는 이유는 어디에 있습니까?

(1) 가나안 정착생활을 축복하셨습니다.

이스라엘 백성이 요셉 이후 400년 동안 애굽에서 노예생활하면서 자기들의 여호와 하나님께 탄원한 것이 광야 40년의 시련기가 지나서야 성취되었습니다. 이들은 가나안에 입국하여 땅을 11지파가 분배하고 바로 농사를 시작하였습니다. 노예생활과 광야생활을 연상하며 즐거움 속에서 수확하고 감격적으로 하나님께 맥추절을 지켰습니다. 그러면 이 구약적 절기가 신약시대의 우리에게는 어떤 역사적 의의가 있습니까? 성경에는 광야생활을 세상생활로, 가나안생활을 천국생활로 비유합니다. 영적인 면에서 구속받은 신약의 성도들은 원리적인 면에서 이미 하나님의 나라에 들어와 사는 것입니다. 즉 우리의 구원은 현재적 사건입니다. 그리스도를 의지함으로써 구속받은 성도들은 현재적으로 구원에 들어와 있습니다. 즉 이 땅에 천국을 미리 체험하며 그림자적인 작은 천국에서 사는 것입니다. 구속받은 성도의 가정이 그렇고 교회가 또한 그렇습니다. 그러므로 우리들도 육신의 생업의 열매를 영적 가나안의 기쁨에 감격하여 하나님께 감사의 제물로 바쳐야겠습니다.

(2) 일용할 양식을 축복하셨습니다.

이스라엘 백성들이 애굽에서 가지고 나온 양식은 얼마 되지 않아 다 떨어졌습니다만, 하나님께서는 기적의 양식인 만나와 메추라기를 아침 저녁으로 허락하셨고 광야에서 반석으로부터 생수를 마시도록 40년 동안 역사하셨습니다. 이스라엘 백성이 가나안에 들어온 후에도 하나님께서는 때를 따라 이른 비와 늦은 비를 주시며 적절한 자연혜택을 허락하셔서 광야 같은 가나안 농사에 성공하도록 역사하셨습니다. 오늘날 우리들도 과거나 현재 일용할 양식의 축복을 누리는 것은 하나님의 은총에 의한 기적의 소산인 것입니다. 우리에게 가정 주시고 건강 주시고 직장 주셔서 먹고 마시게 하셨기에 오늘의 우리의 행복과 신앙이 그리고 가정과 교회와 국가가 있는 것입니다. 그러므로 삶의 정황은 달라졌어도 맥추절을 지킬 이유는 동일합니다. 우리도 영적 가나안 생활을 감사하며 일용할 양식을 감사해야겠습니다.

2. 그러면, 어떻게 이 절기를 지켜야 합니까?

(1) 베푸신 복을 헤아려 감사해야 합니다.

신명기 16:10에 보면 "네 하나님 여호와 앞에 칠칠절을 지키되 네 하나님 여호와께서 네게 복을 주신 대로 네 힘을 헤아려 자원하는 예물을 드리라"고 하셨습니다. 그렇습니다! 여호와의 주신 복을 헤아려 보는 날입니다. 애굽에서 종 되었던 시절을 회상하며 감격했을 것입니다. 이같이 우리도 지난날들에 가난과 질병과 실직 등 낭패와 좌절 속에 있을 때 구출하신 하나님의 사랑을 회상해야겠습니다. 죄에서 자유케 됨을 감사하고 구속받은 은총을 감격해야 합니다. 더욱이 이 민족과 국가에 안정을 회복시키시고 민족의 열망인 민주화의 첫걸음을 내딛게 하심을 감사해야 합니다. 아무리 노력과 수고 끝에 얻는 재산, 재물, 명성이라도 전쟁이나 민족적 불행이 발생된다면 그 가치는 하루아침에 허무한 것이 될 수도 있습니다.

그런데 하나님께서 정치하시는 분들의 마음을 주관하여 오늘 우리가 민주화 선언을 듣고 기뻐할 수 있도록 역사하신 것입니다. 적은 면에서 우리의 생업에 축복하셔서 가정에 일용할 양식을 주심도 마땅히 감사의 내용이 되어야 합니다. 이 밖에도 우리 개인에 따라 치유, 승진, 진학, 결혼, 성공 등 감사의 이유가 얼마나 많습니까! 여호와의 복을 망각해서는 안 됩니다. 더욱이 배은망덕해서는 절대 안 됩니다. 어떤 선교사가 아프리카 정글지역에서 모기에 물려 열병에 걸린 사람에게 약 한 병을 주어 치유케 하였더니 나은 사람이 약병을 모셔 놓고 드나들며 절을 하더라고 하는 글을 읽어본 적이 있습니다. 은혜와 축복은 하나님께 받고 감사하기는커녕 엉뚱한 데 감사한다면 여호와께서 주신 복을 헤아려 보는 지혜가 없는 사람입니다.

   (2) 힘껏 자원하는 예물로 감사해야 합니다.

   신명기 16:10 하반절에 "네 힘을 헤아려 자원하는 예물을 드리고"라고 맥추절을 지키는 원리를 밝혔습니다. 감사절기에 여호와 앞에 빈손으로 나오면 안 됩니다(15절). 육신에 내려주신 복, 영혼에 내려주신 복, 범사에 내려주신 복을 생각하면서 중심에 감사함으로 예물을 준비해야 합니다. 무성의한 예물은 하나님 앞에 적합치 않습니다. 다윗은 "값없는 제물을 드리지 않겠노라"(삼하 24:18-25)고 하면서 여부스 사람 아라우나의 값없이 제공하는 소를 거절하고 값을 지불하였습니다. 이 같은 다윗의 중심은 중심을 보시는 여호와 앞에 귀한 것이었습니다. 고린도후서 9:7에는 "하나님은 즐겨 내는 자를 사랑하시느니라"고 약속하셨습니다. 결국 하나님 앞에 바치는 감사의 제물은 우리 자신을 위한 것입니다. 그러므로 여호와께 바치기에 인색한 사람은 스스로 빈곤을 불러들이는 어리석음에 빠집니다.
   이 맥추절에 지상에서 미리 맛보는 천국생활과 일용할 양식을 주시는 하늘의 아버지께 감사합시다. 아버지께서 주신 복을 중심으로 헤아려 보면서 자원하는 값있는 제물로 그를 기쁘시게 하는 성도들에게 하늘의 평안이 충만하시기를 주님의 이름으로 축원합니다. †

3
말씀 교육

본문: 신명기 6:4~9

어떤 가정에 아름다운 미래가 있겠습니까? 돈 있는 가정입니까? 배경 있는 가정입니까? 아무리 재산이나 토지, 기업, 패물, 심지어 유산을 자식에게 넘겨 주어도 추하고 망하는 가정들이 많습니다. 하나님의 말씀은 말씀 교육이 있는 가정에 행복한 미래가 있다고 약속합니다. 뿐만 아니라 말씀 교육이 있는 교회에 확실한 부흥이 있다고 약속합니다. 그러면 말씀 교육이란 어떤 교육입니까?

1. 말씀 교육이란 전인 교육입니다.

오늘의 말씀 7절에 "이 말씀을 가르치고 강론하라"고 권면했습니다. 오늘날 대부분의 가정들이 자녀교육 문제로 힘겨워하고 있습니다. 학교 교육은 물론 여러 사교육비로 비참한 가정들도 적지 않습니다. 태아 교육으로부터 시작하여 예능 교육, 기능 교육, 정서 교육 그리고 체능 교육 등 아이들은 쉴 틈도, 생각해 볼 틈도 없이 종일 이 학원 저 학원으로 돌아다닙니다. 과연 이 같은 교육의 결과가 아이들에게 가져오는 것이 무엇입니까? 사람과 사회에 대한 공포증과 환멸입니다. 공부에 대한 기피증입니다. 그러므로 고등학교까지는 억지로 공부한다손 치더라도 대학에 가면 거의 모든 학생들이 놉니다. 미국의 대학은 밤에 도서관에 가보면 불야성입니다만 우리 대학 도서관은 초저녁도 되기 전에 캄캄합니다.

교육의 우선 순위를 정해야만 합니다. 하나님의 말씀은 어려서부터 성경을 가르치라고 합니다. "성경은 하나님의 감동으로 된 것으로 교훈과 책망과 바르게 함과 의로 교육하기에 유익하니 이는 하나님의 사람으로 온전케 하며 모든 선한 일을 행하기에 온전케 하려 함이니라"(딤후 3:17). 성경 말씀은 전인 교육의 최고 교과서입니다. 어머니의 무릎이 제일 좋은 책상입니다. 가정이 제일 좋은 교실입니다. 어머니에게서 교육을 받지 않으면 그 아이는 자라서 하나님도 사람도 알아보지 못하는 기형인격의 소유자가 됩니다. "여호와를 경외하는 것이 지식의 근본"이요(잠 1:7), "여호와를 경외하는 것이 지혜의 근본"(잠 9:10)입니다.

미국의 존 F. 케네디 대통령은 미국 공립학교에서 기도폐지법을 실현시킴으로 종교 평등을 강조했지만 그 후 미국의 공교육은 심각한 타락 일로를 걷고 있습니다. 중고등학교의 폭력은 물론이거니와 심지어 초등학교에서도 아이들이 자기 친구와 선생들에게 총기를 난사하는 일이 종종 일어나고 있습니다. 지식과 지혜의 기초가 없기에 사람을 사람으로 보지 못하는 현대 실용주의 교육의 결과가 아닐 수 없습니다. 존 듀이의 실용적 가치를 강조하는 교육에는 물질적 가치가 강조되고 정신적 가치가 약화됩니다. 인격 교육보다 과학 교육에 치우치다 보니 하나님도 몰라보고, 부모도, 형제도, 스승과 친구도 없는 "짐승 같은 아이"들을 가정들이 키우고 있는 현실입니다. 하나님의 말씀은 "마땅히 행할 길"(잠 22:6)을 아이에게 가르쳐 인간의 삶의 원리와 규범과 질서를 교육하라고 했습니다. 말씀은 인간에게 자양분을 공급하는 참교육이 되게 합니다. 하나님을 경외하고 부모에 순종하며 사람을 사랑케 합니다. 인간을 인간답게 합니다. 이 같은 전인교육은 말씀 교육에 기초합니다.

2. 말씀 교육이란 영성 교육입니다.

학교 교육은 지식 전달과 입시 교육에 치우치고 있습니다. 영성 교육은 물론 인성 교육을 전혀 감당치 못하고 있습니다. 물질적인 가치관을 바로 심지 못합니다. 돈과 세속적 성공, 쾌락의 노예가 되게 만들어 버립니다. 그러므로 가정과 교회에서 학교 교육의 부실을 보완해야만 합니다. 가정의 미래는 영성 교육에 좌우됩니다. 빛과 어두움이, 그리스도와 벨리알이, 성전과 우상이 그리고 믿는 자와 믿지 아니하는 자가 조화될 수 없음을 교육해야 합니다. 친구 선택, 배우자 선택, 직장 선택 등에 성별 의식이 필요합니다. 하나님께서 쓰시는 귀한 그릇이 되려면 "자기를 깨끗하게"(딤후 2:20-22) 해야 합니다. 어려서부터 물질 문제, 이성 문제에 깨끗해야 하나님께서 쓰신다는 사실을 교육해야 합니다. 청년의 정욕을 피하도록 경건생활을 교육해야 합니다(딤전 6:7-12). 특히 이성 문제에 더렵혀지면 "돌아오지 못하는 길"(잠 2:19)로 빠지게 됨을 알려주어야 합니다. 성적 개방과 타락이 언제 장래성 있는 아이들을 망칠는지 예측할 수 없습니다. 어려서부터 순결 교육을 시켜야 합니다. 이것이 미래 가정을 반석 위에 든든히 세우는 일입니다. 육체적 성결 교육뿐만 아니라 정신적 성결 교육도 필요합니다. 정직 교육, 성실 교육이 가정과 사회를 살리게 됩니다.

오늘날 우리 나라가 경제적으로 큰 어려움을 당하는 원인 중의 하나는 외국 투자자들이 우리 사회의 정직성을 의심하여 투자를 철수하기 때문입니다. 정부도 기업도 은행도 신뢰성을 의심받습니다. 교회 교육의 책임도 큽니다. 그리스도인들이 사회 각 분야에서 빛과 소금의 역할을 감당치 못하고 있습니다. 교회도 가정도 정직 교훈에 힘을 쏟아야만 합니다. 언어생활의 정직을 가르칩시다(엡 4:25, 29-30). 근로생활의 성실성을 가르칩시다(잠 16:8; 28:6). 뿐만 아니라 물질관리의 정직성을 교훈하여 철저한 십일조생활, 시간 관리의 성실성을 교훈하여 철저한 주일성수생활을 하게 함으로써 우리 세대보다 다음 세대가 더 큰복을 누리도록 해야 합니다. "항상 복을 누리게"(잠 6:24) 영성 교육이 있는 가정과 교회가 되게 해야 합니다.

3. 그러면 이 같은 말씀 교육을 어떻게 해야 합니까?

어디에 있든지 무엇을 하든지 교육의 기회를 놓쳐서는 안 됩니다(7절). 시간과 장소를 초월해서 말씀을 제시하고 설명하고 암송토록 해야 합니다. 말씀 교육의 우선적 방법은 암송입니다. 말씀이 자녀들의 뇌리와 가슴에 자리잡아야 합니다. 그러면 늙어도 그 교훈을 떠나지 않습니다. 사이버(원격) 교육은 시간과 장소를 초월하여 기존의 학교 교육에 새로운 변화를 불러오고 있습니다. 말씀 교육이 없다면 이 검은 교육 혁명에 우리가 애써 키운 자녀들이 어떻게 될지 두렵습니다. 교회 교육에 더 깊은 관심과 더 뜨거운 후원이 필요합니다. 무애정, 무관심, 무간섭은 사랑도 징계도 없게 만듭니다. 그 같은 가정에는 미래를 책임질 자녀들이 나타날 리가 없습니다. 혈기와 분노로써 자녀를 교육할 수 없습니다. 그러나 사랑의 채찍이 필요합니다(잠 23:14). 어릴 때에 잘못된 것을 고쳐주어야 됩니다. 교육의 적기는 "아이"입니다(잠 22:6). 아이 때는 책망, 호소, 감화가 필요하고 효과도 큽니다. 이 여름에 성경학교와 수련회에 참가토록 주선하십시다. 가정의 미래는 말씀 교육에 달려 있습니다. 말씀 교육, 곧 전인 교육과 영성 교육을 통하여 가정을 작은 천국으로 만드시길 주님의 이름으로 축원합니다. †

4
끈질긴 기도

본문: 누가복음 18:1~8

우리의 기도 정신은 어떠합니까? 어떤 이들은 시간의 낭비로 생각하고 기도 무용론을 주장하는가 하면, 기도하는 사람이나 안 하는 사람이나 같더라고 하면서 기도 포기론을 고백하는 사람도 있습니다. 심지어 자유주의 신학 사상에 오염된 사람들 중에는 예수님의 십자가상의 성취는 기도의 필요성도 성취하였다면서 기도 폐지론을 주장하기도 합니다. 기도의 정신에 대하여 오늘의 말씀은 어떻게 가르칩니까?

1. 기도의 필요성을 교훈합니다.

(1) 기도 응답은 낙망치 않게 합니다.

1절 말씀에 "항상 기도하고 낙망하지 말아야 될 것"을 교훈했습니다. 기도 응답의 체험은 어떤 어려운 상황에서도 낙망치 않고 전능하신 하나님께 기도하게 합니다. 그러므로 기도는 그리스도인의 성공적 생활에 반드시 필요합니다. 오늘의 본문에서는 힘있는 한 재판관과 힘없는 한 과부의 이야기를 합니다. 특히 유대 고대 사회에서는 남편 없는 여자 곧 "과부"들은 문자적 의미 그대로 곧 "버림받은 사람들"이었습니다. 그들은 어떤 억울한 일을 당해도 법률적으로 호소할 길이 없었습니다. 마치 성인식을 하지 않은 열두 살 미만의 아버지 없는 아이와도 같습니다. 고아와 과부는 신명기서부터 말라기서까지 재판을 신원해 주실 메시야를 기다리는 모습을 계속 다루고 있습니다. 예수님의 다락방 마지막 강론에서도 제자들을 고아처럼 버려 두지 않고 "보혜사"께서 곧 오실 것을 약속하셨습니다.

요한복음의 "보혜사"(요 4:16, 26)나 요한일서 2:1의 "대언자"는 헬라어로서는 똑같은 용어이며("파라크레토스") 바로 법률 용어로서 "변호사"를 뜻합니다. 이는 이 악한 세상에서 성도들이 마치 고아나 과부처럼 버려진 저변인생 같으나 우리 주님의 이름으로 하나님 아버지에게 기도할 특권을 누리고 있음을 교훈하는 것입니다(요 14:14). 이 같은 사실은 우리의 기도 응답의 약속이자 그 필요성을 보여 줍니다.

(2) 기도 응답은 승리케 합니다.

기도의 응답이 없다면 믿음의 능력을 어떻게 소유케 되겠습니까? 기도 응답은 믿음의 힘을 유지하게 만듭니다. 기적을 체험케 합니다. 그러므로 예수님께서 "이르시되 기도 외에 다른 것으로는 이런 유가 나갈 수 없느니라"(막 9:29)고 기적의 치유가 기도 응답이었음을 제자들에게 말씀하셨습니다. 엘리야 선지자는 궁정에 사는 거짓 선지자 곧 바알을 섬기며 아세라 목신을 섬기던 850명을 기도 응답의 불로써 멸했습니다(왕상 18:37-38). 인생의 승리자들은 언제나 기도하고 응답받은 사람들이었습니다. 그러므로 기도는 필요한 것입니다.

2. 기도의 지속성을 교훈합니다.

(1) 항상 기도해야 합니다.

본문에도 "항상 기도"를 가르칩니다만 바울 사도께서도 "쉬지 말고 기도하라"(살전 5:17)고 가르쳤습니다. 이는 시간과 장소를 초월하여 계속 기도해야 함을 교훈합니다. 본문에 나타난 과부는 불의한 재판관에게 날마다 찾아가 탄원했습니다. 그 재판관은 "이 과부가 나를 번거롭게 하니 내가 그 원한을 풀어 주리라 그렇지 않으면 늘 와서 나를 괴롭게 하리라"(5절)고 하고 과부의 계속적 탄원을 들어주었다고 했습니다. 불의한 재판관도 응답하였다면 하물며 선한 재판관이신 하나님께서 우리의 소원을 오래 참으시겠습니까? 기도의 사람 스펄전 목사님은 "우리 다같이 우리의 고운 옷을 벗어 간구의 방석에 깔고 그것이 천국의 이슬로 흠뻑 젖을 때까지 기도하자"고 했습니다.

사단은 기도를 포기하도록 그리고 우리의 기도의 입술이 무거워지도록 유혹하지만, 우리는 다니엘처럼 기도를 끊으려는 세력 앞에서도 굴하지 않고 "전에 행하던 대로 하루에 세 번씩 무릎을 꿇고 기도하며 그 하나님께 감사"(단 6:10)하였던 것처럼 기도를 계속 하십시다. 계속되는 기도는 그 목적의식이 분명해집니다. 의심도 욕심도 악심도 다 사라지게 만듭니다. 하나님의 기도 응답 "타이밍"에 자신을 맞추게 합니다. 하나님께서는 우리의 현재와 미래를 모두 아십니다. 그러므로 가장 적기에 응답하십니다. 그렇게 함으로써 우리가 쉽게 응답받고 쉽게 교만하지 않게 하십니다. 한 번의 기도에 다 응답받는다면 우리는 하나님께 기도 응답을 감사하기는커녕 자기가 잘나서 다된 줄로 알게 될 것입니다. 불의한 재판관처럼 하나님도 두려워 아니하고 사람도 무시하게 될 것입니다.

(2) 계속 기도해야 합니다.

기도의 사람 사무엘은 하나님께 기도하기를 쉬는 죄를 범치 않게 해달라고 기도하였습니다. 하나님께서는 "너희가 진심으로 나를 찾고 찾으면 나를 만나리라"(렘 29:13)고 약속하셨습니다. 바울 사도께서도 "우리가 선을 행하되 낙심하지 말지니 피곤하지 아니하면 때가 이르매 거두리라"(갈 6:9)고 했습니다. 한결같이 기도의 정신은 그 지속성에 좌우됨을 교훈합니다. 기도의 사람 엘리야도 일곱 번이나 그 기도를 계속했을 때 손바닥만한 구름이 나타났고 마침내 비가 오지 않았습니까? 기도를 계속하는 동안 우리는 응답받을 만한 믿음을 소유케 됩니다. 오랜 기도는 믿음의 준비, 인내의 준비를 마치게 합니다. 기도의 타이밍에 적응케 됩니다. 하나님의 응답은 너무 이르지도 않지만 결코 늦지도 않습니다. 적시에 응답하셔서 우리들의 삶에 능력과 기적, 축복과 은혜를 공급하십니다.

3. 기도의 간절성을 교훈합니다.

(1) 계속되는 기도는 간절하게 됩니다.

기도를 계속하면 그 기도가 간절해져서 인내를 온전히 이루게 되고 마침내 응답받게 됩니다(약 1:2-4). 한나의 기도는 엘리 제사장이 보기에는 술 취한 사람같이 보였지만 여호와 하나님께서는 그 간절한 기도를 그 밤에 응답하시고 사무엘을 허락했습니다. 어떤 기도의 응답은 수십 년 만에 나타납니다. 특히 귀한 일일수록 더 기도 응답이 늦습니다. 그러나 낙심치 말고 계속 간절히 기도해야 합니다.

(2) 간절한 기도는 마침내 응답받습니다.

이 불쌍한 과부는 마침내 그 소원을 수리받았습니다. 예수님께서는 "구하라…찾으라…문을 두드리라"(눅 11:9-10)고 말씀하셨는데 이는 "기도하라", "기도하라", "기도하라"는 기도의 계속성 곧 간절성을 가르친 것입니다. 그러면 "…주실 것이요…찾을 것이요…열릴 것이니라"고 하셨습니다. 계속적인 끈질긴 기도로서 응답받고 하나님의 영광을 드러내시길 주님의 이름으로 축원합니다. †

5
나를 좇으라

본문: 누가복음 18:18~30

"예수 그리스도를 좇는다"는 의미가 무엇입니까? 곧 제자도의 정신이 어디에 있습니까? 본문의 말씀은 어떤 부자가 예수님을 좇으려는 모습과 이미 예수님을 좇는 제자들의 모습을 대조하고 있습니다. 곧 제자도의 두 세계를 보여 주고 있습니다. 과연 나는 어느 쪽입니까? 부자와 같습니까? 제자와 같습니까? 어떤 부자는 예수님께서 "나를 좇으라"고 하셨을 때 "그 사람이 큰 부자인 고로 이 말씀을 듣고 심히 근심"하였습니다(23절). 마가의 기록에는 "슬픈 기색을 띠고 근심하며 가니라"고 했습니다. 그러나 제자들은 "우리가…다 주를 좇았나이다"(28절)고 했습니다. 마가의 기록에는 배와 그물 그리고 심지어 아버지 세베대를 버려 두고 예수님을 따랐다고 했습니다(막 1:16-20). 이 같은 제자들의 세계가 보여 주는 "좇는다"는 의미는 어떠합니까?

1. 즉각적인 순종을 뜻합니다.

(1) 즉시 옛 사람, 옛 생활을 버려야 합니다.

부자가 예수님을 좇지 못한 이유는 재물이 그에게 걸림돌이 된 것입니다. 재물 때문에 즉시 순종하지 못했습니다. 그러나 베드로, 안드레, 요한 그리고 야고보 등 첫 제자들은 예수님께서 "나를 따라오너라"고 소명하셨을 때에 "곧 그물을 버려두고 좇으니라"(막 1:17-18)고 했습니다. 마태 역시도 예수님께서 "나를 좇으라"고 하셨을 때에 세관에서 일하다가 버리고 "일어나 좇으니라"(마 9:9)고 했습니다. 이 같은 즉각적인 순종은 즉시 옛 생활을 포기하고 옛 사람의 삶을 버리는 것을 뜻합니다. 이는 십자가 이전의 옛 사람은 육체의 생각과 육체의 소욕 때문에 신앙의 길을 따를 수 없습니다.

그러나 나를 위하여 고난받으시고 죽으신 예수님의 십자가 사랑을 참으로 체험한 사람은 이제 신령한 체험으로 신령한 생활의 맛을 알게 됩니다. 삶의 방향 전환이 일어납니다. 가정생활, 사회생활 등 그 어느 면에서도 궤도 수정이 일어납니다. 전에 그토록 좋던 것이 이제는 이토록 싫어지게 됩니다. 취미생활, 여가생활, 심지어 직장생활도 새로운 방향으로 가닥을 잡게 됩니다. 이것이 제자 된 사람에게 나타나는 일차적 변화입니다.

(2) 즉시 새 사람으로 살아야 합니다.

부자는 예수님의 소명에 따를 수 없었습니다. 우리도 포기하는 세계가 없이는 주님을 좇을 수 없습니다. 예수님의 처음 제자들이 "모든 것을 버려두고 예수를 좇으니라"(눅 5:11)고 했습니다. 또한 "두 주인을 섬길 수 없나니…너희가 하나님과 재물을 겸하여 섬길 수 없느니라"(눅 16:13)고 했습니다.

성 어거스틴은 "내가 세상을 향하여 살 때에는 하나님도 세상도 다 잃어버렸지만 내가 하나님을 향하여 살 때에는 하나님도 세상도 다 얻었노라"고 했습니다. 주님을 좇으려면 그의 부르심에 즉시 순종해야 합니다. 옛 사람, 옛 생활은 버려야 합니다.

2. 절대적인 사랑을 뜻합니다.

(1) 재물보다 주님을 먼저 사랑해야 합니다.

부자가 주님을 따를 수 없었던 이유 중에 하나는 그가 큰 부자였기에 재물 사랑이 주 사랑보다 앞섰던 것입니다. 재물 자체는 중성적입니다. 선하지도 악하지도 않습니다. 그것을 쓰는 인간이 선하게도, 악하게도 쓸 수 있습니다. 누가는 세 종류의 제자상을 보고했습니다(눅 9:57-62). 그 중 한 사람은 "어디로 가시든지 저는 좇으리이다"고 예수님께 고백하였지만, 예수님께서는 "여우도 굴이 있고 공중의 새도 집이 있으되 인자는 머리 둘 곳이 없도다"고 말씀하셨습니다. 그는 예수님을 좇는다는 것을 영광스러운 일로 생각한 것 같습니다. 그러나 그 길은 고난의 길임을 밝히시자 그는 떠나버렸습니다. 예수님께서 또 다른 한 사람에게 "나를 좇으라"고 하시니, 그는 "나로 먼저 가서 내 부친을 장사하게 허락하옵소서"라고 당시의 통념과 관습을 더 중요시했습니다. 그는 아마도 부자가 죽을 때 장사에 참예하는 자식들에게 재산을 분배했기에 효성보다 재물에 더 관심이 많았는지도 모릅니다. 그래서 예수님은 "죽은 자들로 자기의 죽은 자들을 장사하게 하고 너는 가서 하나님의 나라를 전파하라"고 말씀하셨던 것입니다. 하나님과 재물을 겸하여 섬길 수는 없습니다. 우리에게 있는 절대 사랑의 대상이 될 수 있는 것이 무엇이든지 우선 사랑이 될 수 없도록 해야 합니다. 그렇지 않으면 주님을 좇을 수 없습니다.

(2) 가족보다도 주님을 먼저 사랑해야 합니다.

다른 한 사람이 예수님께 나와서 "주여 내가 주를 좇겠나이다마는 나로 먼저 내 가족을 작별하게 허락하소서"라고 했습니다. 이는 가족 사랑이 절대 우선순위에 있는 경우입니다. 예수님께서는 그 사람에게 "손에 쟁기를 잡고 뒤를 돌아보는 자는 하나님의 나라에 합당치 아니하니라"고 말씀하셨습니다. 가족 사랑은 중요하고 성경에서도 강조합니다. 눈에 보이는 부모, 형제를 사랑치 못하는 자가 어찌 눈에 보이지 않는 하나님을 사랑할 수 있겠느냐고 했습니다. 그러나 가족 사랑이 먼저 되면 그는 제자가 될 수는 없습니다. 가족이 우상인 사람은 주의 길을 가다가도 중지할 수밖에 없습니다. 그러나 주님을 우선적으로 사랑하는 사람은 가족 사랑을 더 뜨겁게, 더 강하게 하게 됩니다. 왜냐하면 그것이 하나님의 축복으로 성취되는 세계이기 때문입니다.

하나님의 통치와 축복이 없는 가족 사랑이란 양파같이 그 속을 까보면 아무것도 없습니다. 오히려 자기 사랑이 도사리고 있을 것입니다. 이것이 주 사랑에 따라오는 역설입니다. 예수님께서는 "아무든지 나를 따라오려거든 자기를 부인하고 날마다 제 십자가를 지고 나를 좇을 것이니라"(눅 9:23)고 말씀하셨습니다. 또한 "누구든지 자기 십자가를 지고 나를 좇지 않는 자도 능히 나의 제자가 되지 못하리라"(눅 14:27)고 말씀했습니다. 이것은 제자도의 쌍둥이 교훈입니다. 주님께 절대 사랑을 드려야 합니다. 예수님을 좇는 사람들이 허다했습니다(마 8:1). 그러나 오직 그의 "사랑하시는 제자" 요한만이 십자가 밑에까지 좇아갔습니다(요 19:26).

즉각적인 순종과 절대적인 사랑 그리고 계속적인 충성으로 주님을 좇는 신실한 제자들이 되시길 주님의 이름으로 축원합니다. †

6
미래가 여기에

본문: 마가복음 4:1~9

하나님의 나라가 우리 가운데서 어떻게 확장되고 있습니까? 예수님께서는 하나님의 나라는 겨자씨 같다고 하셨습니다. 겨자씨는 가장 작은 씨로서 일년 만에 가장 크게 자라는 일년생 나무입니다. 새들이 와서 깃들이고 사람들이 그 그늘에 쉴 정도로 자랍니다. 이는 시작은 미미하지만 신속하게 확장되는 하나님 나라의 외적 성장을 깨닫게 합니다. 뿐만 아니라 예수님께서는 하나님의 나라는 누룩 같다고 하셨습니다. 적은 누룩이 온 밀가루 반죽에 그 기운을 미치게 하는 것처럼 하나님의 나라는 보이지 않게 내적으로 그 영향력을 신속히 확대해 나가는 것을 깨닫게 합니다. 이 같은 비유는 하나님의 나라가 그 시작이 미약하지만 그 나중이 창대함을 교훈합니다. 그러나 그 진행과정은 보여 주지 못합니다. 오늘의 본문 말씀인 씨 비유는 그 과정을 보여 줌으로써 현재의 고난과 미래의 영광이 공존함을 확신케 합니다. 바로 하나님 나라의 장엄하고 창대한 미래가 이미 여기에 와 있음을 보여 주고 있습니다.

1. 하나님 나라의 시작은 미미합니다.

마치 뿌려진 씨와 같습니다(3절). 씨의 운명에 교훈의 초점이 있습니다. 이 씨 비유를 이해할 때 장애가 되는 것은 2000여 년 전 이스라엘의 정황에서가 아니라 지금 여기의 삶의 자리에서 바라보는 것입니다. 이스라엘은 사막의 나라입니다. 사막성 기후 때문에 농사법도 우리와 상당한 차이가 있습니다. 더욱이 2000여 년 전 농사의 이야기는 지금의 현대화된 농경문화와는 현저한 차이가 있습니다. 우리의 기후와 농토는 이 비유를 이해하는 데 오해를 갖게 합니다. 고대의 이스라엘의 농사는 9월 말에야 우기가 되어 파종케 됩니다. 파종하기 전에 화전하듯이 묵은 밭의 잡초들을 불태워 버리고 그 재 위에 그대로 씨를 뿌립니다. 물만 있으면 즉 비만 이른 비, 늦은 비가 오면 땅은 젖과 꿀이 흐르는 땅이라고 했듯이 대개 옥토요 농사가 잘됩니다. 뿐만 아니라 이스라엘에는 밭을 공동소유로 경작하였기에 대개 소유를 구별하는 밭고랑, 밭둑은 없습니다.

그러하기에 밭은 큰 하나입니다. 길가밭, 돌작밭, 가시밭, 옥답이 따로 있지 않습니다. 그러므로 이 비유는 "좋은 밭이 되라"는 교훈은 없습니다. 씨가 어디에서 삶의 자리를 가지느냐, 그 씨가 추수 때에 얼마나 결실하느냐에 관심이 집중되고 있습니다. 더욱이 이 씨 비유는 예수님께서 "바알세불 지폈다"는 바리새인과 서기관들의 터무니없는 매도와 공격을 받아 제자들이 근심에 빠졌고 절망감과 패배감에 발목이 잡혀 있을 때에 주신 교훈입니다. 이러한 환경과 형편에서 보면 씨의 이야기는 하나님의 나라가 어떻게 어려운 환경과 형편을 꿰뚫고 진행하는가를 이해케 합니다. 뿌리운 씨는 "뿌리운 말씀"(막 4:15)이요, "하나님 나라의 비밀"(막 4:11)이라고 했습니다. 그러므로 지금 미미한 하나님의 나라가 어떻게 어려움을 꿰뚫고 장차 확장하고 창대할 것인가를 보여 줍니다.

2. 하나님 나라의 진행은 어렵습니다.

(1) 길가에 떨어진 씨와 같습니다.

농부의 발길에 짓밟히기도 하고 새들이 와서 먹어버리기도 합니다. 이는 사탄이 우리의 심령에 가정에, 교회에 뿌려진 말씀이 뿌리내리지 못하게 적대세력으로 나타날 것임을 알게 합니다. 씨가 다 결실치는 못합니다. 그러나 추수 때에는 반드시 소출이 있습니다. 평년작으로 30배, 풍년작으로 60배 혹은 여호와께서 복을 주시므로 기적의 수확인 100배를 거두게도 합니다(창 26:12). 길가에 떨어질 씨가 걱정이 되어 파종 못 하는 농부는 없습니다.

(2) 돌밭에 떨어진 씨와 같습니다.

어떤 씨들은 싹이 나오나 해가 돋으면 말라죽기도 합니다. 왜냐하면 사막성 뜨거운 바람과 돌작 때문에 뿌리를 깊이 못 내렸기 때문입니다. 이는 말씀을 받았지만 그 말씀을 믿고 그 말씀대로 살려면 환난과 핍박이 따라오기 일쑤입니다. 사탄은 말씀이 심령에, 가정에, 교회에 계속 자라지 못하도록 방해합니다. 큰 밭 한 부분인 돌더미 있는 데서 씨가 자라다 죽듯이 어떤 신자들은 얼마 동안 신앙생활 하다가 그 신앙이 메말라 죽고 맙니다. 그러나 농부는 그것이 두려워 씨를 못 뿌리지는 않습니다. 그렇게 죽는 것들이 있어도 가을의 수확이 오고 있기 때문입니다.

(3) 가시밭에 떨어진 씨와 같습니다.

역시 어느 정도 자라다가 가시가 찌르고 쏠 때 결실치 못하고 병들고 맙니다. 죽기도 합니다. 이는 말씀이 결실치 못하고 염려 유혹과 욕심으로 사탄이 신자를 넘어뜨리는 사실을 교훈합니다. 결국 사탄의 전략은 뿌리 못 내리게, 성장을 못하게, 마침내는 결실을 못하게 도전하는 것입니다. 그러므로 가을의 결실까지는 어렵습니다. 그러나 가을에는 죽는 것, 병드는 것보다 결실하는 것이 더 많습니다. 그러하기에 농부가 살아가는 것입니다. 하나님의 나라도 이같이 진행되고 있습니다.

3. 하나님 나라의 나중은 창대합니다.

결실하는 좋은 땅에 떨어진 씨가 더 많습니다. 마침내 30배, 60배, 100배의 결실을 가져옵니다. 겨자씨가 일년생 큰 나무로 신속히 자라듯이 하나님의 나라는 신속히 확장됩니다. 누룩이 서서히 전체를 부풀게 하듯이 하나님 나라의 비밀 곧 신비인 하나님의 말씀은 서서히 그러나 전체에 영향력을 미치게 됩니다. 말씀의 세력이 심령을 정복하고, 가정을 정복하고 마침내 교회와 사회도 정복케 됩니다. 그 어떤 경우에도 하나님의 나라는 중단되거나 패배하지 않습니다. 씨의 운명은 처절하지만은 않습니다. 때로는 짓밟히고, 때로는 말리움을 당하고, 때로는 찔림을 당하여도 전체 밭에서 알곡은 자라고 있습니다. 지구촌 구석 구석에서 핍박과 환난이 일어나고 적대 세력이 끊임없이 도전해 오지만 기독교 인구는 해마다, 날마다 증가하고 있습니다.

씨 속에 미래가 있습니다. 씨 속에 결실이 있습니다. 우리의 교회 건축도 매우 유사한 과정을 걷고 있습니다. 방해 세력, 적대 세력 등이 만만치 않습니다. 그러나 가을이 오고 말 듯이 새 예배당에서 예배드릴 날이 오고 말 것입니다. 믿음은 보지 못한 것을 그림으로 가지는 것입니다. 분당 입구에 장엄하고 창대한 그의 나라가 가시적으로 임하는 그림을 가집시다. 이 씨 비유가 제자들의 패배감을 일식시키고 승리의 확신을 준 것같이, 우리의 영광스러운 미래를 지금 여기서 붙잡으시길 바랍니다. 개인적으로, 가정적으로, 자녀의 미래도, 생업의 미래도 성공적인 환상으로 품으시길 주님의 이름으로 축원합니다. †

7
나중 된 자

본문: 마태복음 19:29-20:16

우리 자신의 신앙생활 모습은 어떻습니까? 본문의 말씀에서 보여 주는 대로 먼저 온 자입니까? 아니면 나중 온 자입니까? 인간은 누구에게나 "먼저 된 자"가 되려는 정상에의 꿈이 있습니다. 그러나 소수의 사람들만 성공적으로 자신이 사역하는 분야에서 "먼저 된 자"가 됩니다. 어떻게 이것이 가능합니까? 오늘의 말씀은 부정적인 도전이 아니라 긍정적인 삶을 통하여 그것이 가능함을 교훈합니다. 오늘의 본문은 소위 "포도원 품꾼의 비유"입니다. 포도원에서 일하려고 새벽에 "먼저 온 자"들이 나중 되고, 오히려 늦게 "나중 온 자"들이 먼저 되는 역설을 보게 합니다. 왜 그렇게 될까요?

1. 하나님의 교회에는 두 종류의 사람들이 있습니다.

(1) 먼저 온 사람들이 있었습니다.

이들은 이른 새벽에 포도원에 부름받았습니다. 그들에게는 "한 데나리온", 즉 식구들의 하루 식생활비 정도의 임금이 약속되었습니다. 그들은 해질 무렵만 되면 이 삯을 받게 됩니다. 그들은 사역에 특별한 열심이나 긴장을 할 필요를 느끼지 않을 수 있습니다. 포도원 주인의 눈에는 적당하게 시간을 보낸 사람들이었습니다. 단지 먼저 온 자들이 앞선 것은 시간적인 순서뿐입니다. 시간의 선후 혹은 장단이 성공의 결정적 요소는 못 됩니다. 본문에서 먼저 온 사람들은 구속사에 있어서 유대인을 가리킵니다. 그러나 개인적으로 어려서 하나님의 부름을 받은 사람도 있고, 인생의 황혼녘에 그 부름을 받은 사람도 있습니다.

(2) 나중 온 사람들도 있었습니다.

이스라엘의 포도 수확은 9월에 불과 수일 만에 끝납니다. 이는 더운 지방이라 수확기에 접어들면 포도에 당분이 형성되어 급속히 부패하기 때문입니다. 그래서 주인의 계산으로 일꾼들을 쓰다가 수확이 그날에 끝나지 않을 것 같으면, 특히 그날이 금요일이라서 해지면 안식일이 시작되어 그 이튿날 일할 수 없는 날일 경우에는 일할 수 있는 시간이 얼마 남지 않았어도 일꾼들을 추가로 포도원에 들어가 일하도록 하곤 했습니다. 금요일 일몰이 가까울수록 포도의 수확을 서두릅니다. 한 시간의 수확도 대단히 큰 것입니다. 대개 그 당시 일꾼들은 일출 때부터 노동시장에서 기다리고 있다가 부르는 사람이 있으면 가서 일하게 됩니다. 대개는 하루의 품삯으로 그날 그날 생활하는 하류계층의 손노동자들이었습니다.

그런데 금요일에 내일은 일할 수 없는 안식일이 될 때, 일터로 부르는 사람이 없을 때 안절부절하기 마련입니다. 처자가 기다리는 가정에 양식을 벌어서 돌아가야만 합니다. 그렇지 못하면 내일의 생계가 막연합니다. 일몰이 가까울수록 기가 막히는 사연입니다. 이때 부름을 받았을 때에는 감격적입니다. 특별히 오후 5시경에 부름을 받고, 포도원에 들어간 품꾼은 시간을 초월하여 불러준 주인의 고마움에 감사함으로 최선을 다하여 일했던 것입니다. 이는 구속사에 있어서 나중 부름받은 이방인과도 같고, 인생의 황혼녘에 그 부름을 받고 최선을 다하는 성도와도 같습니다.

2. 그러면 먼저 된 자의 모습은 어떻습니까?

(1) 이들은 원망하는 일꾼들이었습니다.

그들은 주인이 늦게 포도원에 들어온 일꾼들에게 한 데나리온씩 주는 것을 보고 자신들은 온종일 더위와 수고를 견디었으니 더 받을 줄 생각했다가 약속한 바대로 한 데나리온씩 받게 될 때에 주인에게 원망하며 불평했습니다(11절). 주인은 "친구여 내가 네게 잘못한 것이 없노라 네가 나와 한 데나리온의 약속을 하지 아니하였느냐?", "내 것을 가지고 내 뜻대로 할 것이 아니냐?" 그리고 "내가 선하므로 네가 악하게 보느냐?"고 질책했습니다(13절). 세 마디의 질문은 부당한 불평, 불만을 막아버렸습니다. 이들은 주인의 눈에 들지 않았기 때문입니다. 그들은 자신들의 사명에 불충했고 시간만 떼운 사람들이었습니다.

(2) 이들은 불평하는 일꾼들이었습니다.

주인은 결코 어리석은 자가 아닙니다. 여기에 주인은 하나님을 비유하고 있습니다. 먼저 온 자들은 늦게 온 자들처럼 열심히 하지도 성실하지도 못했습니다. 그들은 한 데나리온의 고정개념에 빠져 있었습니다. 보수에 따라서 일했습니다. 여기에는 창조력이나 생명력이 없습니다. 여기에 충성이나 희생이 나타날 리도 없습니다. 이 같은 자세에서 진정한 성공자인 먼저 된 자가 나올 수 없습니다.

3. 그러면 나중 된 자의 모습은 어떻습니까?

(1) 이들은 감사하는 일꾼들이었습니다.

사명의식이 분명했습니다. 주인이 늦게 부른 사람들에게는 보수를 구체적으로 정하지 않았지만 불평, 불만이 없었습니다. 그들은 늦게라도 부름받아 일하게 된 것을 감사했기 때문입니다. 그들은 품삯을 따지지 않고 일에 몰두했습니다. 주인의 눈에 들었습니다. 그들은 몇 푼의 돈 때문에 봉사의 질이 달라지는 사람들이 아니었습니다. 몇 마디의 칭찬 때문에 사역의 내용이 달라지는 사람들이 아니었습니다. 직책의 명칭 때문에 충성의 성질이 달라지는 사람들이 아니었습니다. 바울 사도와 같이 "나의 달려갈 길과 주 예수께 받은 사명 곧 하나님의 은혜의 복음 증거하는 일을 마치려 함에는 나의 생명을 조금도 귀한 것으로 여기지 아니하노라"(행 20:24)고 사명감 때문에 일하는 사람들이기 때문입니다. 이같은 사명의 사람들은 반드시 어느 때, 어느 곳에서도 하나님의 눈에 뜨입니다. 축복받습니다. "먼저 된 자"가 되기 마련입니다.

(2) 이들은 충성하는 일꾼들이었습니다.

늦게 와서 짧게 일했지만 열심과 성실로 일했습니다. 불러준 주인이 고마워서 주인을 위하여 주인이 보든 안 보든 충성했습니다. 우리 주님께서는 "맡은 자들에게 구할 것은 충성이니라"(고전 4:2)고 교훈하셨습니다. 오늘날 그리스도인들이 사회에서 뒤지는 것은 "기도하면 다 되는 것"이라는 신비주의적 낙관론에 오염되어 있기 때문입니다. 삶이 받쳐주지 않는 기도가 얼마나 허구하다는 사실을 알아야 합니다. 동시에 "이 세상에서는 별 수 없어"라고 염세주의적 비관론에 빠져 스스로의 의로움에 사로잡혀 있기 때문입니다. 왜 이같이 됩니까? 안식일을 범하면 죄인 줄 아나 엿새 동안 힘써 일하지 않는 것은 죄인 줄 모르기 때문입니다. 일하시면서 기도하고, 기도하시면서 일하셔야 하나님의 축복이 있습니다. 먼저 온 자의 모습을 버리고 나중 온 자의 자세로 성공하시길 주님의 이름으로 축원합니다. †

8
좁은 길

본문: 마태복음 7:13~14

　우리가 어떻게 하나님의 나라에 들어가겠습니까? 선행으로 들어가지는 못합니다. 그러나 천국에 들어가는 것과 착한 행실과는 연관성이 있습니다. 착한 행실은 구원의 조건은 아니지만 구원받은 사람들의 표시와도 같습니다. 예수님께서는 산상보훈의 결론으로서 좁은 길로 들어가라고 말씀하십니다. 인생은 누구나 다 나그네길을 가고 있습니다. 그러나 많은 종류의 길이 있는 것은 아닙니다. 우리의 선택을 요구하는 두 길이 있을 뿐입니다. 하나는 넓은 길이요 또 하나는 좁은 길입니다. 그러면 좁은 길은 어떤 길입니까?

1. 신앙의 길입니다(16절).

　이 길은 선택의 길입니다. 인생은 누구나 하나님에 대한 신앙의 결단을 내려야 합니다. 여호수아 24:15에서 "너희 섬길 자를 오늘날 택하라 오직 나와 내 집은 여호와를 섬기겠노라"고 하셨습니다. 우리는 하나님이냐 우상이냐 선택해야 합니다. 사도행전 16:31에서 "주 예수를 믿으라 그리하면 너와 네 집이 구원을 얻으리라"고 하셨습니다. 우리는 예수 그리스도를 믿고 하나님을 섬기는 길로 가야만 합니다. 우상의 길에는 사망과 화가 있습니다. 그런데도 많은 사람이 우상의 길로 갑니다. 우상의 길은 어떤 길입니까? 하나님보다 더 귀하게 여기는 것을 소유하는 길입니다. 우리는 두 주인을 섬길 수 없습니다(마 6:24). 하나님이냐 재물이냐, 그리스도냐 벨리알이냐를 결단해야 합니다. 또한 이 길은 하나님을 더 사랑해야 갈 수 있는 길입니다.

많은 사람들이 가기에 쉽고 보기에 좋은 길로 갑니다. 곧 세상 쾌락의 길이요 음행과 음란의 길이요 부패하나 부유한 길입니다. 부정한 재물이 유혹하는 길이기도 합니다. 곧 하나님보다 더 사랑하는 것을 따라가는 길입니다. 그러나 이 길은 돌아오지 못하는 길입니다. 그러나 좁은 길은 하나님을 최우선 순위로 사랑하는 자만이 갈 수 있는 길입니다. 믿음의 도끼로 유혹하는 우상을 찍어버린 자만이 갈 수 있는 길입니다. 그러므로 하나님을 사랑하는 착한 행실이 없이는 갈 수 없는 길입니다. 착하게 사는 것이 허약이 아니요, 무능이 아니요, 결코 손해보는 것이 아니라는 확신이 있는 분만이 갈 수 있는 길입니다.

2. 환난의 길입니다.

이 길은 핍박의 길입니다. 예수님께서는 산상보훈에서 심령이 가난한 자, 애통하는 자, 온유한 자, 의에 주리고 목마른 자, 긍휼히 여기는 자, 마음이 청결한 자, 화평케 하는 자 그리고 의를 위하여 핍박을 받는 자에게 복이 있다고 했습니다. 특히 믿음으로 착하게 살다가 욕먹고 핍박을 받고 거짓으로 거스러 모든 악한 말을 들을 때에는 "너희에게 복이 있나니 기뻐하고 즐거워하라"(마 5:11)고 권고하셨습니다. 신앙의 길은 환난과 핍박이 있습니다. 어두움의 사람들은 빛의 사람들을 미워합니다. 그러므로 바울 사도께서는 "그리스도 안에서 경건하게 살고자 하는 자는 핍박을 받으리라"고 말씀하셨습니다. 넓은 길로 가는 사람들은 세속성, 쾌락성 때문에 고생, 고난의 의미를 모릅니다. 그러므로 그들은 회개라든지, 변화라든지, 희생이라든지 하는 신앙적 가치를 모릅니다.
　그러므로 우리는 세속의 길에서 멀어질 때, 세상의 길에서 멀어질 때 우리의 길을 의심하지 맙시다. 오히려 고난 속에 감추어 놓은 하나님의 축복을 믿읍시다. "우리가 하나님의 나라에 들어가려면 많은 환난을 겪어야 할 것이라"(행 14:22). 생명과 복으로 가는 신앙의 길은 환난과 고생과 피곤의 길이기도 합니다. 왜냐하면 신앙하는 순간부터 끊임없는 투쟁의 길을 가기 때문입니다. 자신과의 투쟁이 있습니다. 바울 사도께서는 자신을 쳐 복종시키며 "날마다 죽노라"고 고백하셨습니다. 세상과의 투쟁이 있습니다. 세상의 유혹과 재미를 거절하는 싸움이요 세상에 속해 살면서 세상을 거스려 사는 자세입니다. 사단과의 투쟁이 있습니다. 우리의 내면세계에서 벌어지는 영과 육의 투쟁이요, 선과 악의 전투요, 영원과 순간의 대결입니다. 이것들은 내면적 환난이요 핍박입니다.

3. 고독한 길입니다.

　생명과 복에 이르는 신앙의 길은 환난의 길이기에 이 길을 찾는 사람이 적습니다(마 7:13-14). 좁은 길이기에 인기가 없습니다. 죄 짐을 지고는 갈 수 없기에 인기가 없습니다. 세상 짐을 지고는 갈 수 없기에 인기가 없습니다. 십자가로의 길이기에 인기가 없습니다. 그러므로 고독한 길입니다. 그러나 우리는 기어코라도 이 길을 가야 합니다. 우리 앞에는 사망과 화의 길도 있습니다(신 30:15). 바로 많은 사람들이 더불어 히히덕거리며 환락과 타락을 즐기는 길은 멸망으로 인도하는 길이기 때문입니다.
　또한 본능의 길입니다. 물욕, 성욕, 명예욕, 권세욕을 추구하는 삶의 자세를 뜻합니다. 이 본능대로 사는 길은 욕심대로, 정욕대로, 상실한 마음대로 "내어 버려 두신 길"입니다(롬 1:26). 이는 가장 무서운 심판입니다. "돌아오지 못하는 길"입니다(잠 2:24, 26, 28). 회개의 기회가 주어지지 않습니다. 그러므로 우리의 길이 힘들고 어렵고 고독한 길이라도 생명으로 인도하는 길이기 때문에 가야 합니다.

뿐만 아니라 유혹의 길입니다. 이는 보기에 좋은 길이나 실상은 패망의 길이요, 가기에 편한 길이나 화가 기다리는 길이요, 무엇인가 있음직하나 허망한 길입니다. 물욕, 성욕, 명예욕, 권세욕에 유혹을 받아 따라가면 신기루를 따라가다가 지쳐 죽고 마는 것과 같습니다. 이 길은 많은 사람들이 지금도 가고 있습니다. 그러나 믿음의 사람들은 좁은 길로 가고 있습니다.

넓은 길은 재미있는 길입니다. 쾌락, 흥미, 재미가 많아 인기 있는 길(마 7:13-14)이지만 이 길 끝에는 심판이 기다리고 있습니다. 나는 지금 어느 길로 가고 있습니까? 학교, 직업, 직장, 친구, 배우자, 생활환경, 신앙노선, 교회 등을 선택함에도 언제나 두 길이 있음을 기억하십시다. 선택은 자유입니다. 그러나 책임과 결과는 돌이킬 수가 없습니다. 고생, 수고, 괴롬, 피곤이 있더라도 생명과 복의 길로 갑시다. 이 길을 가기 위하여 수고하는 신실한 성도들에게 하나님의 위로가 넘치시기를 그리스도의 이름으로 축원합니다. †

9
시험에서의 자유

본문: 고린도전서 10:12~13

하나님께서 왜 고통의 시험을 그의 사랑하시는 자녀들에게 허락하십니까? 기독교는 궁극적 승리를 확보한 낙천적 종교입니다. 왜냐하면 하나님의 계획과 섭리에는 실패와 좌절이 결코 없기 때문입니다. 그러므로 성도들은 긴 안목으로 보면 슬퍼하거나 낙심할 하등의 이유가 없음을 깨닫게 됩니다. 빌립보서 1:6에도 "너희 속에 착한 일을 시작하신 이가 그리스도 예수의 날까지 이루실 줄을 우리가 확신하노라"고 밝힙니다. 바울 사도께서는 "주 안에서 항상 기뻐하라 내가 다시 말하노니 기뻐하라"고 부탁하셨습니다. 그리스도 안에 어떠한 패배도 있을 수 없음을 믿게 합니다.

그러나 우리의 생활을 나날이 솔직하게 평가하면 기쁨과 쾌락과 웃음보다는 슬픔과 고난과 눈물이 더 많습니다. 소망과 희망의 시간보다는 절망과 낙심의 시간이 더 깁니다. 그러면 기독교의 진리와 우리의 생활 경험은 모순입니까? 오늘 본문의 말씀은 최종적이고 완성적 최고의 기쁨을 생산하기 위하여 일시적이며 과정적인 고난이 있음을 교훈합니다. 우리가 이 사실을 모르면 광야의 이스라엘 백성처럼 시험과 고난이 올 때 낙심하고 범죄하고 패망케 됩니다. 이와 같은 과정을 성공적으로 통과하려면 어떻게 하면 좋습니까? 시험이 무엇인지를 바로 알아야겠습니다. 그러면 시험은 무엇입니까?

1. 시험은 우리를 겸손한 사람으로 만듭니다.

야고보서 1:2에 "여러 가지 시험"이 있다고 하였습니다. 그러나 크게 두 가지로 생각할 수 있습니다. 바울 사도께서는 우리가 "감당할 시험"이 있다고 하십니다. 이 시험은 고난과 고생과 고통으로 우리를 훈련시켜 겸손한 사람으로 만들어 줍니다.

(1) 시험은 자고하지 않게 만듭니다.

12절의 말씀처럼 우리는 스스로 선 자로 생각합니다. 자신의 인격과 사역에 있어서 상당한 자긍심을 갖습니다. 이때에 넘어지게 됩니다. 바울 사도께서는 "여러 계시를 받은 것이 지극히 크므로 너무 자고하지 않게 하시려고 내 육체에 가시 곧 사단의 사자를 주셨으니 이는 나를 쳐서 너무 자고하지 않게 하려 하심이니라"(고후 12:7)고 깨달았습니다. 이같이 하나님께서는 우리가 자고하지 않도록 안전장치로써 여러 가지 시험을 주십니다. 이때에 우리는 바울 사도같이 자신을 낮추어야 합니다. 그는 자신을 만삭되지 못한 자요, 사도 중에 지극히 작은 자요, 성도 중에서 가장 작은 자보다 더 작은 자요, 죄인 중의 괴수라고 했습니다. 그러므로 그는 낮아지면서 받는 하나님의 은혜와 축복을 계속적으로 받았습니다. 그래도 그는 자고하지 않았습니다.

(2) 시험은 반드시 낮추어 줍니다.

하나님께서는 광야 백성에게 "네 하나님 여호와께서 너로 광야의 길을 걷게 하신 것을 기억하라 이는 너를 낮추시며 너를 시험하사 네 마음이 어떠한지 그 명령을 지키는지 아니 지키는지 알려 하심이라"(신 8:2)고 하셨습니다. 하나님께서는 우리를 유혹하여 멸망케 하는 시험을 주시지 않습니다만 우리를 연단하고 축복의 적격자로 만드시려는 고통과 고난의 시험을 허락하십니다. 창세기 22:1에 보면 아브라함이 그와 같은 시험을 받았습니다. 욥기 7:18에 보면 욥도 고통의 시험을 받아 재산, 건강, 자녀, 기쁨을 잃어버리는 역경에 떨어졌습니다. 그러나 이 시험에 아브라함도 욥도 합격하였습니다. 아브라함은 이삭을 모리아 산에서 번 제단에 올려놓았을 때 큰 고통을 당하였지만 이삭을 잡으려는 순간 하나님의 예비된 축복이 주어졌습니다(창 22:17). 욥은 갑절의 재산과 더할 수 없는 자녀의 축복과 장수의 복을 누렸습니다(약 5:11). 결과적으로 하나님께서 사랑하는 자들의 자녀나 재산이나 명예를 꺾으신 것이 아니라 그들의 교만을 넘어뜨린 것입니다.

2. 시험은 우리를 축복의 적격자로 만듭니다.

(1) 시험을 참는 자에게 축복을 주십니다.

아브라함에게는 "여호와 이레"의 수양을 주셔서 피할 길을 허락하셨습니다. 욥에게는 하나님께서 친히 나타나사 모든 문제를 초자연적으로 해결해 주셨습니다(욥 42:5). 야고보서 1:12에 "시험을 참는 자는 복이 있도다 이것이 옳다 인정하심을 받은 후에 주께서 자기를 사랑하는 자들에게 약속하신 생명의 면류관을 얻을 것임이니라"고 하십니다. 바울 사도께서는 "육체의 가시" 곧 "사단의 사자"를 그 몸에 지녔습니다. 혹자는 난치의 질병으로 해석합니다. 다메섹 도상에서 광명한 빛으로 실명한 후 아나니아의 안수로 시력이 회복되었지만 그 후에 안질로 고생한 것을 뜻한다고도 합니다. 그는 기도하는 중에 "내가 약한 데서 온전하여지느니라"는 말씀으로 위로받고 그 시험을 이겼습니다(고후 12:3-10). 시험은 시련을 통하여 인내를 낳습니다(약 1:2-4).

시험을 당하여 고민하고 고통당하는 성도들이여! 시험의 과정에는 역경, 질병, 실패, 가난이 있습니다. 그러나 이것이 끝은 아닙니다. 잘 참으시기 바랍니다. 그러면 피할 길을 반드시 주십니다. 뿐만 아니라 궁극적 기쁨도 얻게 되며 예비된 축복도 받게 됩니다.

(2) 시험을 참는 자에게 피할 길을 주십니다(13절).

시험 다음에 축복이 있습니다. 마치 고난의 십자가 다음에 부활의 기쁨이 있음과 같습니다. 그러므로 현재의 어려움 때문에 낙심하고 범죄할 것이 아니라 기도로써 주님의 도우심을 요청해야겠습니다. 히브리서 2:18에 "자기가 시험을 받아 고난을 당하였은즉 시험받는 자들을 능히 도우시느니라"고 약속하셨습니다. 우리는 더 나아가 주님의 인자하심에 모든 것을 맡겨야 하겠습니다. 시편 31:15-16에 "내 시대가 주의 손에 있사오니 내 원수와 핍박하는 자의 손에서 나를 건지소서 주의 얼굴을 주의 종에게 비취시고 주의 인자하심으로 나를 구원하소서"라고 시험당하는 사람이 주님께 간절히 매달리는 모습을 봅니다. 시험에서 자유를 얻는 비결입니다.

가난과 역경과 실패와 질병 등으로 고통의 시험을 당하는 분들에게 인자하신 주님이 가장 가까이 와 계신다는 사실을 믿기 바랍니다. 고통 속에 계신 성도들에게 능히 감당하도록 피할 길을 주시며 시험에서 자유를 주시며 복 주시기를 그리스도의 이름으로 축원합니다. †

10
연민의 정

본문: 누가복음 7:11~17

　오늘날 우리의 삶은 초상집처럼 변하고 있습니다. 도덕적 해이, 자원의 고갈, 인구의 팽창, 생태학적 위기 그리고 각종 오염들은 유성 지구의 장래를 초상집같이 되게 합니다. 마치 본문의 말씀에서 보여 주는 외아들을 잃은 과부의 초상집같이 절망적 상황입니다. 그러나 주님의 "불쌍히 여기는" 마음 곧 연민의 정 때문에 초상집이 살아난 아이로 인하여 잔칫집으로 변화되었습니다. 절망적 상황을 낙천적 현실로 바꿀 수 있음을 보여 줍니다. 그러므로 연민의 정은 현실을 바꿀 수 있게 합니다.

1. 그러면 주님의 연민의 정은 어떠합니까?

　(1) 소망이 없는 사람들을 불쌍히 여겼습니다.

　외아들을 잃어버린 홀어머니는 소망까지 잃어버린 사람입니다. 이 과부의 슬픔과 아픔을 주님의 연민의 정이 치유했습니다. 이 땅에는 소망이 무너진 사람들이 허다합니다. 저들의 심령과 가정은 지옥의 축소판과도 같습니다. 문자 그대로 초상집입니다. 이 같은 절망의 사람들을 무엇으로 치유할 수 있겠습니까? 불쌍히 여기는 마음은 저들을 절망에서 이끌어낼 수 있습니다. 사랑은 모든 것을 치유합니다. 주님의 사랑은 절망을 소망으로 변하게 하는 능력이 있습니다. 딸이 귀신들려 죽게 된 한 어머니는 예수님께로 나아와서 "주 다윗의 자손이여 나를 불쌍히 여기소서"라고 문제의 해결책을 찾아내었습니다. 주님께서 "네 믿음이 크도다 네 소원대로 되리라"(마 15:22, 28)고 일성으로 절망적 상황을 낙천적 현실로 바꾸어 주셨습니다. 소망이 없는 사람에게 연민의 정은 참으로 필요한 것입니다.

(2) 믿음이 없는 사람들을 불쌍히 여겼습니다.

예수님께서 "큰 무리를 보시고 그 목자 없는 양 같음을 인하여 불쌍히 여기사 이에 여러 가지로 가르치시더라"(막 6:34)고 했습니다. 떡으로만 살 줄 알고 떡을 주시는 분을 믿는 것이 아니라 떡의 기적을 추구하는 예수님 당시의 유대인들을 연민의 정으로 가르치신 주님은 오늘날도 믿음 없는 사람들을 불쌍히 여겨주십니다. 주님은 사람이 떡으로만 사는 것이 아니요 여호와의 입에서 나오는 모든 말씀으로 산다는 믿음을 주십니다. 떡으로만 사는 줄 아는 자들을 불쌍히 여기십니다.

(3) 건강이 없는 사람들을 불쌍히 여겼습니다.

예수님께서는 "큰 무리를 보시고 불쌍히 여기사 그 중에 있는 병인을 고쳐" 주셨습니다(마 14:14). 그 당시의 통념으로 저주받은 질병으로 낙인찍힌 문둥병자도 "민망히 여기사" 깨끗하게 치유했습니다(막 1:41). 여리고 성 밖에서 "다윗의 자손이여 우리를 불쌍히 여기소서"라고 외치며 불쌍히 여김 받기를 소원하던 두 소경도 치유했습니다(마 9:27-29). 예수님께서는 "모든 병과 모든 약한 것을 고쳐" 주셨습니다(마 9:35-36). 한결같이 "민망히 여기사"라고 예수님의 연민의 정을 강조했습니다. 질병으로 인하여 절망적인 사람들도 예수님의 연민의 정은 새 소망으로 넘치게 했습니다.

　　(4) 재물이 없는 사람들을 불쌍히 여겼습니다.

　예수님께서는 가난한 사람들과 식탁의 교제를 나누었습니다. 사업에 실패하고 파산한 사람들도 불쌍히 여겼습니다(마 18:33). 주님은 주린 자, 목마른 자, 나그네 된 자, 벗은 자, 병든 자, 옥에 갇힌 자들, 즉 한결같이 재물이 없는 자들을 돌아보셨습니다(마 25:35-40). 주님께서는 소위 "없는 자들"을 연민의 정으로 불쌍히 여겼습니다. 민망히 여겼습니다. 그때마다 초상집 같은 사람들이 잔치집 같은 사람들로 변했습니다. 절망의 사람들이 소망의 사람들로 변했습니다. 슬픔의 사람들이 기쁨의 사람들로 변했습니다.

2. 그러면 우리들의 연민의 정은 어떠합니까?

　　(1) 너무 무정하지 않습니까?

　예수님께서는 말세의 현상, 말세인의 모습을 예언하시기를 "그때에… 많은 사람의 사랑이 식어지리라"(마 24:12)고 하셨고, "형제가 형제를 아비가 자식을 죽는 데 내어주며 자식들이 부모를 대적하여 죽게 하리라"(막 13:12)고 하셨습니다. 사랑의 공동체인 가정이 사랑의 본질을 상실하게 되고 교회가 사랑의 실천에 소홀하게 될 때 주님의 재림이 있고 우주의 멸망이 따라올 것입니다. 우리들은 예수님같이 "없는 사람들"을 불쌍히 여깁니까? 과연 가정의 기초인 아내사랑부터 부실하지는 않습니까? 베드로 사도께서는 아내를 "연약한 그릇"같이 조심스럽게 사랑하도록 권고했습니다. 그렇지 않으면 "네 기도가 막히리라"(벧전 3:7)고 경고했습니다. 아내 사랑이 없는 가정은 초상집입니다. 언제나 지옥의 그림자가 드리우고 지옥의 축소판이 됩니다. 아내부터 불쌍히 여깁시다. 남편 한 사람만 바라보고 부모와 집을 떠나온 사람을 멸시와 천대, 욕설과 폭력으로 대하는 사람은 결코 주님의 제자가 아닙니다. 가정과 아내를 지옥으로 만드는 자가 지옥의 사람이 될 것입니다. 아내들도 사망의 음침한 골짜기 같은 세상에서 가정과 가족을 살리려고 사력을 다하는 남편이 당연히 불쌍히 보여야만 합니다. 연민의 정이 없는 아내는 주님의 명령대로 남편에게 순복할 수 없습니다. 남편의 마음에 지옥의 그림자가 찾아들 때 한 몸인 아내의 마음에도 작은 천국이 존재할 수 없습니다. 그러므로 너무 무정한 사람이 되지 맙시다. 자식에게도, 부모에게도, 형제에게도, 교회에서 성도들에게도 서로 불쌍히 여깁시다.

(2) 너무 무심하지 않습니까?

연민의 정은 관심에서 시작됩니다. 예수님께서는 지나가는 장례 행렬을 무심히 보지 않았습니다. 과부의 슬픔을 자신의 가슴에 그대로 느꼈습니다. 그러므로 창조의 명령으로 죽은 자에게 "일어나라"고 생명을 회복시킨 것입니다. 무관심은 어떤 상황이라도 절망적으로 몰아갑니다. 우리의 집이 왜 초상집같이 되었습니까? 바로 나의 무심한 처신 때문입니다. 베드로 사도께서는 "마지막으로 말하노니 너희가 마음을 같이 하여 체휼하며 형제를 사랑하며 불쌍히 여기며…복을 빌라"(벧전 3:8)고 하셨고, 바울 사도께서도 "서로 인자하게 하며 불쌍히 여기며 서로 용서하기를 하나님이 그리스도 안에서 너희를 용서하심과 같이 하라"(엡 4:32)고 권면하셨습니다. 예수님께서는 '내가 너를 불쌍히 여김과 같이 너도 네 동관을 불쌍히 여김이 마땅치 아니하냐"(마 18:33)고 물었습니다. 서로 불쌍히 여깁시다. 서로 민망히 여깁시다. 연민의 정으로 절망을 소망으로 바꾸시길 주님의 이름으로 축원합니다. †

11
나의 길

본문: 사도행전 20:22~24

 내가 달려갈 길은 어디입니까? 본문 말씀은 바울 사도께서 "나의 달려갈 길"(24절)이 있다고 고백한 말씀입니다. 그는 늘 "푯대를 향하여…좇아가노라"(빌 3:14)고 경주장에서 달려가는 경주자로 자신을 비유했습니다. 그는 주후 68년 로마에서 순교하기 직전에도 "내가 선한 싸움을 싸우고 나의 달려갈 길을 마치고…나를 위하여 의의 면류관이 예비되었노라"(딤후 4:7-8)고 인생 달리기의 승리를 내다보았습니다. 이같이 우리들도 달리고 있습니다. 그러면 바울 사도는 어떤 길로 달려갔습니까?

1. 사명의 길이었습니다(24절).

 (1) 그는 소명에 순종했습니다.

 다메섹 도상에서 부활하신 예수님을 뵙고 "내 이름을 이방인에게 전하기 위하여 택한 나의 그릇…"(행 9:15)으로 소명하실 때에 그리스도인을 잔해하던 사람이(행 9:21) 이 소명에 즉시 순종하여 "예수의 하나님의 아들이심을 전파하는 사람"(행 9:20)이 되었습니다. 그는 하나님의 부르시는 사역에로의 소명에 "내가 여기 있나이다 나를 보내소서"(사 6:8)라고 응답한 이사야 선지자와도 같습니다. 우리도 이 같은 소명의 길로 달려가야만 합니다.

(2) 그는 사명에 불탔습니다.

그는 "나의 달려갈 길과 주 예수께 받은 사명 곧 하나님의 은혜의 복음 증거하는 일을 마치려 함에는 나의 생명을 조금도 귀한 것으로 여기지 아니하노라"(24절)고 했습니다. 위에서 부르신 소명과 나의 중심에 불타는 사명감이 어우러질 때에 큰 일을 해낼 수 있습니다. 그는 선교의 사명에 진력했습니다. 3차 세계 선교 여행을 하시면서 아세아는 물론 서방세계에도 복음을 전파하였고, 종래는 로마에서 복음을 전파하시다가 순교하셨습니다. 사람이 사는 것은 떡으로만 사는 것이 아니라 여호와의 입에서 나오는 모든 말씀으로 삽니다.

그러므로 말씀을 전하는 사역은 최고의 사명입니다. 그는 이 선교사의 길을 달려갔습니다. 우리도 소명의 길, 사명의 길을 달려가야 합니다. 영웅적 소명이나 사명만을 귀한 것으로 여겨서는 안 됩니다. 하나님께서는 작은 일에 충성하는 소명인, 사명인을 더 귀하게 여기십니다.

오늘날의 비극은 인생을 사명으로 알지 못하고 쾌락과 배회로 헛사는 사람들이 점점 더 늘어가고 있는 데 있습니다. 살아야 할 이유가 없는 사람은 일해야 할 이유도 없고, 죽어야 할 이유도 없는 사람이 됩니다. 땀 흘리고 눈물 뿌리며 피를 흘려도 해야 할 일이 있어야 참으로 값진 인생으로 살게 됩니다.

2. 고난의 길이었습니다(23절).

(1) 그는 선한 싸움을 싸웠습니다.

그는 사명자의 길을 가기 위하여 온갖 고난을 감수했습니다. "결박과 환난이 기다린다 하시나…." 예루살렘으로 가는 길을 포기할 수 없다고 하셨습니다. 예루살렘에는 율법주의, 유대주의에 사로잡혀 공로의 구원을 주장하며 "하나님의 은혜의 구원"을 배척하는 사람들이 바울 사도를 죽이려고 결사대를 조직하고 기다리고 있었습니다. 그의 제자들이 눈물로써 예루살렘 행을 만류했지만 그는 순교를 내다보면서도 사명의 길로 달려가셨습니다. 또 동방에 전도할 때에는 영지주의자들과 싸웠습니다. 영은 순결하고 몸은 불결하다는 잘못된 인간론으로 구원이 육체고행에 있다고 주장하며 하나님의 은혜의 복음 곧 예수 그리스도의 십자가 구속적 사건과 육체적 부활의 사건을 배척하던 자들과 부단히 싸웠습니다.

그러므로 핍박을 받았습니다. 로마에서는 쾌락주의자들과 부단히 싸웠습니다. 음행이 행복의 수단이 아님을 선포했습니다. 물질이 최고가 아님을 교훈했습니다. 그러므로 "믿음의 선한 싸움"(딤전 6:12)을 중지한 적이 없습니다. 그는 그의 고난의 길로 달려갔습니다.

(2) 그는 은혜의 복음을 증거했습니다.

그는 예수 그리스도를 믿고 영접함으로 구원받는 진리를 증거하여 잃은 영혼들을 구원하는 일에 전념했습니다. 이 같은 사역은 그를 고독하게 만들었고 가난하게 만들었습니다. 그리고 병들게 했습니다. 그러나 그는 세상 사랑하는 마음, 재물 사랑하는 마음 그리고 쾌락 사랑하는 마음과 싸웠습니다. 날마다 자신을 쳐 그리스도의 말씀에 복종시켰습니다. 날마다 육체의 욕망을 극복했습니다. 그는 "무거운 것과 얽매이기 쉬운 죄를 벗어버리고…경주"(히 12:2)하는 그리스도인의 길을 달려갔습니다.

3. 영광의 길이었습니다.

(1) 그는 주님을 바라보고 달렸습니다.

의로우신 재판장이신 그 주님께서 자신의 경주를 판단하실 것을 확신했습니다(딤후 4:7). "한 번 죽는 것은 사람에게 정하신 것이요 그 후에는 심판"(히 9:27)이 있습니다. 이 심판은 우리들의 인생 경주를 따라 승자든 패자든 판단하게 됩니다. 나의 길은 승자의 길입니까? 아니면 패자의 길입니까?

(2) 그는 상급을 바라보고 달렸습니다.

그는 "의의 면류관"(딤후 4:7-8)이 자신을 위하여 예비되어 있다고 확신했습니다. 여기의 "면류관"은 왕이 쓰는 시드는 면류관이 아닙니다. 이 면류관은 경주장에서 선착한 일등자에게 주는 승리의 면류관도 아닙니다. 전쟁에서의 승리의 소식을 성에 알리기 위하여 끝까지 사력을 다하여 달려온 완주자에게 주는 영광의 면류관입니다. 그러므로 로마의 핍박 속에서 순교하신 베드로 사도께서는 "양무리의 본이 되라 그리하면… 시들지 아니하는 영광의 면류관을 얻으리라"(벧전 5:3-4)고 했습니다. 사도 요한께서도 밧모섬에 순교 직전에 "네가 죽도록 충성하라 그리하면 내가 생명의 면류관을 네게 주리라"(계 2:10)고 약속하시는 주님의 음성을 듣고 기록했습니다. 순교자 야고보 사도께서도 "주께서 자기를 사랑하는 자들에게 약속하신 생명의 면류관을 얻는 것임이니라"(약 1:12)고 주님의 상급을 바라보며 사명의 길, 그 고난의 길을 달려갔습니다. 그러므로 영광의 길로 들어서게 된 것입니다. 우리는 지난 날 우리가 달려온 "나의 길"이 어떠한가 살펴보십시다. 믿음의 경주장에서 낙오자는 안 되어야 합니다. 인생의 경주장에서 영광의 면류관을 받도록 합시다. 우리의 미래를 내다보시며 더 높은 영광의 면류관을 얻게 되시길 주님의 이름으로 축원합니다. †

12
내 기도를

본문: 시편 66:16~20

나의 기도가 어떻게 하나님의 응답을 받게 됩니까? 우리는 기도 응답의 체험을 "하나님께서 내 기도를 들으셨다"고 합니다. 오늘의 본문에서 보여 주는 다윗의 기도 응답 체험은 기도의 사람 다윗의 기도 정신을 먼저 보게 합니다. 내 기도가 응답받도록 하기 위하여 다윗의 기도를 분석하며 그 기도의 자세와 정신을 배워야 하겠습니다. 그러면 다윗은 어떤 기도의 신앙이 있었습니까?

1. 하나님께서 내 기도를 듣고 계신다고 했습니다.

(1) 죄악을 품고 하는 기도는 하나님께서 듣지 않는다 했습니다.

18절에서 "내가 내 마음에 죄악을 품으면 주께서 듣지 아니하시리라"고 그의 경험을 보여 줍니다. 그는 충신 우리아의 아내를 불법으로 취하여 음행을 저지르고 이것을 감추기 위하여 우리아를 전쟁에서 전사하도록 악행을 저질렀습니다. 그때 그가 경험한 것은 그의 기도가 막히고 그의 간구를 여호와께서 듣지 아니하심을 안 것입니다. 그러므로 그는 시편을 기록할 때에 하나님께서 "의인의 간구"를 들으신다는 사실을 매우 강조했습니다. 이사야 선지자도 "여호와의 손이 짧아 구원치 못하심도 아니요 귀가 둔하여 듣지 못하심도 아니라 오직 너희 죄악이 너희와 하나님 사이를 내었고 너희 죄가 그 얼굴을 가리워서 너희를 듣지 않으시게 함이니"(사 59:1-3)라고 말씀하셨습니다.

이같이 계속적인 죄악은 기도의 실패의 원인이 됩니다. 내 기도가 응답받지 못하는 이유가 바로 죄악을 품고 하는 기도 때문이 아닌가 살펴보아야 합니다.

(2) 의심을 품고 하는 기도도 하나님께서 듣지 않습니다.

주님께서는 "오직 믿음으로 구하고 조금도 의심하지 말라 의심하는 자는…무엇이든지 주께 얻기를 생각하지 말라"(약 1:6-7)고 말씀하십니다. 우리가 기도에 실패하는 또 다른 이유가 바로 의심입니다. 기도하기 전에도, 기도하는 중에도, 기도를 마쳐놓고도 의심을 물리치지 못합니다. "과연 하나님께서 내 기도를 들으셨을까?"라고 의심합니다. 계속적인 의심을 물리치기 위하여 믿음을 달라고 먼저 기도해야 합니다.

(3) 욕심을 품고 하는 기도도 역시 하나님께서 듣지 않으십니다.

주님께서는 "너희가 얻지 못함은 구하지 아니함이요 구하여도 받지 못함은 정욕으로 쓰려고 잘못 구함이니라"(약 4:2-3)고 책망하십니다. "정욕" 곧 욕심의 기도는 하나님의 응답을 받을 수 없습니다. 우리의 욕심대로 성취되면 반드시 교만해지고 마침내 하나님이 누구냐고 불신앙과 불순종에 빠지게 됩니다.

그러므로 기도는 악심, 의심 그리고 욕심과 부단히 싸우게 하는 믿음의 전투입니다. 그러므로 기도는 한 걸음 한 걸음 나아가면서 마침내 응답받게 합니다. 마침내 하나님께서 "내 기도를 들으셨다"라고 감사, 감격케 됩니다.

2. 하나님께서 내 기도에 주의하신다고 했습니다.

(1) 회개의 기도를 하나님께서 주의합니다.

다윗이 범죄 후 나단 선지자의 책망을 받고 회개했습니다. 그의 회개의 시(詩)인 시편 6:6, 9을 보면 "내가…밤마다 눈물로 내 침상을 띄우며 내 요를 적시나이다…여호와께서 내 곡성을 들으셨도다…내 간구를 들으셨음이여…"라고 회개의 기도를 귀담아 들으시는 여호와의 은총을 찬양했습니다. 그는 "하나님의 구하시는 제사는 상한 심령이라 하나님이여 상하고 통회하는 마음을 주께서 멸시치 아니하시리이다"(시 51:17)라고 용서를 확신했습니다.

이같이 회개의 기도를 즉시 응답하십니다. 회개함이 없는 기도는 여호와께서 결코 듣지 아니하십니다. 우리는 회개의 기도에 반드시 응답해 주심을 확신해야 합니다. 어떠한 죄라도 사죄의 은총을 반드시 베풀어 주십니다. 사도 요한께서는 "만일 우리가 우리 죄를 자백하면 저는 미쁘시고 의로우사 우리 죄를 사하시며 모든 불의에서 우리를 깨끗케 하실 것"(요일 1:9)이라고 교훈했습니다.

(2) 믿음의 기도를 하나님께서 주의합니다.

예수님께서 친히 말씀하시기를 "너희가 만일 믿음이 한 겨자씨만큼만 있으면 이 산을 명하여 여기서 저기로 옮기라 하여도 옮길 것이요 또 너희가 못할 것이 없으리라"(마 17:20)고 약속하셨습니다. 야고보 사도께서는 "믿음의 기도는 병든 자를 구원하리니 주께서 저를 일으키시리라"(약 5:15)고 선언하셨습니다.

그러므로 우리는 믿음으로 기도해야 합니다. 한나와 같이 기도한 후에 다시 수색이 없이 전적으로 의뢰하면 하나님께서는 사무엘과 같은 아이를 낳게 하십니다.

(3) 헌신의 기도도 역시 하나님께서 주의하십니다.

욕심을 물리치는 지름길은 헌신의 기도를 올리는 데 있습니다. 예수님께서는 "너희는 먼저 그의 나라와 그의 의를 구하라 그리하면 이 모든 것을 너희에게 더하시리라"(마 6:33)고 헌신하는 기도의 구체적 비결을 가르쳐 주셨습니다.

3. 하나님께서 내 기도를 응답하셨다고 했습니다.

(1) 그의 회개의 기도에 응답하셨습니다.

다윗 왕이 사단의 충동을 받고 교만해졌습니다. 여호와께서 백전백승의 장군이 되게 해 주셨는데도 그는 자기가 용병을 잘하고 전술을 잘하여 승리하는 줄로 생각하고 군대의 숫자를 조사하도록 요압 장군에게 명령했습니다. 이는 여호와의 도우심을 배신하는 행동이었습니다. "다윗이 어디를 가든지 여호와께서 이기게 하셨더라"(삼하 8:6, 14)는 사실에 주의하지 않았습니다. 이때에 하나님께서 그를 징계하셨습니다. 다윗은 즉시 회개했습니다. 여호와께서 사흘 동안 온역으로 그 백성을 치시다가 다윗의 회개의 기도를 들으시고 "여호와께서 보시고 이 재앙 내림을 뉘우치사…족하다 이제는 네 손을 거두라…"(대상 21:15)고 징계를 중지시켰습니다. 그리고 다윗이 회개할 때에 "하늘에서부터 번제단 위에 불을 내려 응답…"(대상 21:26) 하셨습니다.

(2) 믿음의 기도에도 응답하십니다.

히스기야 왕이 병들어 죽게 되었을 때에 "얼굴을 벽으로 향하고…심히 통곡하니…여호와께서…내가 네 기도를 들었고 네 눈물을 보았노라 내가 네 수한이 십오 년을 더하고…"(사 38:2-5)라고 즉시 응답하셨습니다.

(3) 헌신의 기도도 역시 응답하십니다.

한나가 사무엘을 나실인으로 헌신케 하기 위하여 간구했을 때에 하나님께서 즉시 응답하셨습니다(삼상 1:10-11, 20). 성경에서 "우리가 무엇이든지 구하는 바를 들으시는 줄을 안즉 우리가 그에게 구한 그것을 얻은 줄을 또한 아느니라"(요일 5:15)고 하셨습니다. 이 같은 기도의 정신, 기도의 자세로 기도 응답의 체험을 계속적으로 누리시길 주님의 이름으로 축원합니다. †

13
할 수 있는 대로

본문: 로마서 1:8~17

복음 전도자의 지식과 자세는 어떠해야 합니까? 무엇보다도 복음에 대한 지식과 확신이 필요합니다. 그리고 그 복음을 전파하려는 열정이 요구됩니다. 오늘의 말씀은 바울 사도께서 로마교회에 보낸 서신에 나타난 것으로 복음의 능력을 설명하고 있습니다. 이 복음의 능력은 로마의 법률보다도, 헬라의 철학보다도 인류에 더 큰 변화를 주었습니다.

1. 과연 복음이란 무엇입니까?

(1) 구원을 주시는 하나님의 능력입니다.

16절 말씀에 바울 사도께서는 "복음은 모든 믿는 자에게 구원을 주시는 하나님의 능력"이라고 말씀합니다. 이는 불신앙과 불순종으로 범죄한 인간이 죄 아래서 사망을 기다리는 운명을 파괴하고 하나님의 자녀로 되돌아가게 하는 것입니다. 운명의 전환이요, 사망에서 생명으로 옮겨놓은 능력입니다. 이것이 바로 예수 그리스도의 십자가 사건과 부활 사건으로 인류를 구원하는 복음의 능력입니다. 죄의 권능을 멸하고 사망의 권세를 깨뜨리는 인류 역사에 가장 큰 구원의 역사입니다. 인간 스스로 자율적인 의, 도덕적 선, 윤리적 공로로는 죄의 운명 곧 "죄의 삯은 사망"(롬 6:23)이라는 죄의 형벌에서 벗어날 수 없습니다. 십자가 앞에서 자신이 죄인임을 발견하고 자신의 죄를 대신하여 죽으신 그분을 의지하며 신앙을 고백할 때에 그분과의 신비적 연합 곧 생명의 연합이 이루어집니다. 그 십자가에 같이 못박히고, 같이 죽고, 같이 장사지낸 바 되었다가 같이 살아나는 것입니다. 곧 십자가 사건과 부활 사건에 동참하게 됩니다. 이 같은 사람은 하나님의 구원을 받으며 영생케 됩니다. 곧 복음의 능력인 것입니다.

　(2) 변화를 주시는 하나님의 능력입니다.

　복음은 "유혹의 욕심을 따라 썩어져 가는 구습을 좇는 옛 사람"(엡 4:22)을 "의와 진리와 거룩함으로 지으심을 받는 새 사람"(엡 4:24)으로 변화시키는 하나님의 능력입니다. 죄의 부패와 오염으로 망가진 인간을 새로운 창조의 능력으로 본질의 변화를 일으키는 것입니다. 신앙을 거부하고 순종을 싫어하는 인간에게 십자가 사건을 믿으며 부활의 소망을 가지며 말씀대로 믿으며 말씀대로 순종토록 새 창조의 은혜를 받게 합니다. 바울 사도께서는 "그런즉 누구든지 그리스도 안에 있으면 새로운 피조물이라 이전 것은 지나갔으니 보라 새 것이 되었도다"(고후 5:17)라고 했습니다. 아담과 하와 그리고 그 후손이 죄 아래, 사망 아래 떨어져 원 창조의 모습이 망가졌지만 복음이 새로운 창조로써 원형을 회복하도록 만들어 줍니다. 이 같은 변화는 물리적 변화가 아니라 본질적 변화입니다. 곧 죽음에서 영생에로 옮겨놓은 하나님의 축복입니다.

　(3) 영화를 주시는 하나님의 능력입니다.

　그리스도의 초림이 구속사역의 성취에 그 강조점이 있다면 그의 재림은 재창조에 그 강조점이 있습니다. 옛 사람이 예수 그리스도를 믿고 새 사람이 되어 이 땅에서 믿음으로 살다가 하나님의 부르심을 받고 그의 육신은 흙에서 왔다가 흙으로 돌아가고 그의 영혼은 하나님의 나라로 들어갑니다. 그리스도의 재림 때에 이 영혼들이 영화로운 몸으로 홀연히 변화를 받습니다. 그의 재림 때까지 이 땅에 살아 거하는 사람들도 홀연히 영화로운 몸으로 변화를 받습니다. 새 하늘과 새 땅에 들어가 살기에 적합한 몸을 입습니다. 이 같은 영화의 축복이 재창조하시는 하나님의 능력입니다. 바로 복음을 믿는 자에게 주시는 구원의 최종적 완성의 모습이요. 최후의 축복입니다.

2. 그러면 이 같은 복음을 어떻게 전파해야 하겠습니까?

(1) 시간을 초월하여 복음을 전해야 합니다.

바울 사도께서는 "그의 나라를 두고 엄히 명하노니 너는 말씀을 전파하라 때를 얻든지 못 얻든지 항상 힘쓰라"(딤후 4:1-2)고 당부했습니다. 복음 전도에는 특별한 호기가 없습니다. 언제든지 입을 열어 전파해야 합니다. 호기를 기다리다가 그 영혼이 홀연히 하나님의 부르심을 받는다면 후회하게 될 것입니다. 특별히 가정 복음화는 적기가 따로 없습니다. 가족과 친족들에게 만날 때마다 예수 그리스도의 십자가 희생과 그 사랑! 믿는 자에게 거져 주시는 구원의 축복을 이야기해야 합니다.

(2) 활동을 초월하여 복음을 전해야 합니다.

바울 사도께서는 "그런즉 너희가 먹든지 마시든지 무엇을 하든지 다 하나님의 영광을 위하여 하라 유대인에게나 헬라인에게나…저희로 구원을 얻게 하라"(고전 10:31-33)고 권면했습니다. 이 말씀의 교훈은 복음을 체험한 사람들은 그 삶의 궁극적 목표가 하나님의 영광을 위하여 사는 것입니다. 그 "하나님의 영광"이 바로 유대인이나 헬라인이나 그 누구라 할지라도 구원을 얻게 하는 데 있음을 교훈합니다. 죄로 잃어버린 영혼들이 복음을 듣고 주께로 회개하고 나아오는 것은 하나님께 기쁨이요 또한 영광이 되는 것입니다. 그러므로 우리의 생활 전체가 복음전파와 같이 가야만 합니다.

(3) 죽음을 초월하여 복음을 전해야 합니다.

바울 사도께서는 "오직 전과 같이 이제도 온전히 담대하여 살든지 죽든지 내 몸에서 그리스도가 존귀히 되게 하려 하나니"(빌 1:20)라고 생사를 초월하여 그리스도의 복음을 전하려고 했습니다. 또한 그는 "그런즉 우리는 (몸에) 거하든지 떠나든지 주를 기쁘시게 하는 자 되기를 힘쓰노라"(고후 5:9)고 했습니다. 이 말씀 역시 순교적 정신으로 십자가의 대속적 죽음과 십자가의 육체적 부활을 증거하려는 그의 뜨거운 열정을 보여 줍니다. 그러므로 그는 "할 수 있는 대로" 로마에 있는 사람들, 더욱이 그 당시 땅 끝으로 인식되었던 서바나에 있는 사람들에게도 복음 전하기를 소원했습니다. 어떠하든지 할 수 있는 대로 우리도 복음을 전해야 합니다. 왜냐하면 "이 전도는 우리 구주 하나님의 명대로 내게 맡기신 것"(딛 1:3)이요, "주 예수께 받은 사명 곧 하나님의 은혜의 복음 증거하는 일"(행 20:24)이요, "내가 부득불 할 일"(고전 9:16)이기 때문입니다. 전도는 은사가 아닙니다. 모든 그리스도인에게 주신 사명임에 틀림이 없습니다. 할 수 있는 대로 전도하고 선교하려면 바울 사도의 사명감을 우리는 따라가야 합니다.

복음은 그 어떤 법률보다도, 그 어떤 철학보다도 인간에게 하나님의 은혜를 체험케 만듭니다. 전파하는 자가 없이 어떻게 복음을 들을 수 있겠습니까? 복음을 듣지 아니하고 어떻게 믿을 수 있겠습니까? 오늘 선교주일을 맞이하여 할 수 있는 대로 복음을 전하는 사명을 수행하는 주님의 제자들이 되시길 주님의 이름으로 축원합니다. ✝

14
본이 되라

본문: 베드로전서 5:1~4

그리스도인들이 세상에서 어떻게 살아야 합니까? 어떻게 하면 빛된 삶, 소금된 삶을 세상에 나타낼 수가 있겠습니까? 특히 교회의 영적 지도자의 삶이 어떠할 때에 본이 되겠습니까? 그리스도인이 가정과 교회 그리고 직장과 사회에서 끼치는 영향력은 실로 막중합니다. 그러므로 오늘 하나님의 말씀은 "오직 양무리의 본이 되라"(3절)고 권고합니다. 그러면 양무리의 본이 된다는 의미는 무엇입니까?

1. 양무리보다 앞서간다는 의미입니다.

(1) 지도자는 앞서가야 합니다.

성경은 지도자를 목자로 성도를 양으로 묘사합니다. 시편에는 "여호와는 나의 목자이니 내가 부족함이 없으리로다"(시 23:1-3)라고 하나님 자신이 인생의 목자임을 밝힙니다. 양떼는 방향감각이 없습니다. 양은 근시라서 앞에 가까이 있는 것은 잘 보지만 멀리 떨어져 있는 것은 보지 못합니다.

그래서 여호와 하나님의 인도하심을 받을 때 마치 목자의 인도하심을 받는 양떼같이 푸른 초장으로, 쉴 만한 물가로 가게 됩니다. 하나님은 이스라엘의 목자요(사 40:11) 바로 우리들의 목자입니다. 뿐만 아니라 예수님은 "선한 목자"입니다. 그래서 그의 양들을 위하여 목숨을 버리시는 분입니다(요 10:14).

이같이 예수님은 선한 목자, 좋은 목자로서 양떼보다 앞서 가며 양떼를 인도합니다. 양들을 소나 돼지처럼 뒤에서 몰아가서는 안 됩니다. 특히 교회의 지도자는 평신도들보다 앞서가야 합니다. 그들을 푸른 초장으로, 쉴 만한 물가로 인도해야 합니다.

(2) 지도자는 삶의 본을 보여야 합니다.

베드로 사도는 예수님을 "목자장"(4절)이라 했습니다. 이는 상대적으로 우리들은 작은 목자라는 사실을 일깨우고 있습니다. 그러므로 우리는 목자장을 따라가야 합니다. 바울 사도는 "내가 그리스도를 본받는 자 된 것같이 너희는 나를 본받는 자가 되라"(고전 11:1)고 권면했습니다.

우리도 가정에서 가족들에게 본을 보여야 합니다. "양을 다 내어놓은 후에 앞서가면 양들이 그의 음성을 아는 고로 따라…"(요 10:4)간다고 했습니다. 인격적 모범, 사역적 모범을 보이면서 앞서가면 즉 가정과 교회 그리고 직장에서 먼저 믿는 자로서, 예수 믿는 자로서 솔선수범하면 다른 사람들이 우리를 따라오게 됩니다. 이를 위하여 우리는 지극히 조심스런 삶을 살아야만 합니다. 모범을 보이는 일은 쉬운 일이 아니기 때문입니다. 그래서 하나님의 말씀은 "너희는 자기를 위하여 또는 온 양떼를 위하여 삼가라 성령이 저들 가운데 너희로 감독자로 삼고 하나님이 자기 피로 사신 교회를 치게 하셨느니라"(행 20:28)고 했습니다.

2. 양무리를 바로 인도해야 합니다.

(1) 오직 하나님의 뜻대로 인도해야 합니다(2절).

내 뜻대로 양떼를 몰아가서는 안 됩니다. 나는 양떼의 목자의 사명을 감당해야지 주인노릇해서는 안 됩니다. 양무리의 진정한 주인은 하나님 자신입니다. 아무리 가장이라고 할지라도 하나님의 말씀에 의존하여 가족을 인도해야 합니다. 아무리 목사, 장로, 권사 그리고 안수집사라 해도 제맘대로 성도들을 몰고 가서는 안 됩니다. 순장이라도 순원들을 자기 기분대로 몰고 가서는 안 됩니다. 특별히 양떼를 사망의 음침한 골짜기로 몰고 가서는 안 되듯이 불법과 불평의 어두운 분위기로 끌고 가면 목자장이 나타나실 때에 상급이 아니라 징계가 있을 것입니다.

(2) 오직 즐거운 뜻으로 인도해야 합니다.

베드로 사도께서는 목양의 사역이 감사와 감격으로 이루어져야 함을 강조했습니다. 그래서 "부득이함으로"나 "더러운 이"를 위하여 하지 말라고 경계했습니다. 주의 몸된 교회를 섬기며 봉사할 때에 다락방을 심방하고 권고할 때에 기쁨으로 해야 합니다. 억지로 할 때에 부작용이 일어납니다. 효과도 없습니다. "삯군 목자"는 이리가 양들을 늑탈할 때에 살피고 구출하기는커녕 도망한다고 했습니다(요 10:12-13). 이같이 "양떼를 버린 목자"는 화가 있다고 했습니다. 하나님의 심판과 징계의 형벌이 칠 것이라고 했습니다(슥 11:17). 그러므로 교회의 지도자들은 양무리를 푸른 초장으로 쉴 만한 물가로 바로 인도해야 합니다. 잘못 인도하다가, 억지로 인도하다가 양떼를 잃어버리거나 상하게 하면 그 책임을 져야 합니다. 아버지, 어머니가 자식들을 잘못 인도하면 타락하고 실패하게 됩니다. 교회의 일꾼들이 양 같은 성도들을 바로 인도하면 "시들지 아니하는 영광의 면류관"을 얻을 것입니다.

3. 양무리를 좋은 꼴로 먹여야 합니다.

(1) 말씀의 꼴로 먹여야 합니다.

예수님께서는 베드로 사도를 두 번 소명하셨습니다. 그 첫 번은 갈릴리 호수에서 고기 잡는 그에게 다가가서 기적의 체험을 통하여 사람 낚는 어부가 되라고 소명하셨습니다. 그 두 번째는 예수님의 부활 이후에 "고기 잡으러 가자"(요 21:3)고 그의 동료들과 다시 갈릴리 바다로 되돌아가서 밤새도록 허탕친 그에게 "요한의 아들 시몬아 네가 이 사람들이 나를 사랑하는 것보다 나를 더 사랑하느냐"고 물었습니다. 베드로 사도께서는 심히 민망하여 "주여 그러하외다 내가 주를 사랑하는 줄 주께서 아시나이다"라고 대답하셨을 때에 주님께서 "내 어린 양을 먹이라"고 소명하셨습니다. 계속하여 "내 양을 치라", "내 양을 먹이라"고 당부하셨던 것입니다.

이 같은 경험은 지금 그가 베드로전서를 쓰면서 "양무리의 본"이 되는 것은 그들을 말씀의 꼴로 잘 먹이는 일이라는 사실을 전제하고 있습니다. 양을 먹이는 사명이 말씀을 공급하는 사역이며 곧 양을 치는 사명이요, 양떼를 앞서는 일입니다.

(2) 성령의 생수를 마시우게 해야 합니다.

사막의 땅에서 양을 치는 일에는 물가로 인도하는 일이 매우 중요합니다. 양떼의 사활이 달린 것입니다. 목마른 양떼의 목을 축이듯이 인간 영혼의 해갈자가 되는 것이 양무리의 본이 되는 것입니다. 나의 삶을 통하여 영혼의 양식 곧 말씀의 떡과 성령의 생수를 마시는 모습을 드러내야 합니다. 그래야 자식이 살고, 순원들이 살고, 성도들이 살아납니다. "우매한 목자"는 "없어진 자를 마음에 두지 아니하며 흩어진 자를 찾지 아니하며 상한 자를 고치지 아니"합니다(슥 11:16). 그러나 "선한 목자는…들어가며 나오며 꼴을" 얻게 합니다(요 10:9-15).

이제 곧 임직하시는 하나님의 교회의 지도자들은 앞서가며, 바로 인도하며, 좋은 것으로 먹이는 작은 목자들이 되시기를 주님의 이름으로 축원합니다. †

15
가정 구원

본문: 사도행전 10:1~8

하나님의 말씀인 성경은 개인의 구원보다 집단적 인격체로서의 가정의 구원을 더 중요시합니다. 우리가 고넬료의 가정처럼 어떻게 하면 "온 집으로 더불어" 예수 그리스도를 구주로 영접하며 구원과 축복을 받는 가정 복음화를 이룰 수 있겠습니까? 가정의 행복, 화목 그리고 기쁨은 동일한 가치관, 의식구조와 생활양식에서 비롯됩니다. 그러므로 고넬료 가정의 복음화 과정을 분석해 봄으로써 오는 "한 영혼 주일"에 불신 가족을 그리스도에게 인도하십시다. 그러면 고넬료는 "온 집으로 더불어"(2절) 가정 복음화를 위하여 어떻게 하였습니까?

1. 온 가족으로 더불어 말씀을 받게 했습니다.

(1) 그는 주의 종을 초청했습니다.

말씀을 증거하는 자가 없이 어떻게 구원의 말씀을 듣겠습니까? 고넬료는 말씀의 은혜를 사모하여 온 집으로 말씀받을 준비를 시키는 동시에 베드로 사도를 청빙하였습니다. 그는 말씀의 가치를 알았습니다. 그러므로 말씀의 사역자를 존경했습니다. 마침내 베드로 사도께서 그의 집에

도착했을 때에 그는 베드로 사도의 "발 앞에 엎드리어 절"(25절)했습니다. 이는 예절을 넘어 경배하는 자세를 가리키는 말씀입니다. 그때 베드로 사도께서 당황하여 "일어서라 나도 사람이라"(26절)고 만류했습니다. 이같이 말씀을 전달하는 사역자를 존경할 때에 말씀의 은혜를 깊이 받게 됩니다. 말씀의 귀중성을 소홀히 하는 사람은 하나님의 말씀의 전달자를 업신여기고 불복합니다. 그 같은 사람에게는 하나님께서 말씀하시지 않습니다.

하나님의 침묵, 주의 종들의 침묵은 삶의 궤도를 알 수 없게 합니다. 고넬료는 베드로 사도의 말씀을 하나님의 말씀으로 받았습니다. 그는 "이제 우리는 주께서 당신에게 명하신 모든 것을 듣고자 하여 다 하나님 앞에 있나이다"(33절)라고 고백했습니다. 이 같은 말씀 수용의 자세가 그의 가정 복음화를 초래하는 비결이었습니다. 주의 종들의 심방을 기피하거나 연기하면서 가정 복음화를 바라는 것은 어리석은 것입니다. 예배에서 말씀 받도록 함이 없는 불신가족 대접, 극진한 봉사와 회유는 감동도 신앙도 유발할 수 없습니다.

(2) 그는 말씀 체험을 했습니다.

베드로 사도의 가정 집회에는 주님의 십자가의 대속적 죽음과 육체적 부활의 메시지를 듣게 했습니다. 이 같은 그리스도를 믿는 자는 죄사함을 받는다는 복음도 받았습니다(43절). 불신가족을 말씀과 접촉, 접근시키는 일이 가정 복음화에서 가장 필수적인 방법입니다. 왜냐하면 하나님의 말씀을 들을 때에 믿음이 발생하기 때문입니다. 바울 사도께서는 "믿음은 들음에서 나며 들음은 그리스도의 말씀으로 말미암았느니라"(롬 10:17)고 하셨습니다. 그는 "이 복음은 모든 믿는 자에게 구원을 주시는 하나님의 능력이 됨이라"(롬 1:16하)고도 하셨습니다. 그러므로 말씀의 선포, 말씀의 증거 없이 그 누구라도 구원받을 수 없습니다. 이번 가을 말씀 사경회에 "온 집으로 더불어" 말씀 받게 하십시다.

2. 온 가족으로 더불어 성령을 받게 했습니다.

(1) 말씀과 성령을 체험했습니다.

44절에 내려가 보면 "베드로가 이 말할 때에 성령이 말씀 듣는 모든 사람에게 내려오시니…이방인들에게도 성령 부어 주심을 인하여 놀라니 이는 방언을 말하며 하나님 높임을 들음이러라"고 했습니다. 베드로의 설교를 듣던 모든 사람들에게 성령강림의 역사가 일어났습니다. 이같이 말씀 받을 때에 성령도 받습니다. 말씀의 역사 없는 곳에 성령의 역사도 없습니다.

사이비 집단이 말씀을 왜곡, 변조, 가감, 삭제할 때에 악령이 역사하는 이유도 여기에 있습니다. 말씀대로 믿고 말씀대로 사는 말씀 중심의 신앙이 가장 큰 복임에 틀림이 없습니다. 기적에 기반을 둔 신앙은 무너집니다. 사단도 이단도 기적으로 신자를 유혹한다고 예수님께서 경고하셨습니다(마 24:24). 그러나 말씀에 기반을 둔 신앙은 말씀체험과 동시에 성령체험이 일어납니다.

(2) 성령의 중생과 은사를 받았습니다.

첫 번째 성령체험은 바로 구원에 이르는 중생체험입니다. 죄를 인식하고 고백하고 죄를 떠나게 만듭니다. 중생의 표현이 믿음과 회개로 나타납니다. 말씀 듣던 모든 자들이 이 같은 구원을 받았습니다. 뿐만 아니라 그들은 "방언"도 받았다고 했습니다. 성령충만과 성령은사도 동시에 받았습니다. 그들은 구원과 축복에 참여하고 있습니다. 그러므로 이 같은 구원의 외적 표식으로 세례를 받았습니다. 성령의 불세례 이후에 신앙고백에 따라오는 물 세례도 받았습니다. 이제 고넬료 가족은 구원 받았습니다. 그는 유대교를 신봉하던 자였습니다. 그는 하나님을 경외하던 자리에서 더욱 성숙해졌습니다. 율법적 가정이 복음적 가정으로 변했습니다. 새로운 구원체험은 온 가족이 새로워지게 했습니다. 기독교적 가풍이 이 가정을 작은 천국으로 만들고 있습니다. 이번 사경회와 한 영혼 주일에 한울 가족들도 온 집으로 더불어 가정 복음화를 이루시길 바랍니다.

3. 온 가족으로 더불어 은혜받게 했습니다.

(1) 그는 온 가족과 더불어 은혜받는 일을 귀중히 여겼습니다.

하나님의 은혜를 소홀히 여기는 사람이 어떻게 은혜체험을 할 수 있겠습니까? 귀한 것을 귀한 줄로 아는 것이 신앙의 출발입니다. 그는 "온 집" 곧 "일가와 가까운 친구들을 모아"(24절) 은혜받기를 사모했습니다. 왜냐하면 하나님께서 이방인의 가정에 복음의 은총을 베푸시기 위하여 환상중에 천사로 하여금 베드로 사도를 가정 사경회 강사로 청빙하도록 지시하셨기 때문입니다. 고넬료는 종들 중에 경건한 사람 하나를 욥바로 보내어 베드로 사도를 모셔오도록 하고 자신은 온 집으로 더불어 은혜받도록 모이게 했습니다. 모이는 일은 은혜받는 지름길임에 틀림이 없습니다.

(2) 그는 가정 복음화를 이루었습니다.

하나님께서는 베드로 사도를 통하여 "네 온 집에 구원 얻을 말씀을 네게 이르리라"(행 11:14)고 하신 말씀을 믿고 일가와 가까운 친구까지 다 집에 모이게 하여 말씀 받고, 은혜 받고, 구원받기를 소원했던 것입니다.

하나님께서는 "주 예수를 믿으라 그리하면 너와 네 집이 구원을 얻으리라"(행 16:31)고 약속하셨습니다. 삭개오가 회개하고 주님을 자기의 집으로 영접했을 때에도 주님께서는 "오늘 구원이 이 집에 이르렀으니 이 사람도 아브라함의 자손이로다"(눅 19:9하)고 말씀하셨습니다. 하나님의 자비는 먼저 믿는 이를 긍휼히 여기시고 믿는 자와 믿지 않는 자가 하나되게 하시려고 가정 복음화를 이루어 주십니다. 그러므로 우리의 몫은 우리 불신 가족들이 은혜받도록 기회를 만들어 주어야 하는 것입니다. 가정 구원의 축복을 누리시길 주님의 이름으로 축원합니다. †

16
잃어버린 아홉

본문: 누가복음 17:11~19

예수님께서 이 땅에 오신 궁극적 목적이 어디 있습니까? 누가복음에 "인자의 온 것은 잃어버린 자를 찾아 구원하려 함이니라"(눅 19:10)고 밝혔습니다. 그러므로 복음서 저자 누가는 예수께서 잃어버린 사람들에게 지대한 관심을 가지시고 그들을 찾아 구원하려 하심을 강조했습니다.

특히 여자 그 중에도 과부, 그리고 고아에 대하여 연민의 정을 가지시고 돌보셨습니다. 가난한 자와 "소자" 즉 목수, 석수, 대장장이, 소작 농부 등 그 사회에서 소외된 사람들과 식탁의 교제를 하시면서 그들의 문제를 해결해 주셨습니다. 오늘의 본문은 열 명의 나병 환자들을 치유해 주신 사건을 보여 줍니다. 치유를 받은 열 사람 중 한 사람만 예수님께로 와서 사례했습니다. 그때 예수님께서는 "그 아홉은 어디 있냐"고 찾으셨습니다. 바로 잃어버린 자를 찾으시는 주님의 모습이요 음성입니다.

1. 그러면 잃어버린 자란 누구입니까?

(1) 주님의 은혜를 사모하는 사람들입니다.

13절에 보면 열 명이 다같이 "소리를 높여 가로되 예수 선생님이여 우리를 긍휼히 여기소서"라고 주님의 자비를 간청했습니다. 우리 주변에는 나병과 같이 난치, 불치의 질병을 앓으면서 주님의 은혜를 간절히 사모하는 사람들이 적지 않습니다. 그들에게 예수 그리스도와의 만남은 삶의 변화와 축복으로 이어집니다. 그러므로 우리는 비관과 자학 속에서 몸부림치는 소외된 사람들을 외면해서는 안 됩니다. 저들의 간구하는 소리에 귀를 막아서는 안 됩니다. 소외된 저들에게 예수 그리스도의 복음을 전해야 합니다.

(2) 주님의 기적을 체험한 사람들입니다.

열 사람의 문둥병자들은 예수님을 만나 치유의 기적을 체험케 되었습니다. 기적을 체험한다고 다 믿음을 갖는 것은 아닙니다. 예수님께서 저들에게 "가서 제사장들에게 너희 몸을 보이라"(14절)고 일렀을 때 그들은 제사장들에게로 가다가 치유의 기적을 체험했습니다. 이는 당시 사회의 통념으로 저주받은 불치의 질병으로 알려졌던 나병에서 치유를 받은 자들은 마을로 들어가기 전에 제사장들로부터 신체 검사를 받고 완치를 확인한 후에 허락을 받아 집으로 돌아갈 수 있었습니다. 그렇지 않고 동네로 들어가다가는 돌에 맞아 죽게 됩니다. 이 같은 상황에서 치유받은 자들은 감격하여 은혜 주신 주님을 망각하고 가정으로 달려갔을 것입니다.

치유는 받았지만 감사하지는 못했습니다. 오직 단 한 명만이 예수님께로 돌아와서 육적 치유뿐만 아니라 영적 치유까지 받게 되었습니다. 예수님께서는 "일어나 가라 네 믿음이 너를 구원하였느니라"(19절)고 구원을 베풀었습니다. 그러나 아홉 사람은 외적 치유는 받았지만 내적 치유는 받지 못한 채 사라져 버렸습니다. 여전히 그들은 구원에서 제외된 잃어버린 영혼들입니다.

2. 그 중 한 사람은 어떠합니까?

(1) 감사하는 사람이었습니다.

잃어버린 아홉과는 구별됩니다. 가버린 아홉 사람은 치유를 받았으나 감사할 줄 모르는 사람들이었지만 그 중 한 사람만 치유를 감사했습니다. 가정에서나 직장에서나 교회에서나 큰 은혜, 큰 사랑을 받았음에도 감사할 줄 모르는 사람들은 구원의 은총을 받지 못한 사람들입니다. 실상 이들이 잃어버린 사람들입니다.

(2) 구원받은 사람이었습니다.

다같이 은혜받고 육적 치유를 받아 문둥병에서는 자유를 얻었습니다. 그러나 영혼을 썩히고 죽이는 내면의 문둥병은 고침을 받지 못했습니다. 보이는 육신의 질병보다 보이지 않는 영혼의 질병이 더 무섭습니다. 영혼이 잘 되지 못하면 그 범사의 구원과 육신의 구원이 무슨 의미가 있겠습니까? 조만간에 다시 불행해질 수밖에 없습니다. 우리의 가정에, 이웃에 외형적 그리스도인으로 육체의 질병을 고침받고 만족하고 주님의 구원에 이르지 못하는 사람이 없는가 살펴야 합니다.

3. 그 중 아홉은 어떠합니까?

(1) 은혜는 받았지만 감사치 않는 사람들입니다.

믿는 부모, 믿는 남편과 아내를 통하여 하나님의 은혜는 누리고 있습니다만 그 은혜에 감사치 않는 사람들이 있습니다. 믿는 사람들의 그림자에 감추어져 있습니다. 믿다가 타락한 사람, 믿다가 시험에 든 사람

모두 주님의 십자가 은혜를 감사치 않는 사람들입니다. 어려울 때 부르 짖으면서 간구하였고, 초자연적 은혜를 체험하였지만 쉽게 교회를 떠나는 사람들을 찾아내야 합니다. 왜냐하면 주님께서는 우리들에게 바로 그들이 지금 어디에 있느냐고 찾으시기 때문입니다. 수가성 여자에게 "네 남편을 불러오라"(요 4:16)고 잃어버린 남편을 생각나게 하신 그 주님은 우리가 망각하고 있는 바로 그 사람들을 불러오라고 당부하고 계신 것입니다.

(2) 육적 치유는 받았지만 영적 치유는 받지 못한 사람들입니다.

교회 안에도 가정에도 외형적 그리스도인들이 있기 마련입니다. 구원의 은혜에 미치지 못하는 사람들은 육신적 은혜에 만족하고 맙니다. 그러나 사람이 사는 것은 떡으로만 되는 것이 아니라 여호와 하나님의 입으로 나오는 말씀으로 사는 것입니다. 영혼이 죄를 깨닫고 그 죄에서 자유를 누리며 사는 것은 범사가 잘되는 것이나 육신이 강건한 것보다도 더 우선되어야 하고 더 중요합니다. 영혼 구원 없는 사람의 행복은 들의 꽃과 같이 바람이 불면 떨어지고 마는 것이기 때문입니다. 죄악의 상징적 징계로서의 문둥병은 예수님의 십자가의 대속적 죽음과 육체적 부활을 믿음으로써만이 치유되는 영적 질병입니다. 겉은 멀쩡하고 죄로 속이 병든 사람들은 이 아홉의 문둥병자와 같습니다. 우리는 그들의 잃어버린 구원을 회복하도록 도와주어야 합니다.

(3) 예수님을 만났지만 예수님을 따르지는 않는 사람들입니다.

제사장에게로 열 명이 달려가다가 한 사람만 되돌아와서 예수님께 치유를 감사했습니다. 그는 구속의 은총까지 받았습니다. 그는 주님의 구원에 감사, 감격하여 그의 말씀을 믿고 그의 말씀을 계속하여 따라갔습니다. 영혼이 참으로 구원받은 사람은 결코 타락할 수 없기 때문입니다.

일시적으로 넘어질 수 있으나 완전히 그리스도에게서 멀어지지는 않습니다. 내 가정에, 내 직장과 이웃에 믿다가 넘어져서 일어나지 못하는 사람들이 있습니까? 잃어버린 사람들임에 틀림이 없습니다. 이제 우리는 저들이 다시 그리스도를 찾고 따르도록 영혼의 치유가 일어나는 복음을 전합시다. 이제 "한 영혼 주일"이 다가옵니다. 잃어버린 양 한 마리를 찾아 나서는 목자의 심정으로 잃어버린 사람들, 특히 우리가 사랑하는 사람들을 찾으시는 성도들에게 주님의 은총이 넘치시길 주님의 이름으로 축원합니다. †

17
교회를 위하여

본문: 골로새서 1:24~25

교회란 무엇입니까? 오늘의 말씀에서 바울 사도께서는 "그의 몸"(24절) 곧 예수 그리스도의 몸이라고 말씀하셨습니다. 이는 보이는 건물로서의 교회가 아니라 보이지 않는 믿음의 공동체 곧 신자들의 무리를 가리키는 말씀입니다. 예수님께서 십자가에서 피로 값주고 사신 그의 백성들입니다. 그러므로 구원받은 믿음의 사람들의 공동 운명체요 축복 받은 신앙 공동체입니다. 바울 사도께서는 이 같은 "교회를 위하여" "그리스도의 남은 고난"을 그의 육체에 채우노라고 하셨습니다. 오늘은 우리 교회 창립 8주년 기념주일입니다. 우리도 우리들의 교회를 위하여 바울 사도같이 고난에 동참해야 합니다. 이는 주님의 사랑을 받은 사람들의 당연한 정서인 줄 압니다. 그러면 교회를 위하여 어떤 고난에 동참할 수 있습니까?

1. 목회적 고난에 동참합시다.

바울 사도께서는 교회를 위하여 "내가 교회의 일꾼"이 되었노라고 말씀하셨습니다. 우리는 "교회의 일꾼"이란 목사나 장로만을 생각해서는 안 됩니다. 오히려 우리 모두가 다 나는 교회의 일꾼이라고 생각하셔야 합니다. 주님께서는 "자기 십자가를 지고 나를 좇으라"고 말씀하셨습니다. 내 몫의 십자가가 무엇이겠습니까? 바로 주님의 몸된 교회를 위하여 받는 고난이 아니겠습니까? 그러므로 바울 사도께서는 골로새 교인들에게 "우리가 각 사람을 권하자"고 하셨습니다(28절 상). 이는 심방사역을 가리킵니다. 연약한 신앙인을 권면하여 믿음으로 살도록 권하는 일입니다. 이는 심방 전도사의 사역만은 아닙니다. 우리 곁에서 예배 드리며 우리와 더불어 신앙생활 하시던 분이 보이지 않으면 전화라도 걸어서 형제 사랑의 모습을 보여야 합니다. 그는 "우리가 각 사람을 가르치자"고 하셨습니다(28절 중).

우리는 이 같은 일은 교사들만의 사역으로 생각해서는 안 됩니다. 아이들이 깨닫지 못하고 행하는 적은 일에도 바로 가르침은 필요합니다. 또한 "우리가 각 사람을 그리스도 안에서 완전한 자로 세우자"고 하셨습니다(28절 하). 이는 양육의 사역입니다. 바로 다락방에서 양을 먹이는 순장들의 사역입니다. 이 같은 일들은 한결같이 고난 없이는 잘 이루어지지 않습니다. 때로는 눈물의 기도가 필요하고, 때로는 땀흘리는 수고가 요구됩니다. 적잖은 목회자들이 피 흘리는 데까지 나아갔습니다. 이것이 교회를 위하여 받는 그리스도의 남은 고난인 것입니다.

2. 선교적 고난에 동참합시다.

사도 바울은 거슬러 올라가 23절 말씀에서 자신을 "복음의 일꾼"이라고 말씀하셨습니다. 복음의 일꾼이란 복음을 전파하는 전도자요, 선교사의 사역을 가리킵니다. 그는 예루살렘에서 로마까지, 전도에서 선교까지 이르며 복음을 전하셨습니다. 그는 로마 감옥에서 빌립보 교회 성도들에게 보낸 편지에서 나는 비천에 처할 줄도 알고, 배고픔을 참을 수도 있고, 궁핍을 견딜 수도 있다고 하셨습니다. 그래서 "내게 능력 주시는 자 안에서 내가 모든 것을 할 수 있느니라"(빌 4:13)고 고백하셨습니다. 그는 누구보다도 전도의 고난과 선교의 고난을 깊이 체험한 분이었습니다. 모두 "그의 몸된 교회를 위하여" 당한 고난이었습니다. 우리가 한번 전도해 보면 실로 그분의 종이 되지 않으면 그 마음을 얻을 수 없다는 경험을 하게 됩니다. 우리가 선교에 동참하려면 우리의 삶을 헌신하지 않고는 되지 않습니다.

우리 교회가 시작부터 오늘에 이르도록 토요 전도를 계속하였고, 경제적으로 어려운 상황 속에서도 선교사를 계속 파송하고 수많은 선교사와 선교기관을 후원하면서 그리스도의 남은 고난의 한 부분에 동참해 왔습니다. 그러므로 주님의 사랑받는 교회로 성장하고 있습니다. 교회가 한 회사로부터 부당하게 가압류를 당하는 시련도 있었고, 충성스런 종들이 하나님 앞에 부름을 받기도 하셨습니다. 한치 앞이 내다보이지 않는 암담한 순간들도 적지 않았습니다만 그때마다 주님은 우리 곁에 계셔서 구해 주고, 풀어 주시고, 살려 주셨습니다. 전도하는 교회, 선교하는 교회는 결코 망하지 않았습니다. 앞으로도 우리 교회가 매년 "한 영혼 주일"을 지키며 전도에 힘쓰고 선교를 위하여 기도와 후원에 힘쓴다면 교회는 계속 부흥할 것이요, 음부의 세력이 침노하지 못할 것입니다. 주님의 피로 값 주고 사신 교회가 말씀대로 믿고, 말씀대로 순종하여 선교적 고난에 동참할 때 하나님의 축복은 계속될 것이기 때문입니다.

3. 대속적 고난에 동참합시다.

25절 말씀에 "경륜을 따라…"라고 말씀하십니다. 하나님께서는 각 시대의 경륜 곧 하나님의 섭리를 따라서 그 시대, 그곳에서 누군가가 십자가를 져야만 교회가 존재하고 더 성장할 것임을 밝혔습니다. 자신이 죄를 지어 불러들이는 고난이란 인과응보입니다. 자신의 성격이나 욕심 때문에 불러들이는 고난에 무슨 큰 가치가 있겠습니까? 그러나 다른 가족이 버리고 간 내 가정의 십자가를 내가 질 때에 그 가정은 살아남을 것입니다. 이 교회도 마찬가지입니다. 누군가가 버리고 간 그 십자가를 지는 성도들이 있었기에 오늘 교회가 존재하고 있습니다. 지난 8여 년 간, 특히 분당으로 온 6여 년 간에 이 교회의 십자가를 지신 분들을 주님께서 반드시 축복해 주실 것입니다.

이제 우리는 더 나아가 이 민족의 십자가, 북한 교회의 십자가도 져야만 합니다. 아세아 정글 속의 영혼들의 십자가도, 아프리카 검은 대륙의 십자가도, 그 조그마한 한 부분이라도 져야만 합니다. 이것이 바로 주님의 교회를 위하여 받는 "그리스도의 남은 고난"에 동참하는 길입니다. 저들의 죄 때문에 우리가 십자가를 질 때에 우리의 삶은 참으로 보람된 것입니다. 힘있게 될 것입니다. 이 땅에서의 축복과 하늘의 상급이 클 것입니다. 이 사회에 교회는 비난받고 있습니다. 이 사회의 아픔과 슬픔에 뛰어들지 않기 때문입니다.

우리 교회는 목회자들의 밥이나 먹여 주는 교회가 되어서는 안 됩니다. 영력 있고 실력 있어야 합니다. 이 민족의 수난기에 이 겨레의 십자가를 진 우리의 선배 신앙인들의 길을 따라가야 합니다. 이 나라가 정치적으로, 경제적으로 몸살을 앓고 있습니다. 어느 부분도 성한 곳이 없는 것 같습니다. 이제 우리는 대속적 고난의 의미를 깨달아야 합니다. 존 에프 케네디 대통령은 "조국이 당신을 위하여 무엇을 해 줄 것인가를 생각지 말고, 당신이 조국을 위하여 무엇을 할 것인가를 생각하라"고 호소하여 미국의 꿈, 아메리칸 드림을 키웠습니다. 이제 우리는 "교회를 위하여 무엇을 할 것인가를 생각해 보십시다. 지난 8여 년 간의 이 교회의 고난에 동참해 온 모든 성도들 위에 주님의 은총이 넘치시길 주님의 이름으로 축원합니다. †

18
골육과 친척

본문: 로마서 8:31~9:5

우리는 무슨 일 때문에 근심하고 있습니까? 본문의 말씀은 바울 사도의 근심을 보여 주고 있습니다. 로마서 8장에서 사도 바울은 "그리스도의 사랑"에 대한 확신에서 오는 기쁨(롬 8:35)과 "하나님의 사랑"에 대한 확신에서 오는 기쁨(롬 8:39)으로 충만합니다. 그러나 로마서 9장에 이르러서는 "근심"과 "고통"을 고백합니다(롬 9:1-2). 물론 이 같은 근심과 고통은 육신적 염려(마 6:25)에서 오는 것도 아니요 세상적 근심(요 14:1)에서 오는 것도 아닙니다. 이는 "하나님의 뜻대로 하는 근심"(고후 7:9-10)으로서 실로 우리에게도 마땅히 있어야 할 것들입니다. 그러면 바울 사도는 골육과 친척을 위해 어떻게 하였습니까?

1. 골육과 친척을 위하여 근심했습니다.

그는 "형제 곧 골육의 친척"들 때문에 근심하며 고통을 당하고 있습니다. 여기의 "형제"는 자기 가문만을 뜻하는 것이 아닙니다. 이스라엘 사람들은 자기 백성들을 다 "형제"라고 불렀습니다. 바로 이 형제, 즉 동족 이스라엘 백성(4절)들이 십자가의 원수 노릇을 행하였기 때문입니다. 그들은 구원자이신 예수님을 불신앙했습니다. 더욱이 "유대인은 주 예수와 선지자들을 죽이고 우리를 쫓아내고 하나님을 기쁘시게 아니하고 모든 사람에게 대적이 되어 우리가 이방인에게 말하여 구원 얻게 함을 저희가 금하여 자기 죄를 항상 채우매 노하심이 끝까지 저희에게 임하게" 하였습니다(살전 2:15-16). 이같이 불신앙의 길로 나가는 동족 이스라엘을 바라볼 때마다 사도 바울의 심정은 큰 근심과 고통이 가득했습니다.

우리 역시 이 민족을 바라볼 때 어떠합니까? 이 나라의 정치 문제, 경제 문제, 군사 문제, 학원 문제 등 심각한 문제들이 우리의 근심과 그치지 않는 고통이 됩니다. 이 민족의 부패상과 동족의 타락상은 충격적입니다. 성적 타락과 범죄 그리고 향락 산업은 소돔과 고모라를 능가합니다. 로마를 패망으로 몰고 간 원인을 역사가들은 향락, 사치, 방탕, 음란, 부패라고들 말합니다. 우리의 모습 그대로입니다. 그러나 큰 근심과 그치지 않는 고통이 되는 것은 이 겨레의 불신앙입니다. 우리 그리스도인들은 무슨 문제보다 바로 이 문제 때문에 근심하며 결코 고통을 피하지 말아야겠습니다.

2. 골육과 친척을 위하여 고통받았습니다.

바울 사도께서는 "내 자신이 저주를 받아 그리스도에게서 끊어질지라도"라고 자기 희생을 각오합니다. 여기에 쓰인 "저주"란 말씀은 "바쳐진 제물"(레 27:28-29)로서 반드시 죄값으로 죽여야 하는 제물을 뜻합니다. 바울 사도께서는 자신이 동족의 저주를 대신하여 제물이 되고자 하였습니다. 이 같은 애국 애족의 심정은 주님의 모습입니다. 예수님은 "죄를 알지도 못하신 자로 우리를 대신하여 죄를 삼으신" 분입니다(고후 5:21). 그러므로 "우리를 위하여 저주를 받은 바 되사 율법의 저주에서 우리를 속량"하셨습니다(갈 3:13). 예수님 역시 우리 대신 저주를 자청하신 것입니다. 자기 백성을 위하여 "희생 제물", "대속 제물", "화목 제물"이 되셨습니다. 구약의 모세 역시 광야에 들어와 금송아지 우상사건 후 저주를 자청하여, "그러나 합의하시면 이제 그들의 죄를 사하시옵소서 그렇지 않사오면 원컨대 주의 기록하신 책에서 내 이름을 지워 버려 주옵소서"(출 32:32)라고 간구하였습니다. 자기 백성, 바로 동족 구원을 위하여 저주를 자청하고 희생을 요청하는 모습은 우리 그리스도인의 모습이어야 합니다. 우리도 "내 동족이 받아야 할 저주, 심판, 형벌이 있으면 나에게 내리시고 혹 내가 받을 축복, 상급, 은혜가 있으면 이 민족, 이 나라에 허락하소서"라고 기도할 수 있어야겠습니다.

3. 골육과 친척의 구원을 소원했습니다.

3절 끝에 바울 사도의 염원을 보여 줍니다. 그가 원하는 바는 자기 형제들이 예수 그리스도의 복음으로 내세에서의 영원한 생명과 이 땅에서의 축복을 누리는 것이었습니다. 그는 이방인을 위한 "택한 그릇"(행 9:15)이었습니다. 그러나 그는 가는 곳마다 유대인 회당을 먼저 찾아가 그들에게 복음을 전하고 설교하였습니다. 제3차 전도 여행 후 에베소에서 조국의 수도인 예루살렘을 향할 때 그는 "심령에 매임을 받아" 그곳에서 죽임을 당하더라도 피할 수 없다고 결심하였습니다. 에베소의 장로들과 성도들이 만류했습니다. 빌립 집사의 가족들도 만류했습니다. 선지자 아가보도 만류했습니다(행 21:10-14).

그러나 동족에게 복음을 전하고 싶은 그의 간절한 심정을 바꿀 수는 없었습니다. 그는 자기 민족의 불신앙의 십자가 지기를 원했습니다. 자기 민족과 함께 고통받기를 원했습니다. 예루살렘에 갈 때마다 자기를 죽이려고 음모하던 유대인들을 복음으로 교화하려고 하였습니다. 동족 이스라엘을 참으로 살게 하는 길은 불신앙에서 돌아서게 하고, 우상 숭배에서 돌아서게 하고, 미신에서 돌아서게 하고, 광신에서 돌아서게 하는 데 있음을 확신하였습니다. 이 같은 사실은 구약의 역사를 통하여 익히 알고 있었던 사실이었습니다.

　우리에게 있어서도 동일합니다. 이 민족, 이 국가가 참으로 구원받는 길은 법을 고치는 데 있음도 아니요, 수출을 잘해서 외국돈을 많이 버는 데 있음도 아니요, 군비를 현대화나 대량화함에 있는 것도 아닙니다. 이보다 앞서 동족의 불신앙을, 십자가의 원수 노릇함을 막아야 합니다. 이것이 우리 그리스도인들이 명심해야 할 애국 애족입니다. 이 민족의 부패와 타락을 막기 전에는 참된 민주국가가 성립될 수 없습니다. 민족 정신이 그리스도의 복음으로 변화받고 사후의 세계와 심판을 확신하며 이 땅에서의 자기 희생에 반드시 하나님의 보상이 있음을 확신케 될 때 이 민족의 장래는 밝아 올 것임에 틀림이 없습니다.

　우리 가운데도 이 겨레와 국가를 위하여 희생당한 가족들이 아직도 고통을 당하며 가련하게 생활하고 있습니다. 민족 때문에 과부도 되었고, 고아도 되었고, 불구자도 되었습니다. 가난과 환난 속에 이름도 없이 빛도 없이 희생의 상처를 앓고 있습니다. 골육과 친척을 위하여 큰 근심, 그치지 않는 고통을 피하지 않는 성도들에게 주님의 위로가 함께 하시기를 그리스도의 이름으로 축원합니다. †

19
성령으로 난 사람

본문: 요한복음 3:1~8

자연의 질서에 따라 이미 태어난 사람이 어떻게 다시 태어날 수 있을까요? 자연의 질서로는 안 됩니다. 그러나 초자연의 질서 곧 성령 하나님께서는 자연의 사람을 초자연적 방법으로 다시 출생케 합니다. 곧 "성령으로 난 사람"(8절)이 그러합니다.

1. 그러면 성령으로 난 사람은 어떤 사람입니까?

(1) 내면적 변화를 체험한 사람입니다.

예수님께서 니고데모에게 "사람이 거듭나지 아니하면 하나님 나라를 볼 수 없느니라"(3절)고 말씀하셨습니다. 이는 "거듭난다" 곧 "위로부터 난다"는 의미입니다. 성령 하나님께서 인간을 변화시켜 중생케 하는 역사를 가리킵니다. 인간은 자연의 방법으로는 새롭게 태어날 수 없습니다. 인간들은 오래 전부터 우생학적으로 인간개조를 시도했지만 실패할 수밖에 없었습니다. 요즘은 생명공학 혹은 유전공학으로 유전자 조작을 통하여 새로운 인간을 만들어 보려고 시도하지만 "새로운 인간"이 태어날 리 없습니다. 하나님께서 성령을 통하여 내면의 세계에 본질적인 변화를 일으키는 중생사건이 아니고서는 부패한 인간 본성이 고쳐질 리가 없습니다. 육신의 변화로는 정신의 고장이 치유될 수 없습니다. 물리적, 화학적 작용에 의한 변화를 통하여 인간의 의식의 세계에 접근할 수 없습니다. 바람처럼 홀연히 임하시는 성령체험은 우리의 죄를 깨닫게 하며, 예수 그리스도를 주로 고백하게 하며, 하나님을 아버지라고 부르게 합니다. 옛 사람을 벗어버리고 새 사람으로 옷입습니다(엡 4:22-24).

(2) 본질적 변화를 체험한 사람입니다.

성령의 임하심은 인간의 전인적 변화 곧 본질적 변화를 가져옵니다(골 3:9-10). 그러므로 성령의 은혜를 받으면 마음의 변화 곧 지정의의 변화가 발생합니다. 희노애락에도 질서와 균형이 잡힙니다. 히히덕거리는 광란의 사람이 새로운 의식구조와 생활양식을 정립케 됩니다. 따라서 생각이 달라지고 행동이 달라집니다. 새로운 사람으로 태어나게 됩니다. 그러므로 성령으로 나지 않고는 새로운 인간이 될 수 없습니다.

2. 그러면 어떻게 성령으로 날 수 있습니까?

(1) 물의 역사로 태어납니다.

물은 정결케 하는 힘이 있습니다. 우리의 죄와 악을 물로 씻듯이 정결케 해야 됩니다. 그러므로 예수님께서 니고데모에게 "사람이 물과 성령으로 나지 아니하면 하나님 나라에 들어갈 수 없느니라"(5절 하)고 말씀하셨습니다. 성령의 역사는 우리를 물로 씻어 새롭게 만듭니다(엡 5:26). 반석에서 물이 흘러 나와서 마셨듯이, 예루살렘 성전에서 물이 흘러 넘쳐서 잠겼듯이 성령의 충만한 은혜가 물처럼 흘러 넘칠 때에 인간에게는 생명의 역사가 일어납니다.

영적 기근과 기갈 속에서 목마른 인생에게 성령의 생수는 생명을 공급합니다. 하나님의 말씀이 곧 성령께서 역사하시는 생수와 같습니다. "양식이 없어 주림이 아니며 물이 없어 갈함이 아니요 여호와의 말씀을 듣지 못한 기갈이라"(암 8:11)고 했습니다. 말씀은 죄로 목마른 인생에게 성령의 생수를 공급하여 새생명으로 살아나게 합니다. 그러므로 성령의 생명 주시는 생수의 역사 없이는 그 누구라도 새로운 인간으로 태어날 수 없습니다. 하나님 나라는 물로써 정결케 태어난 사람, 말씀으로써 죄사함을 얻은 사람, 성령의 생수로 새생명을 누리는 사람이 들어가는 곳입니다.

(2) 바람의 역사로 태어납니다.

니고데모는 "거듭난다"는 의미를 모태에 들어갔다가 다시 태어나는 것으로 이해하고 혼돈에 빠졌습니다. 그러나 예수님께서 "성령으로 나지 아니하면"이란 말씀은 바람같이 홀연히 임하시는 성령의 강권적인 은혜의 역사가 없이는 인간적으로 불가능함을 뜻합니다. 예수님께서는 성령의 역사를 바람의 이야기로 말씀하셨습니다. "바람이 임의로 불매…"(8절 상)라고 바람의 주권성을 언급했습니다. 이는 하나님의 성령께서 인간을 거듭나게 하시는 것은 그 기쁘신 뜻대로 임의로 하신다는 것을 교훈합니다. 그러므로 중생의 은혜는 하나님의 선물인 것입니다. 인간의 공로나 노력의 대가가 결코 아닙니다. 사람이 거듭나서 하나님 나라에 들어가는 것은 하나님께서 성령을 통하여 주시는 은혜이지 인간의 공로에 의한 것이 결코 아님을 감사해야 합니다. 나의 은혜받음, 나의 구원받음이 하나님의 주권적 행사에 의함을 알고 겸손해야 합니다. 그리고 감사해야 합니다. 그리고 "그 소리를 들어도 어디서 오며 어디로 가는지 알지 못하나니…"(8절 중)라고 바람의 신비성을 깨닫게 합니다. 오늘날도 바람의 길을 알거나 조작하지는 못합니다. 바람은 스스로 이리 불다가 저리 가기도 하고 저리 불다가 이리 오기도 합니다. 거듭나게 하시는 성령의 역사하심도 신비롭습니다. 나도 모르는 사이에 새로운 인간으로 변화시킬 뿐만 아니라 인생관, 세계관, 가치관을 홀연히 변화시킵니다. 신비롭습니다. 성령의 바람을 맞은 사람은 변화가 드러납니다. 마치 바람부는 날 나뭇가지가 흔들리는 것을 보아 바람부는 것을 알 듯이 성령의 역사가 일어날 때에는 흔들리는 나뭇가지처럼 사람도 흔들립니다. 성령의 바람이 불고 있음을 눈으로 보게 합니다. 무정한 사람이 유정한 사람으로 눈에 띄게 됩니다. 불결한 사람이 정결한 사람으로 눈에 띄게 됩니다. 인색한 사람이 섬기는 사람, 나누는 사람으로 눈에 확연히 띄게 됩니다. 새 사람으로 사는 모습은 감출 수가 없습니다.

3. 그러면 이제 내가 어떻게 성령으로 거듭날 수 있습니까?

예수님께 나아온 니고데모같이 주님의 십자가 밑으로 나아와야 합니다. 니고데모는 밤에 찾아왔습니다. 자신의 사회적 신분을 감추려고 했습니다. 그러나 그가 성령의 거듭나게 하시는 은혜체험 후에는 은둔적 그리스도인이 아니라 본디오 빌라도 총독에게 예수님의 시체를 내어달라고 하여 장례를 지냈습니다. 위험과 불이익을 초월하여 눈에 띄는 새 사람으로 대중의 눈 앞에 나타났습니다. 새 사람이 된 것을 보여 주는 것입니다. 말씀에서, 설교에서, 기도에서 예수님께로 나아가는 사람들은 거듭나게 되었고, 또 거듭난 사람들이었습니다. 오늘 "한 영혼 주일"에 저희 교회에 오신 모든 분들에게 물처럼 씻어 주시는 성령님의 은혜가 바람처럼 임하시는 성령님의 축복이 충만케 되시기를 주님의 이름으로 축원합니다. ✝

20
기도 정신

본문: 누가복음 18:1~8

반드시 하나님의 응답을 받는 기도는 어떤 기도일까요? 오늘의 본문 말씀은 그 해답을 제시합니다. 어느 도시에 하나님을 두려워 아니하고 사람을 무시하는 한 재판관에게 남편의 원수에 대한 원한을 품고 사는 한 과부가 밤낮 찾아가 괴롭게, 번거롭게 탄원하여 그 원한을 풀었다고 했습니다. 고대 이스라엘에서 여자는 재산 소유권이나 재판 청구권을 가질 수 없었기 때문에 다른 방법이 없었습니다. 이 지상의 이야기 속에는 기도 정신을 교훈하는 천상의 이야기가 감추어져 있습니다. 과연 어떤 기도 정신이 응답받게 됩니까?

1. 원한이 있어야 합니다.

(1) 원수에 대한 원한이 있어야 기도 응답받습니다.

3절 말씀에서 원한을 품고 재판관을 찾아 계속적으로 탄원하는 여자의 모습은 기도자의 모습과 일치합니다(3절). "원한"이란 복수심이나 적개심만을 뜻하지 않습니다. 철저하고 소원하는 바가 있음을 뜻합니다.

오늘의 본문에 비추어 보면 가장 쓸모 없는 사람은 돈 없는 사람도 아니고, 학식 없는 사람도 아니고, 직업 없는 사람도 아니고, 건강 없는 사람도 아니고, 교양 없는 사람도 아닙니다. 바로 하나님으로부터 응답 받을 수 있는 원한이 없는 사람이 바로 쓸모 없는 사람입니다. 하나님의 초자연적 능력 체험 없이 살아가는 사람은 사망의 음침한 골짜기 같은 세상살이에 지치고 쓰러질 수밖에 없습니다. 순간 순간 주님의 기적적 은혜 체험이 필요합니다. 새 힘을 얻어야 합니다. 새로운 능력으로 극복하지 않으면 안 될 일들이 우리 앞에는 너무나 많습니다.

나의 원한은 무엇입니까? 질병입니까? 가난? 실직? 실패입니까? 어떤 사람은 남편에 대한 원한이 있을 수 있듯이 어떤 사람은 아내나 자식에 대한 원한이 있을 수 있습니다. 원한이 있을 때 기도하게 됩니다. 살아야 할 이유도 없고, 죽어야 할 이유도 없는 사람, 원한 즉 기도의 소원이 없는 사람에게는 기도의 응답도 있을 수 없습니다. 고생해도 이것만은 성취해야 하는 사람, 고뇌해도 이것만은 쟁취해야 하는 사람은 뜻이 있는 사람이요 그 같은 사람에게는 길도 있기 마련입니다.

(2) 그 원한 때문에 하나님께 매달릴 때 기도 응답받습니다.

원한이 강하면 강할수록 기도하게 됩니다. 잠이 안 옵니다. 밥맛도 없습니다. 재미가 없습니다. 그래서 원한을 풀기 위하여 재판관을 찾은 과부와 같이 하나님을 찾아야만 합니다. 불의한 재판관도 끈기 있게 찾아오는 과부의 소원을 들어주었는데 아들과 함께 모든 것을 주시기를 기뻐하시는 하나님께서 어찌 우리의 소원을 물리치시기만 하시겠습니까? 예수님께서 "너희 중에 누가 아들이 떡을 달라 하면 돌을 주며 생선을 달라 하면 뱀을 줄 사람이 있겠느냐 너희가 악한 자라도 좋은 것으로 자식에게 줄 줄 알거든 하물며 하늘에 계신 너희 아버지께서 구하는 자에게 좋은 것으로 주시지 않겠느냐"(마 7:9-11)고 말씀하셨습니다. 가나안의 수로보니게의 한 어머니처럼 수모와 수욕을 주는 시험의 장소에서라도 딸의 치유를 열망하는 원한이 이루어질 때까지 예수님께 매달리는 모습은 기도 정신을 보여 주는 신령한 사건입니다.

2. 믿음이 있어야 합니다.

(1) 낙망치 말아야 기도 응답받습니다.

1절 말씀에서 강조하는 교훈은 아무리 원한이 강해도 믿음이 없이는 응답이 없다는 사실을 보여 주는 것입니다. 어떤 사람은 자신의 원한을 풀어 보려고 발버둥치고 몸부림치고 아우성 쳐도 기도하지 않습니다. 바로 믿음이 없기 때문입니다. 이 같은 사람의 종말은 자학과 자살에 이르게 됩니다. 우리 믿음의 사람들은 원한을 믿음으로 처리해야 합니다. 그러기 위하여서 기도 응답에 대한 믿음이 필요합니다. 다윗은 "주는 나의 원한을 펴시고 나를 구속하사 주의 말씀대로 나를 소성케 하소서"(시 119:154)라고 믿음의 기도를 올리면서 원수를 이겼습니다. 그는 "내가 내 원통함을 그 앞에 토하며 내 우환을 그 앞에 진술하는도다"(시 142:2)고 믿음의 기도로써 환난을 극복했습니다.

그는 "나의 원통함을 감찰하사…오늘날…내게 갚아주시리라"(삼하 16:12)고 믿음의 기도로써 시므이의 저주를 막았습니다. 한나는 믿음의 기도로써 "나의 원통함과 격동됨이 많음을 인함이니라"(삼상 1:16)고 브닌나의 냉대를 극복했습니다. 욥은 믿음의 기도로써 "내 원통함을 발설하고 내 마음의 괴로운 대로 말하리라"(욥 10:1)고 주변 사람들의 몰이해를 극복했습니다. 이 같은 믿음의 사람들은 낙망 대신 기도했습니다. 낙심할 시간, 낙망할 여유가 있으면 사신 하나님께 기도하시고 응답받으시기 바랍니다.

(2) 응답을 믿어야 기도 응답받습니다.

구하는 자에게 "좋은 것"(마 7:11)을 주신다는 믿음이 있어야 합니다. "좋은 것"이 무엇입니까? 성령충만입니다(행 2:4). 기쁨충만입니다(행 13:52). 믿음충만입니다(행 11:24). 은혜충만입니다(행 6:8 상).

권능충만입니다(행 6:8 하). 이 같은 은혜와 은사는 모든 원한을 풀어 줍니다. 낙심치 말고 믿음으로 기도하시기 바랍니다.

3. 간구가 있어야 합니다.

(1) 계속 부르짖어야 기도 응답받습니다.

불의한 재판관이 "얼마 동안 듣지 아니하다가…내가 그 원한을 풀어 주리라"(4-5절)고 했습니다. "얼마 동안"은 우리의 기도에 정욕과 의심을 제거하는 기간입니다. 기도를 계속하다 보면 순수하고 깨끗한 소원만 남습니다. 하나님께서는 그같은 기도만을 응답하십니다. 그러므로 "우리가 선을 행하되 낙심하지 말지니 피곤하지 아니하면 때가 이르매 거두리라"(갈 6:9)고 약속하셨습니다. 기도의 지구성, 그 계속성은 기도 정신의 핵심과도 같습니다. 사무엘은 "기도하기를 쉬는 죄를 여호와 앞에 결단코 범치 아니하고"라고 기도의 계속이 얼마나 중요한가를 일깨워 주었습니다. 기도를 중단하면 응답받지 못하고 응답받는 자는 중단하지 않습니다.

(2) 밤낮 부르짖어야 기도 응답받습니다.

7절 말씀은 기도의 간절성을 기도 정신으로 가리킵니다. 밤낮 자지도 먹지도 말고 기도하라는 뜻이 아니라 간절히 기도해야 됨을 가리킵니다. 하나님께서는 "너희가 진심으로 나를 찾고 찾으면 나를 만나리라"(렘 29:13)고 약속하셨습니다. 철야기도, 금식기도, 새벽기도가 이 같은 맥락에서 소중한 것입니다. 원한이 있어야 합니다. 믿음이 있어야 합니다. 간구가 있어야 기도 응답받습니다. 꼭 기도 응답 체험으로 이 위기의 한 때를 극복하시기를 주님의 이름으로 축원합니다. †

21
여호와의 손이 짧아졌느냐?

본문: 민수기 11:16~23

하나님은 어떤 분입니까? 우리는 신앙생활을 통하여 하나님을 체험하게 됩니다. 이는 하나님을 학습하는 것도, 하나님을 연구하는 것도, 더욱이 하나님을 증명하는 것도 아닙니다. 하나님의 말씀인 성경을 통하여 하나님을 체험합니다. 말씀대로 믿고, 말씀대로 살면 하나님을 체험적으로 알게 되고 신앙이 확고하게 됩니다. 오늘의 본문 말씀은 광야 이스라엘 백성의 빗나간 하나님 체험담을 보여 줍니다. 그들의 불신앙과 불순종은 기적 속에 살면서도 하나님을 바로 체험하지 못했습니다. 하늘의 양식 만나를 먹으면서도 그것을 주신 여호와 하나님을 멸시하고 원망했습니다. 하나님께서 이들에게 일개월간 고기를 먹게 하신다고 하셨습니다. 모세조차도 그 가능성에 회의하고 놀랐을 때에 하나님께서는 "여호와의 손이 짧아졌느냐"고 반문합니다. 그러면 과연 이 손은 어떤 손입니까?

1. 자기 백성에게 기적을 행하시는 손입니다.

(1) 애굽의 바로를 치신 손입니다.

출애굽기 8:1-2을 보면 "여호와의 말씀에 내 백성을 보내라…네가 만일 보내기를 거절하면…너의 온 지경을 칠지라"고 애굽의 황제 바로에게 통보했습니다. 출애굽기 9:15에서도 "내가 손을 펴서 온역으로 너와 네 백성을 쳤다면 네가 세상에서 끊어졌을 것"이라고 하셨습니다. 여호와께서 "강한 손으로 치기 전에는…너희의 가기를 허락지 아니"(출 3:19)할 것이라고 하셨습니다. 하나님께서 열 가지 재앙으로 바로를 친 후에야 히브리 족속이 애굽에서 나올 수 있었습니다. 바로 그들을 애굽의 노예 생활에서 해방시킨 능력의 손이었습니다.

(2) 홍해를 가르신 손입니다.

출애굽을 가로막는 홍해를 기적으로 가르고 이를 건넌 이스라엘이 구원의 노래를 불렀습니다. "여호와여 신중에 주와 같은 자 누구니이까 주와 같이…기이한 일을 행하는 자 누구니이까 주께서 오른손을 드신즉 땅이 그들을 삼켰나이다"(출 15:11-12). 여호와의 능하신 그 오른손은 바다를 가르신 것입니다.

(3) 하늘에서 만나를 내리신 손입니다.

출애굽기 16:4을 보면 "보라 내가 너희를 위하여 하늘에서 양식을 비같이 내리리니 백성이 나가서 일용할 것을 날마다 거둘 것"이라고 했습니다. 이는 광야에서 기적의 떡으로 그들을 먹이신 여호와의 능력의 손을 보게 합니다. 그러나 광야 이스라엘은 "여호와를 멸시"(20절)했습니다. 그들의 불신앙은 기적의 떡을 주신 그 손은 보지도 못하고 믿지도 않았습니다. 그들은 만나만 먹게 된다고 하나님의 능력을 불신하고 멸시했던 것입니다. 그들은 "우리가 어찌하여 애굽에서 나왔던고"(20절)라고 절망했습니다. 그들은 "우리가 애굽에 있을 때에는 값없이 생선과 외와 수박과 부추와 파와 마늘들을 먹은 것이 생각나거늘 이제는 우리 정력이 쇠약하되 이 만나 외에는 보이는 것이 아무것도 없도다"(5-6절)라고 여호와 능력을 불신했습니다.

　만나를 주신 분은 다른 것들도 주실 수 있음을 믿어야 합니다. 출애굽의 기적들 그리고 만나를 감사하기는커녕 오히려 하찮은 먹거리 문제로 여호와의 능력을 불신하고 절망하는 그들은 오늘날 우리의 모습은 아닙니까? 바울 사도께서는 홍해를 건넌 사건은 우리의 세례 사건으로, 광야 40년 생활은 우리의 세상살이로, 요단강 건넌 사건은 죽음으로, 가나안 입국은 천국에 들어감으로 비유했습니다. 그러므로 광야 이스라엘의 삶을 통하여 우리의 삶을 조명케 됩니다.

2. 자기 백성을 구원하시는 손입니다.

(1) 애굽의 노예를 탈출케 하신 손입니다.

　출애굽기 3:7-8에 "여호와께서 가라사대 내가 애굽에 있는 내 백성의 고통을 정녕히 보고…부르짖음을 듣고…그들을 애굽인의 손에서 건져내고…젖과 꿀이 흐르는 땅 곧 가나안 족속…지방에 이르려 하노라"고 했습니다. 하나님의 이 같은 구원의 계획과 역사가 없이 어떻게 그들이 출애굽할 수 있었겠습니까? 그러나 출애굽 이후 한 달도 되기 전에 원망을 했습니다.

(2) 광야 40년을 인도하신 손입니다.

　출애굽 이후 광야 이스라엘 백성의 불신앙과 불순종은 불과 1개월 남짓 하면 갈 수 있었던 가나안을 40년 어간 광야에서 배회케 만들어 버렸습니다. 그러나 여호와께서는 여전히 저들을 가나안까지 인도하신 능력의 하나님이십니다. 오늘날 우리의 불신앙과 불순종도 이 같은 결과를 초래케 합니다. 그러므로 하나님의 능력을 체험치 못하게 됩니다. 주신 기적적 은혜도 깨닫지 못하고 절망과 좌절의 늪에 헤매고 있습니다.

(3) 가나안에 들어가게 하신 손입니다.

여호와께서는 마침내 약속의 땅으로 그들을 인도하셨습니다. 홍해를 가르신 그 능력의 손으로 요단강을 또다시 가르시고 그 백성들이 가나안으로 들어가게 하셨습니다. 그의 "의로운 오른손"으로 늘 함께 하셨습니다(사 41:10). 그러나 광야 이스라엘은 이 같은 전능하신 하나님을 원망했습니다(민 11:1). 그들은 가나안에 들어간 후에도 불신앙과 불순종의 길을 갔습니다. 그때마다 하나님께서는 그 백성을 가르쳤습니다. 그리고 "나 여호와가 이르노라 이스라엘 족속아 이 토기장이의 하는 것같이 내가 능히 너희에게 행하지 못하겠느냐 이스라엘 족속이 진흙이 토기장이의 손에 있음같이 너희가 내 손에 있느니라"(렘 18:6)고 탄식했습니다. 감사치 않고 멸시하고 원망하면 하나님을 체험할 수 없습니다. 하나님을 알 수 없게 됩니다.

그래서 이사야 선지자는 그들에게 "내 손이 어찌 짧아 구속하지 못하겠느냐 내게 어찌 건질 능력이 없겠느냐 보라 내가 꾸짖은즉 바다가 마르며 하수가 광야가 될 것…"(사 50:2)이라고 그 능력을 선포했습니다. 또한 "여호와의 손이 짧아 구원치 못하심도 아니요 귀가 둔하여 듣지 못하심도 아니라 오직 너희 죄악이 너희와 너희 하나님 사이를 내었고 너희 죄가 그 얼굴을 가리워서 너희를 듣지 않으시게 함"(사 59:1-2)이라고 책망했습니다. 전능하신 하나님을 불신하면 그 전능하심을 체험치 못하고 어렵고 힘든 인생을 살게 됩니다. 다윗같이 "넘어지나 아주 엎드러지지 아니함은 여호와께서 손으로 붙드심"(시 37:24)이라고 그 능력을 체험하고 감사해야 합니다. 그는 자신의 운명이 "주의 손에 있사오니"(시 31:5)라고 그 전능의 손에 모든 것을 맡겼습니다. "여호와께 능치 못한 일이 있겠느냐"(창 18:14)고 하나님의 전능과 절대 주권을 믿고 성공하시기를 주의 이름으로 축원합니다. ✝

22
임마누엘의 신앙

본문: 민수기 13:25-14:10

　어려운 현실에 대처할 수 있는 강력한 신앙을 어떻게 소유할 수 있겠습니까? 현실이 어려울수록 대개 신앙이 허약해집니다. 그러나 오늘의 말씀에서 여호수아와 갈렙은 현실이 어려울수록 더욱 강력한 신앙을 갖게 되는 사람들임을 보여 줍니다. 이 같은 두 가지 신앙의 세계는 늘 공존합니다. 긍정적 신앙이냐 아니면 부정적 신앙이냐에 따라서 그 신앙의 질이 결정됩니다.

1. 그러면 긍정적 신앙의 세계는 어떠합니까?

　(1) 어려울수록 하나님의 약속을 의지합니다.

　이스라엘 백성이 출애굽 이후 약 두 달이 지나서 바란 광야에 이르게 되었을 때에 모세는 12지파에서 각 한 사람씩 정탐꾼을 뽑고 40일 동안 가나안 땅을 정탐케 했습니다. 여호수아와 갈렙은 "여호와께서…그 땅을 우리에게 주시리라"(8절)고 하신 하나님의 약속을 의지하여 가나안으로 들어가자고 보고했습니다. 그러나 다른 열 명의 정탐꾼들은 가나안에서 아낙자손의 후예들인 거인들이 그곳에 살고 있기 때문에 가나안 정복은 전혀 불가능하다고 보고했습니다. 온 백성들은 이 보고를 받고 밤이 새 도록 통곡하며 하나님과 인도자 모세를 원망했습니다. 부정적인 보고였 고 현실의 어려움만 바라본 보고였습니다. 그들은 가나안으로 기적들로 인도하고 계신 그 하나님, 그리고 가나안 땅을 주시리라 약속하신 그 하 나님은 안중에도 없었습니다. 이 같은 모습은 하나님의 약속을 믿는 언 약신앙이 없음을 보여 줍니다.

일찍이 하나님께서는 아브라함에게(창 13:15), 이삭에게(창 26:3), 그리고 야곱에게(창 28:13) 계속하여 땅과 씨의 축복을 약속하셨습니 다. 뿐만 아니라 언제나 "너와 네 자손에게 주리라"고 언약의 계속성을 상기시켜 주셨습니다. 그러나 이 출애굽 백성들은 언약을 믿는 곧 말씀 을 믿는 신앙이 없었습니다. 그들은 눈에 보이는 기적을 믿었습니다. 그 러나 기적에 기반을 둔 신앙은 허약합니다. 현실이 어렵고 계속해서 기 적이 나타나지 않을 때에는 즉시 낙심, 의심 심지어는 악심을 품습니다. 그러나 말씀에 기반을 둔 신앙은 보이는 기적이 나타나지 않아도 보이지 않는 말씀을 이루시는 그 하나님을 믿기 때문에 요동하지 않습니다.

다윗은 어려울수록 말씀을 의지했습니다. 그는 "주의 말씀은 내 발에 등이요 내 길에 빛이니이다"(시 119:105)라고 고백했습니다. 이는 한 치 앞이 보이지 않는 암담한 현실이라 해도 한 걸음만 보이는 발을 내 딛는 신앙임을 뜻합니다. 짙은 안개 속을 멀리 내다보고 걸을 수는 없 습니다. 한 걸음 내디디면 또 한 걸음 나갈 수 있게 보입니다. 하나님께 서 아브라함을 가나안 땅으로 인도하실 때에 한 걸음씩 한 걸음씩 인도 하셨습니다. 그러므로 히브리서 기자는 "믿음으로 아브라함은 부르심을 받았을 때에 순종하여 장래 기업으로 받을 땅에 나갈새 갈 바를 알지 못하고 나갔으며"(히 11:8)라고 밝혔습니다. 다윗은 어려울 때에는 "주 의 말씀대로 나를 붙들어 살(아남)게 하시고 내 소망이 부끄럽지 말게 하소서"(시 119:116)라고 말씀에 미래와 생존을 걸고 나아갔음을 보게 합니다.

(2) 어려울수록 하나님의 능력을 의지합니다.

부정적인 정탐꾼들은 "그 땅 거민은 강하고 성읍은 견고하고"(민 3:28)라고 낙심부터 먼저 했습니다. 그러나 긍정적인 정탐꾼들은 "우리가 올라가서 그 땅을 취하자 능히 이기리라"(30절)고 하나님의 능력을 의지했습니다. 그들은 "우리의 밥이라…여호와는 우리와 함께 하시느니라"(14:9)고 임마누엘의 신앙을 가졌습니다. 이는 언약에 불변하신 여호와, 전능하신 하나님을 믿는 신앙입니다. 임마누엘의 언약은 야곱으로부터 뚜렷하게 나타납니다.

장자의 축복의 귀중성을 믿고 그것을 얻고자 하다가 형 에서의 미움을 받고 집을 떠난 야곱에게 하나님께서 벧엘에서 "내가 너와 함께 있어 네가 어디로 가든지 너를 지키며 너를 이끌어 이 땅으로 돌아오게 할지라 내가 네게 허락한 것을 다 이루기까지 너를 떠나지 아니하리라"(창 28:15)고 임마누엘 언약을 주셨습니다. 이 언약은 대표의 원리에 의하여 야곱이 받았지만 우리들에게도 확대된 것입니다. 예수님께서는 "내가 세상 끝날까지 너희와 항상 함께 있으리라"(마 28:20)고 우리들에게도 임마누엘 축복을 주셨습니다.

그러므로 바울 사도께서는 어려울수록 임마누엘 신앙으로 세계 선교를 감당했습니다. 그는 "주께서 내 곁에 서서 나를 강건케"(딤후 4:17) 하셨다고 했습니다. 우리들도 우리 곁에 계신 임마누엘의 하나님을 믿고 한 치 앞이 보이지 않는 암담한 현실이라 할지라도 겁 없이 전진해야 합니다. 하나님의 언약과 능력을 멸시하고 하나님을 열 번씩이나 시험하고도 "우리는 능히 올라가서 그 백성을 치지 못하리라"(13:31)고 자학하는 부정적 사람이 되어서는 안 됩니다.

"우리는 스스로 보기에도 메뚜기 같으니"(33절)라고 자멸을 불러들여서는 안 됩니다.

2. 그러면 긍정적 신앙의 결과는 어떠합니까?

(1) 믿음대로 여호수아와 갈렙은 가나안 땅에 들어갔습니다.

원망, 불평하던 출애굽 1세대는 가나안이 아니라 "홍해길"로 뒷걸음 치면서(14:25) 40년 동안 광야에서 배회하며 광야에서 죽은 메뚜기같이 다 죽었습니다(34절). 그 후에 출애굽 2세대가 여호수아의 인도함에 따라 가나안을 정복했습니다.

(2) 불신앙과 불순종의 사람들은 가나안 땅에 들어가지 못했습니다.

하나님께서 "내가 그 조상들에게 맹세한 땅을 결단코 보지 못할 것이요 또 나를 멸시하는 사람은 하나라도 그것을 보지 못하리라"(민 14:23)고 말씀하신 대로 되었습니다. 뿐만 아니라 하나님을 원망하고 하나님의 보내신 자 모세를 원망한 사람들, 그 땅을 악평한 사람들은 재앙으로 죽임을 당했습니다(민 14:37). 부정적 사고에 오염이 되어 "애굽으로 돌아가자"고 했던 사람들은 가나안도 애굽도 가지 못하고 광야에서 메뚜기처럼 죽었습니다. 히브리서 기자는 "오직 나의 의인은 믿음으로 말미암아 살리라"고 하셨고, "우리는 뒤로 물러가 침륜에 빠질 자가 아니요"(히 10:38-39)라고 권면했습니다.

우리는 언약 신앙, 임마누엘 신앙으로 과거 지향적 사고가 아니라 미래 지향적 의식으로 오늘의 가나안을 점령해야 합니다. 새로운 가나안, 나의 가나안은 어려울수록 강해지는 믿음의 소유자에게만 열려 있는 미지의 대지입니다. 믿음으로 전진하시길 주님의 이름으로 축원합니다. †

23
자기를 비우는 삶

본문: 빌립보서 2:5-8

　성탄절은 어떤 날입니까? 오늘날 성탄절은 히히덕거림과 술취함과 방탕의 날로 왜곡되었습니다. 성탄절이 아니라 한탄절이 되었다고 합니다. 오늘의 말씀은 예수 그리스도께서 자기를 비우신 날이라고 했습니다(7절). "자기를 비어"라는 말씀의 의미는 하나님께서 보좌를 비우시고 이 땅에 오심과 영광을 비우시고 인간으로 오심을 의미합니다. 성탄절에는 바로 하늘의 보좌와 영광을 비우시고 말구유에 피조물인 인간의 모양으로 오신 삶을 감사하며 기념해야 합니다. 이 날을 맞이하는 우리는 자신을 비우신 예수님의 삶을 배워야겠습니다. 그리고 우리 자신을 비우는 삶을 살아야 합니다.

1. 그러면 자기를 비우는 삶이란 어떠합니까?

　(1) 자기를 비하하는 삶입니다(7절).

　지극히 높으신 분이 지극히 낮아지신 것입니다. 그는 7단계로 비하하셨습니다. 창조주 하나님께서 ① 종의 형체로 비하하셨습니다. ② 사람으로 비하하셨습니다. ③ 죄인으로 비하하셨습니다. ④ 가난한 사람으로 말구유에 오셨습니다. ⑤ 로마로부터 반란죄로, 유대로부터 성전 모독죄, 율법 모독죄, 신성 모독죄로 정죄받았습니다. ⑥ 십자가에서 죽임을 당하셨습니다. ⑦ 무덤에까지 내려가셨습니다. 우리는 이같이 비하하신 예수 그리스도를 따르는 사람들입니다. 그런데 우리는 그리스도를 믿고 더 존귀해지지는 않았습니까? 낮아지기보다는 높아지려고 애쓰지 않았습니까? 바울 사도께서는 "너희 안에 이 마음을 품으라"(5절)고 하셨습니다. "이 마음"은 예수 그리스도의 겸손한 마음입니다(3절). 이 성탄의 계절에 우리는 너무 높아진 자신을 예수님처럼 낮추어야 하겠습니다. 그러기 위하여 앤드류 머레이 목사가 쓴 『겸손』이란 책에서 강조한 바와 같이 피조물로서의 겸손, 죄인으로서의 겸손 그리고 성도로서의 겸손을 익혀야겠습니다. 이 같은 겸손은 성탄을 바로 맞는 모습입니다. 모든 죄의 뿌리는 교만에 있습니다. 가장 탁월한 피조물이었던 루시퍼 천사가 "나의 보좌를 높이리라…지극히 높은 자와 비기리라"(사 14:13-14)고 타락할 때 사탄이 되었습니다. 이 성탄절에 예수 그리스도와 같이 우리의 삶의 자리를 보다 낮추어야겠습니다.

(2) 자기를 정죄하는 삶입니다(8절 중).

"자기를 낮추시고 죽기까지 복종하셨으니"라고 밝힙니다. 그리스도는 죄 없는 분이 정죄를 당하셨습니다. "저는 죄를 범치 아니하시고"(벧전 2:22), "그에게는 죄가 없느니라"(요일 3:5)고 하나님의 말씀은 진술합니다. 그는 죄를 지을 수 있는 가능성(원죄)이나 죄를 지을 수 있는 본성적 행위(본죄)조차 없습니다. 오히려 죄 많은 인생이라도 정죄하시지 않았습니다(요 8:11). 주님의 인격은 자신을 정죄의 자리에 두고 남은 용서의 자리에 둡니다만, 바리새적 인격은 남을 정죄하고 자신을 관용하는 자리에 둡니다. 나는 어떠합니까? 남을 정죄하는 자입니까? 자신을 정죄하는 자입니까? 남을 치는 자입니까? 자신을 치는 자입니까? 우리를 죄에서 구원하시려고 자신을 죄의 삯인 사망의 자리에 내어주심은 자기를 비우시는 또 다른 모습입니다. 우리는 예수님을 처음 만난 베드로 사도처럼 "나는 죄인이로소이다"라고 자신을 죄인으로 정죄할 수 있어야 합니다. 스스로 예수님의 수제자로 자처하고 예수님의 좌우편에 앉으려는 제자들과 권좌를 다투던 베드로의 자신을 인정하는 모습을 경계해야 합니다. 우리는 세리처럼 자신의 가슴을 치는 사람이 될지언정 바리새인처럼 남의 가슴을 쳐서는 안 됩니다.

(3) 자기를 희생하는 자입니다(8절 하).

"십자가에 죽으심이라." 십자가는 희생의 대명사입니다. 자기의 권리와 특권을 포기하는 것입니다. 예수님은 목숨을 우리 죄 때문에 희생한 것입니다. "인자의 온 것은…자기 목숨을 많은 사람의 대속물로 주려 함이라"(막 10:45)고 말씀합니다. "우리가 아직 죄인되었을 때 그리스도께서 우리를 위하여 죽으심으로 하나님께서 우리에게 대한 자기의 사랑을 확증하셨느니라"(롬 5:8)고 말씀합니다. 주님의 생애는 말구유에서 십자가까지 전 생애의 과정이 희생이었습니다. "부요하신 자로서 너희를 위하여 가난하게 되심은 그의 가난함을 인하여 너희로 부요케 하려 하심이니라"(고후 8:9)고 하셨습니다. 그가 가난해짐은 우리를 부요케 하기 위함이요, 그가 수모를 당함은 우리를 영광스럽게 하기 위함이요, 그가 고통을 당함은 우리를 환희케 하려 함이요, 그가 죽임을 당함은 우리를 영생케 하기 위함입니다.

나는 이 주님을 바라보면서 얼마나 희생합니까? 성탄절은 희생의 날입니다. 환락이나 쾌락을 구하는 날이 아닙니다. 자신을 희생함으로써 다른 사람을 살리며, 기쁘게 하며, 소망 있게 하는 날로 삼아야 합니다. 예수님께서는 제자도의 기본이 자기 십자가를 지고 주님의 길을 좇아오는 사람이 제자가 될 수 있다고 말씀하셨습니다. 성탄절은 바로 이 주님께서 희생의 십자가를 지시려고 이 땅에 오신 날입니다.

2. 자기를 비우는 이에게 어떤 축복이 있습니까?

(1) 다시 높여 주십니다(9절).

"모든 이름 위에 뛰어난 이름"을 주셨습니다. 곧 "주"입니다. 사도행전 2:33에 "하나님이 오른손으로 예수를 높이시매" 무덤에서 부활케 하셨고, 지상에서 천상으로 승천케 하셨다고 밝힙니다. 자신을 비하시킬 때 하나님은 우리를 승귀시킵니다. 예수님께서 이 땅에 오셔서 섬기는 자로 사셨습니다. 사람들은 그에게 왕이 되기를 바랐지만 그분은 제자들의 발을 씻기면서 종으로 사셨습니다. 그분은 영광받는 메시야가 아니라 고난받는 메시야였습니다. 그러므로 하나님께서 그를 영광의 구주로 하나님의 보좌 우편에 앉히셨습니다. 우주의 통치권과 종말의 심판권을 주셨습니다. 남이 버린 십자가를 지고 고난의 자리에서 주님을 바라보며 주님께서 다시 오시기를 사모하는 성도들은 주님께서는 반드시 영광의 자리로 옮겨 주실 것을 믿으시기 바랍니다. 자기를 낮춤으로 높아지는 성도들이 되시기 바랍니다.

(2) 다시 채워 주십니다(10-11절).

자신을 비울 때 하나님께서는 영광과 존귀로 채워 주셨습니다. 하나님께서는 우리 스스로를 비울 때 은혜와 축복으로 채워 주실 것입니다. 하나님께서는 그가 낮아진 목적을 이루게 하셔서 구속을 성취케 하신 후에 영화로운 부활로 그의 영광을 회복케 하셨습니다. 그리스도를 위하여 희생한 냉수 한 그릇도 반드시 보상해 주십니다. 낮아진 것보다 더욱 높여 주십니다. 비운 것보다 더욱 채워 주십니다. 자기를 낮추고 비우는 성도들이 되시어 더욱 존귀한 성도들이 되시기를 그리스도의 이름으로 축원합니다. †

24
성탄의 정신

본문: 누가복음 12:33~34

구주 예수 그리스도께서 탄생하신 성탄절은 어떤 날입니까? 하나님께서는 죄 없는 독특한 아들을 우리들을 위하여 내어주신 날이요, 그 아들 예수 그리스도께서는 자신의 생명을 우리들을 위하여 내어주신 날입니다. 예수님께서 친히 말씀하신 대로 "주는 것이 받는 것보다 복이 있다"(행 20:35) 하심을 기억해야 할 것입니다. 오늘의 본문 말씀은 이 같은 성탄의 정신을 깨우치는 교훈입니다. 곧 "낡아지지 않는 주머니"(33절)를 차고 사랑의 구제, 곧 주는 일에 힘쓰라고 교훈합니다.

1. 그러면 나는 무엇을 줄 수 있습니까?

(1) 나의 소유를 줄 수 있습니다.

예수님께서는 자신이 이 땅에 오셔서 모든 소유를 자기 백성들에게 다 주심과 같이 "너희 소유를 팔아 구제…"(33절)하라고 권고합니다. 여기에 "나의 소유"란 무엇입니까? 그것은 물질뿐만 아니라 재능, 시간 그리고 노력 등 우리가 다른 사람을 섬길 수 있는 모든 종류의 자본을 뜻합니다. 예수님께서는 최후에는 십자가에서 자기의 목숨으로써 우리와 같은 죄인을 섬겼습니다. 우리가 하나님으로부터 받은 사랑을 생각한다면 우리가 가진 그 무엇이든지 다 사랑의 밑천으로 사용할 수 있을 것입니다.

우리가 가진 소유들 중에 하나님으로부터 받지 아니한 것은 아무것도 없습니다. 이 모든 것들은 우리의 쾌락이나 교만의 밑천으로 남용되어서는 안 됩니다. 이 모든 것들을 성탄의 정신에 따라 나누는 자들이 될 때 성탄의 의미는 더욱 분명해질 것입니다.

(2) 나의 생명도 줄 수 있습니다.

예수님께서는 "한 알의 밀이 땅에 떨어져 죽지 아니하면 한 알 그대로 있고 죽으면 많은 열매를 맺느니라 자기 생명을 사랑하는 자는 잃어버릴 것이요 이 세상에서 자기 생명을 미워하는 자는 영생하도록 보존하리라"(요 12:24-25)고 말씀하셨습니다. 땀과 눈물과 그리고 피와 같은 생명의 액체를 쏟아 비우면서 우리를 사랑하신 주님은 제자도의 정신이 생명의 역설에 있음을 강조하고 있습니다. 대만의 한 선교사는 산지족에게 복음을 전할 때 그들의 사람 잡아먹는 악습을 고치려 스스로 그들에게 희생당했습니다.

그는 "성탄절에 쓰는 빨간 고깔모자를 쓰고 오늘밤에 동네로 들어오는 자를 잡아먹고 다시는 그러지 말라"고 했답니다. 산지족들이 목을 쳐 죽인 후에 선교사의 사랑의 희생을 깨닫고 악습을 버렸을 뿐만 아니라 지금도 대만 기독교의 대다수 교인들은 산지족으로 이루어져 있습니다. 바울 사도께서도 "나의 달려갈 길과 주 예수께 받은 사명 곧 하나님의 은혜의 복음 증거하는 일을 마치려 함에는 나의 생명을 조금도 귀한 것으로 여기지 아니하노라"(행 20:24)고 하신 말씀대로, 주후 68년 로마의 오스치안 광장에서 목베임을 당한 순교의 잔을 마셨습니다. 이 희생의 자리에서 피어난 기독교는 로마를 복음으로 정복하고 로마를 기독교 국가로 세웠습니다. 천하보다 귀한 것으로 줄 때 가장 귀한 결실과 역사가 일어난 것입니다.

2. 그러면 나의 것들을 어떻게 주어야 합니까?

(1) 은밀하게 주어야 합니다.

구제란 가난한 자를 불쌍히 여기는 일입니다. 그러므로 사람에게 영광을 얻으려고 하지 말고, 사람에게 나팔 불어 선전하지 말고, 왼손이 하는 것을 오른손이 모르게 해야 합니다(마 6:2, 4). 그래야 은밀히 보시는 하나님께서 복으로 갚으십니다. 하나님께서 "가난한 자를 불쌍히 여기는 것은 여호와께 꾸이는 것이니 그 선행을 갚아 주시리라"(잠 19:17)고 하셨고, 고넬료의 "기도와 구제가 하나님 앞에 상달"(행 10:1-4)된 것을 기억하라고 하셨습니다. 예수님께서도 신유와 축사를 행하신 후에는 "아무에게 아무 말로 하지 말라"고 늘 침묵 명령을 내리셨습니다.

이것은 은밀한 중에 주시는 은혜였습니다. 예수님께서 이 땅에 오실 때에도 가난한 말구유에 고사리 손을 가지시고 은밀한 중에 오셨습니다. 바로 성탄의 정신인 것입니다.

(2) 기쁨으로 주어야 합니다.

참된 구제는 되받지 못할 사람에게 주는 선물입니다. 주고 받는 행위가 아니기 때문에 주다가도 지치고 낙심할 수도 있을 것입니다. 가난한 자들은 너무 많고 우리의 소유는 제한이 있기 때문입니다. 그러므로 줄 때에 조심해야 합니다. 인색하거나 "억지로"(고후 9:6-7) 해서는 안 됩니다.

구제의 정신은 하나님을 상대하는 연보의 정신과 같습니다. 은밀한 중에 보시는 하나님의 눈길을 의식해야 합니다. 갚을 것이 없는 자들에게 주는 것은 곧 하나님께 주는 것입니다(눅 14:13-14).

3. 주는 자에게 주시는 축복은 어떠합니까?

(1) 하늘의 보상을 받습니다.

본문의 말씀에도 구제는 "하늘에 둔 바 다함이 없는 보물"이라고 했습니다. 가장 확실한 투자요 최고의 이윤을 가져오는 저축입니다. 예수님께서 하늘의 영광과 보좌를 비우시고 이 땅에 사람의 모양으로, 죄인의 자리에, 종의 모습으로 오셔서 십자가에서 정죄와 죽임을 당하시고 무덤에까지 낮아지셨지만 하나님께서 그를 하나님의 보좌 우편으로 높이시고 모든 이름 위에 뛰어난 이름 곧 "주"가 되게 하셨으며 모든 무릎이 그 앞에 꿇게 하셨습니다. 땅의 것으로 심고 하늘의 것으로 거두게 하셨습니다.

그러므로 오늘의 말씀은 낡아지지 않는 주머니를 사용하라고 하십니다. 계속적인 투자는 영구한 보상을 받게 합니다. 예수님의 목숨은 많은 사람들의 대속물이 되셨습니다. 그러므로 주는 일은 이 땅에서 복받는 일이요 오는 세상에서도 복받는 일입니다(시 37:25-26). 그러므로 참으로 복받는 비결은 주는 일에 힘쓰는 것입니다. 고난의 초림이 없이 영광의 재림이 어찌 가능하겠습니까? 시편의 기자는 "울며 씨를 뿌리러 나가는 자는 정녕 기쁨으로 그 단을 가지고 돌아오리로다"(시 126:6)라고 약속하셨습니다.

(2) 세상의 보상을 받습니다.

잠언에는 "흩어 구제하여도 더욱 부하게 되는 일이 있나니 과도히 아껴도 가난하게 될 뿐이니라"(잠 11:24)고 했습니다. 주기를 좋아하는 사람은 세상에서도 풍족하고 윤택하게 삽니다. 이는 하나님께서 복으로 갚으시기 때문입니다. 세상의 재물은 허구성과 위험성이 있습니다(잠 23: 4-5).

　재물로써 복음 주는 일에 힘쓰는 것은 세상의 재물을 가장 잘 활용하는 축복의 지름길입니다. 이 성탄절에 "성냥파는 소녀"가 성탄을 가족들끼리 즐기는 모습을 보면서 죽어가는 일이 일어나지 않도록 합시다. 말이라도 따뜻하게 줄 수 있는 성도들이 되시어 성탄의 정신을 이어가시길 주님의 이름으로 축원합니다. †

25
지키시는 자

본문: 시편 121:1~8

나에게 있어서 하나님은 어떤 분입니까? 오늘의 말씀에는 여섯 번이나 "여호와는 너를 지키시는 자"로 밝히 말씀하고 있습니다. 아버지가 우리를 지켜줄 때 얼마나 마음이 든든합니까? 더욱이 유력한 사람이 우리를 지켜줄 때에는 안심하게 됩니다. 하물며 하나님께서 나를 지켜주신다면 안전할 것입니다. 오늘의 말씀은 하나님의 완전한 보호를 약속합니다. 그러면 하나님께서 어떻게 우리를 지켜주십니까?

1. 우리의 걸음을 지켜주십니다.

(1) 죽음의 길에서 지켜주십니다.

3절 말씀에 "여호와께서 실족치 않게 하시며 너를 지키시는 자가 졸지 아니하시리로다"라고 했습니다. 시편 66:9에서도 "그는…우리의 실족함을 허락지 아니하시는 주시로다"라고 했습니다. 여기 "실족"이란 용어는 사막과 음침한 사망의 골짜기가 있는 이스라엘에서는 죽음의 개념이 강합니다. 단순히 넘어져 무릎이나 상하는 정도가 아니라 천길 낭떠러지로 추락하여 죽게 됨을 뜻합니다. 그래서 다윗은 "내가 사망의 음침한 골짜기로 다닐지라도 해를 두려워하지 않을 것은 주께서 나와 함께 하심이라"(시 23:4)고 했습니다. 이 세상은 어느 곳에서라도 죽음으로 가는 험한 길들이 많습니다. 여호와 하나님께서 지켜주시지 아니하시면 한순간에 생명을 잃어버릴 수밖에 없습니다. 재난과 사고뿐만 아니라 수많은 질병들은 우리의 발목을 잡는 올무들과도 같습니다. 그러므로 여호와께서 졸지도 주무시지도 않고 우리를 지켜주셔야 우리가 안전하고 안심케 됩니다.

　　(2) 잘못된 길에서 지켜주십니다.

　세상에는 홀리는 음녀와 같이 우리를 돌아오지 못하는 길 곧 사망의 길로 유혹하는 세력들이 많습니다. "생명의 길을 얻지 못하게" 합니다(잠 1:19). 주님께서 선한 길로 인도해 주시는 목자이십니다. 잠언의 지혜자는 "대저 여호와는…네 발을 지켜 걸리지 않게 하시리라"(잠 3:26)고 하셨고, "사람이 마음으로 자기의 길을 계획할지라도 그 걸음을 인도하는 자는 여호와시니라"(잠 16:9)고 하셨습니다. 한결같이 우리의 목자되신 주님께서 우리의 길을 인도하심을 교훈합니다. 그러므로 우리는 여호와께서 "그 거룩한 자들의 발을 지키실 것"(삼상 2:9)을 확신해야 합니다. 지난 일년 어간에도 이같이 이 세상에서 우리를 지켜주심을 감사해야 합니다.

2. 우리의 영혼을 지켜주십니다.

　　(1) 원수에게서 우리의 영혼을 지켜주십니다.

　6절과 7절에 보면 "낮의 해가 너를 상치 아니하며"라고 용광로같이 타오르는 사막의 태양의 열기에서 보호하실 것과, "밤의 달도 너를 해치 아니하리로다"고 사막의 어두움과 냉기에서 실족치 않게 하실 것을 말씀하십니다. 이 약속의 보증은 출애굽 사건에서 보게 됩니다. 하나님께서 낮에는 구름기둥으로 태양의 열기를 차단해 주셨고, 밤에는 불기둥으로 달의 냉기를 막아 주셨습니다. 오늘날에도 하나님께서는 불 같은 시험이 많지만 우리의 영혼을 지켜주시고 냉혹한 현실에서 고독과 좌절 속에서 우리를 일으켜 세워주십니다.

(2) 환난에서 우리의 영혼을 지켜주십니다.

"환난"이란 큰 바위로 가슴을 눌러 죽인다는 말뜻이 있습니다. 때로는 무거운 바위 같은 것이 우리를 눌러서 견디기 어려운 때도 있습니다. 그럴 때마다 주님은 우리 곁에 오셔서 환난의 돌덩어리를 동이 서에서 먼 것같이 우리에게서 멀리 옮겨버립니다. 항상 우리 영혼이 주를 찾게 합니다(시42:1). 그러므로 우리의 영혼을 소생시키시고 보호하십니다. 영혼은 육체보다 더 귀합니다. 육체는 죽어도 영혼이 건강하여 구원받으면 다시 부활케 됩니다. 영화로운 부활은 최후의 승리와 영광을 누리게 합니다. 그러므로 예수님께서는 "몸은 죽여도 영혼은 능히 죽이지 못하는 자들을 두려워하지 말고 오직 몸과 영혼을 능히 지옥에 멸하시는 자를 두려워하라"(마 10:28)고 말씀하셨습니다. 영혼을 보호해 주심은 가장 귀한 것을 지켜주심입니다.

3. 우리의 출입을 지켜주십니다.

(1) 집 밖에서 우리를 지켜주십니다.

8절에 "여호와께서 너의 출입을 지금부터 영원까지 지키시리로다"라고 했습니다. 여기에 "출입"이란 용어는 집 밖으로 나감과 집 안으로 들어옴을 말합니다. 우리의 생업은 집 밖에서 이루어집니다. 당시에는 대개 목축이나 농사짓는 일이 생업의 주종을 이루었습니다. 이 같은 생업은 하나님께서 지켜주시지 않으면 안 됩니다. 한 발 잘못 디디면 천길 낭떠러지로 추락하는 지형에서 목양하는 일은 하나님의 지켜주심이 있어야 됩니다. 아무리 씨뿌리고 애써 가꾸어도 비가 오지 않으면 패농합니다. 예나 지금이나 하나님의 도움이 없이는 될 일이 없습니다.

어떤 사람은 물질과 재산을 모으는 일은 잘했지만 지키는 일을 못 해서 순식간에 그 많은 것들을 다 잃어버립니다. 어떤 사람은 공들여서 자식을 낳고 전력투구하여 키웠지만 그 자식을 타락과 부패에서 지키지 못하여 집을 나가버리기도 하고 질병과 사고에서 지키지 못하여 아예 잃어버리기도 합니다. 어떤 사람은 많은 돈을 쓰면서 약먹고 운동해도 그 건강을 지키지 못합니다. 이 같은 사실들은 한결같이 재산도, 자식도, 건강도, 하나님께서 지켜주셔야 됨을 알게 합니다. 이 시편의 기자는 하나님께서 우리의 집 밖에서의 삶을 지켜주신다고 합니다. 이를 믿고 하나님을 의지하시기 바랍니다.

(2) 집 안에서도 우리를 지켜주십니다.

집 밖에서도 중요한 일들이 많습니다만 집 안에서도 중요한 일들이 많습니다. 시편 128편에 보면 남편이 수고하여 가족과 더불어 식탁에서 먹게 되는 것도 하나님께서 축복하셔야 한다고 했고, 아내가 안방을 지키게 되는 것도 하나님께서 복 주셔야 한다고 했고, 자식들이 부모와 더불어 식탁에서 먹는 것도 하나님께서 복 주셔야 한다고 했습니다. 어떤 사람은 열심히 노력하여 사업은 지켰는데 아내는 못 지켜 바람나 버렸고, 어떤 사람은 열심히 노력하여 건강은 지켰는데 자식은 못 지켜 타락하여 집을 나가버렸습니다. 집 안에서의 일도 그 어느 것 하나라도 하나님의 지켜주시는 일이 없이는 될 것이 없습니다. 하나님께서는 집 문을 열기도 하시고 닫기도 하십니다. 축복의 문을 여셔야 하고 재난의 문은

닫으셔야 합니다(계 3:7-8). 하나님께서는 그 자녀들이 잘못된 길로 나아갈 때에는 강권적인 사랑으로 막기도 하십니다(민 22:31). 지난 한 해 동안 사지에서, 오지에서, 원수와 환난 가운데서 우리를 지키시며 집 안팎에서 지켜주심을 감사하시는 성도들이 되시길 주님의 이름으로 축원합니다. †

26
계속 부흥하는 교회

본문: 사도행전 2:37~47

성경에서 보여 주는 이상적이며 건강한 교회는 어떠합니까? 오늘의 말씀은 예루살렘 교회가 태동할 때의 모습을 소개하고 있습니다. 수적 증가와 질적 향상이 같이 진행됨으로써 "주께서 구원받는 사람을 날마다 더"(47절하) 하셨다고 했습니다. 과연 어떤 교회였기에 이같이 계속 부흥할 수 있었습니까?

1. 말씀의 역사가 있었습니다.

(1) 주의 말씀의 선포가 있었습니다.

베드로 사도를 비롯하여 사도들이 예수 그리스도의 십자가 대속의 죽음과 육체적 부활을 보고 들은 대로 확신을 가지고 선포했습니다. 순수한 복음을 전파했습니다. 특히 베드로 사도의 성령 충만한 설교는 듣는 자들의 마음에 큰 감동을 받게 했습니다. 저들이 마음에 찔림을 받게 될 때에 회개했습니다(37-38절). 회개한 자들은 말씀 받고, 세례 받고, 성령 받았습니다. 믿음은 말씀을 들음에서 납니다. 이같이 순수한 말씀이 전달되는 교회는 참된 교회요 건강한 교회입니다. 그러므로 질적으로,

양적으로 부흥케 됩니다. 예루살렘 교회 지도자들이 한동안 "하나님의 말씀을 제쳐놓고" 구제와 공궤에 빠짐으로 말씀이 약화된 적이 있었습니다(행 6:2). 그때에 교회가 서로 원망하고 분쟁하게 되었습니다. 이를 깨달은 사도들이 즉시 잘못을 고치고 "말씀 전하는 것을 전무"하게 될 때에 교회는 다시 새로워졌습니다(행 6:4). 곧 "하나님의 말씀이 점점 왕성하여 예루살렘에 있는 제자의 수가 더 심히 많아지고 허다한 제사장의 무리도 이 도에 복종하게 되었습니다(행 6:7).

(2) 주의 말씀을 수용했습니다.

아무리 좋은 말씀이 선포되고 전달된다고 할지라도 받는 사람들이 거절하면 말씀의 역사가 일어날 수 없습니다. 예루살렘 교회 성도들은 순수하게 말씀을 받아들였기 때문에 그 말씀에 순종하여 세례를 받았고 그 결과 성령을 선물로 받게 되었습니다(38절). 처음 받은 성령체험은 중생 체험입니다. 이는 예수 그리스도와 함께 십자가에 못박히고, 함께 죽고, 함께 장사지낸 바 되었다가, 함께 다시 살아나는 영적 체험입니다(롬 6:4-11). 곧 성령세례입니다. 이 성령세례는 말씀과 같이 갑니다. 말씀 없이는 세례는 불가합니다. 두 번째 성령체험은 성령의 충만과 성령의 은사주심입니다. 옛 사람이 새 사람이 되게 하고 무능한 사람이 유능한 사람으로 바뀌게 됩니다. 새로운 변화가 발생합니다. 곧 그리스도 예수 안에 있는 자들은 옛 것은 지나가고 새 것이 되는 것입니다(고후 5:17). 진정한 교인이 되는 것입니다. 바로 진실한 예수님의 제자가 되는 것입니다. 좋은 교회는 예수님의 제자의 수가 계속 증가하게 됩니다.

2. 기도의 역사가 있었습니다.

(1) 성도들이 기도에 열심했습니다.

예루살렘 교회가 시작되는 첫날에 120여 명의 성도들이 "마음을 같이 하여 전혀 기도에 힘썼습니다"(행 1:14). 그 후 열흘 동안 열심히 "다같이 한곳에 모여" 열심히 기도할 때에 오순절 성령강림의 역사가 일어났습니다(행 2:1-3). 이같이 "기도하기를 전혀 힘쓰는" 일을 계속했습니다(42절). 성장하는 교회는 기도하는 교회임을 밝혀 주고 있습니다. 이후에도 헤롯의 핍박 때문에 베드로 사도가 감옥에 갇히게 되고 사형을 기다리는 밤에 예루살렘 교회 성도들은 다같이 한 곳에 모여 철야기도를 했습니다.

바로 합심한 중보기도였습니다. 즉시 응답받았습니다. 한 천사가 베드로 사도를 출옥케 하였습니다. 그가 기도하고 있는 성도들에게 왔을 때 그들이 반신반의할 정도로 신속한 기적적 역사가 일어났던 것입니다(행 12:1-12).

(2) 사도들도 기도에 열심했습니다.

사도행전 3:1에 보면 "제구시 기도시간에 베드로와 요한이 성전에" 기도하러 올라가다가 나면서 앉은뱅이 된 자를 치유하는 기적을 일으켰습니다. 기도시간을 정해 놓고 기도에 열심하는 교회 지도자들이 있는 교회는 계속적으로 부흥케 됩니다. 성도들과 목회자들이 함께 기도에 힘쓸 때 "기사와 표적이 많이 나타났습니다"(43절). 이는 사람의 능력으로 못하는 것을 성령 하나님께서 기적으로 치유하시고, 기적으로 귀신을 추방하시고, 기적으로 믿게 하시는 일이 일어났음을 가리키는 것입니다. 기적이 없는 교회는 힘이 없습니다.

기적은 기도의 열매입니다. 말씀대로 믿고 말씀대로 살고 말씀대로 기도하면 우리 자신의 체력이나 지력이나 정신력이나 재력으로도 못하는 것을 하게 하심을 믿으시기 바랍니다. 이 같은 믿음의 기도가 진행될 때에 교회는 계속 부흥케 됩니다.

3. 사랑의 역사가 있었습니다.

(1) 모든 물건을 서로 통용했습니다.

십자가의 사랑을 체험한 예루살렘 교회 성도들은 믿는 사람끼리 서로 물건을 통용했습니다. 신앙공동체는 사랑공동체인 것입니다. 교회 안의 가난한 자들을 살피는 마음은 교회 부흥의 밑거름이 됩니다. 말씀 받고 기도하는 분은 사랑을 실천케 됩니다. 사랑은 말씀과 기도의 열매입니다.

베드로 사도는 "은과 금은 내게 없거니와 내게 있는 것으로 네게 주노니 곧 나사렛 예수 그리스도의 이름으로 걸으라"(행 3:6)고 하며 앉은뱅이를 잡아 일으켰습니다. 우리도 줄 것이 없을 때는 말이라도 한마디 따뜻하게 해 주는 사람이 되어야 합니다. 그래야 교회의 본질인 사랑이 나타날 것입니다. 우리가 김치라도 한 그릇 나눌 때에 십자가의 사랑은 우리에게서 식어지지 않을 것입니다. 그래야 교회가 계속 부흥할 것입니다. 우리가 사랑에 인색할 때에 어찌 교회가 성장할 수 있겠습니까?

(2) 각 사람의 필요를 채워주었습니다.

성도들은 자기의 재산과 소유로 구제했습니다(45절). 심지어 바나바 집사는 밭을 팔아 헌금했습니다(행 4:37). 주려고 애쓰는 성도들과 교역자들의 모습입니다. 바울 사도께서는 "주 예수의 친히 말씀하신 바 주는 것이 받는 것보다 복이 있다"(행 20:35하)고 하심을 기억하라고 교훈했습니다. 예루살렘 교회와 같은 사랑의 분배는 교회의 본질입니다. 사랑이 있는 곳에 감동이 있고 전도가 있습니다. 내게 있는 것이 무엇입니까? 사랑의 밑천으로 사용하여 교회성장과 부흥에 기여해야 합니다. 이것이 말씀 받고 기도하는 성도들의 삶이 되어야 합니다. 예루살렘 교회가 말씀과 기도와 사랑의 역사로 진행할 때에 계속(행 1:15; 2:41, 47; 6:7; 9:31; 16:4-5) 성장하고 부흥케 되었습니다. 올해에 우리 교회가 이와 같이 되도록 협력하시는 성도들이 되시길 주님의 이름으로 축원합니다. †

27
기도의 축복

본문: 누가복음 3:21~22

　기도할 때에 어떤 역사들이 일어납니까? 복음서에는 예수님의 기도와 그에 따르는 역사들을 보여 주고 있습니다. 오늘의 말씀은 예수님의 공생애 초기에 세례를 받으시고 기도하실 때에 일어나는 일들을 보게 합니다.

1. 기도하실 때에 하늘이 열렸습니다(22절상).

　(1) 새 시대가 시작되었습니다.

　예수님의 공적 사역이 시작된 것은 새로운 메시야 시대가 시작된 것을 의미합니다. 오늘의 본문 말씀에 "기도하실 때에 하늘이 열리며 성령이 형체로 비둘기같이 그의 위에 강림"하였다고 했습니다. 이는 창세기 1:2에 "땅이 혼돈하고 공허하며 흑암이 깊음 위에 있고 하나님의 신은 수면에 운행하시니라"고 처음 창조 직전의 우주를 묘사하고 있습니다. 특히 여기에 "하나님의 신은 수면에 운행"했다고 했습니다. 이는 예수님께서 요단강에서 세례를 받으실 때에 비둘기가 그 위에 강림하시는 모습과 일치하고 있습니다. 곧 하늘이 열리는 사건입니다. 새로운 시대가 진입하고 있음을 보여 주는 계시입니다. 혼돈의 세계가 질서의 세계로, 혹

암의 세계가 빛의 세계로 진입되었듯이 율법 아래 정죄되었던 시대가 메시야의 복음 아래 구원받는 시대로 진입되고 있습니다.

비둘기가 수면 위에 나르는 것은 첫 창조뿐만 아니라 구속의 새 시대를 보여 줍니다. 이 같은 사건은 창세기 6장 이후에 나타난 노아의 홍수 사건에서도 보게 됩니다. 홍수가 끝날 즈음에 노아가 비둘기를 방주 밖으로 날려보냈습니다. 그 비둘기가 수면 위를 날다가 감람나무 잎새를 물고 방주로 돌아왔을 때 노아와 그 식구들이 홍수시대가 끝나고 새로운 시대가 왔음을 알게 되어 방주 밖으로 나왔습니다. 하늘에는 무지개가 떴습니다. 여호와께서 다시는 물로 세상을 심판하시지 않으실 것을 언약하시고 무지개를 그 증표로 삼게 했습니다. 이때에도 물 위를 날으던 비둘기는 물심판은 지나가고 무지개가 뜨는 은혜의 새 시대가 옴을 보여 주었습니다. 이와 같이 예수님께서 기도하실 때에 새로운 메시야의 시대가 도래한 것입니다. 우리가 기도할 때에 우리 개인적인 은혜의 시대를 맞게 됩니다. 새로운 역사가 열립니다. 새로운 삶이 열립니다.

(2) 새 축복이 시작되었습니다.

메시야의 초기 사역은 신유와 축사와 하나님의 말씀을 선포하는 것이었습니다. 소경이 눈을 뜨고 앉은뱅이가 걸으며 문둥이가 깨끗함을 받았습니다. 귀신들린 자가 온전해졌습니다. 강퍅한 자들이 회개하고 복음을 믿었습니다. 새로운 시대는 새로운 메시야의 축복을 가져왔습니다. 우리도 기도할 때는 새로운 축복의 경험을 갖게 됩니다. 하나님의 말씀에는 "그런즉 누구든지 그리스도 안에 있으면 새로운 피조물이라 이전 것은 지나갔으니 보라 새 것이 되었도다"(고후 5:17)라고 했습니다. 이는 우리가 예수님을 구원주로 믿게 될 때에 우리의 삶이 본질적으로 새로워짐을 밝히는 말씀입니다. 중생의 역사가 일어날 때에 새 것 곧 새 창조를 말미암은 새 사람이 되는 것입니다. 역시 우리에게 주어지는 축복입니다. 기도의 결과요 기도의 열매요 기도의 축복입니다. 마치 야곱이 벧엘에서 기도할 때에 하늘 문이 열리고 사닥다리가 그 머리맡에 내리우고 천사들이 오르락내리락 하면서 하나님의 축복의 선언이 주어짐과 같습니다(창 28:12 이하). 야곱의 시대는 가고 이스라엘의 새 시대가 옴을 보게 합니다. 축복의 새 시대가 옴을 알게 합니다. 기도로써 이 같은 새 축복을 경험해야 합니다.

2. 기도하실 때에 성령이 강림하였습니다(22절 중).

(1) 예수님을 메시야로 기름 부었습니다.

성령이 예수님의 머리 위에 강림하신 것은 그의 메시야 사역의 시작을 알림과 동시에 메시야로 인준되는 메시야 대관식이었습니다. 고대 이스라엘 사회에서는 왕, 제사장 그리고 선지자들이 공인을 받을 때 소뿔에 올리브 기름을 담아 그의 머리 위에 부었습니다. 일종의 인준 의식이었습니다. 이같이 예수님께서는 성령으로 기름부음을 받았습니다. 하나님의 사역을 감당하려면 누구든지 성령의 능력으로 해야 합니다. 성령의 기름부음을 받고 성령의 은사주심을 통과해야 합니다. 그러므로 교회의 일꾼들은 기도함으로써 이 같은 영적 체험들을 해야 합니다. 기도하지 않는 사람은 성령체험을 할 수 없습니다. 예수님께서도 기도하심으로 능력받아 구속의 사역을 감당하셨습니다. 기도하면 능력이 따라옴을 믿으시기 바랍니다.

(2) 예수님은 메시야로 능력받았습니다.

예수님은 우리와 성정이 똑같은 사람임과 동시에 하나님의 아들로서 신적 능력을 소유하신 분입니다. 그러나 공생애 초기에 기도하심으로 메시야의 사역을 감당할 수 있는 능력을 받으신 것입니다. 예수님께서는 그의 사역을 기도로써 계속하셨습니다. 그는 새벽에 한적한 곳에서 습관을 좇아 기도하셨고 감람산에서 흔히 철야기도 하셨습니다. 공생애를 마감하는 겟세마네 동산의 기도는 땀이 피같이 되는 고난을 겪었습니다. 그는 십자가상에서 마지막 운명의 순간에도 "아버지여 내 영혼을 부탁하나이다"라고 기도하셨습니다. 오래 전에 이사야 선지자는 "내가 붙드는 나의 종 내 마음에 기뻐하는 나의 택한 사람을 보라 나의 신을 그에게 주었노라"(사 42:1)고 메시야의 성령 받음을 예언하였습니다. 이 예언이 예수님에게 이루어진 것입니다. 오순절 성령강림 사건도 120여 명의 성도들이 "마음을 같이 하여", "전혀 기도에 힘쓸 때에" 일어났습니다(행 1:14). 기도는 불처럼, 바람처럼 임하는 성령체험의 축복으로 이어집니다.

3. 기도하실 때에 하늘로서 소리가 임했습니다(22절 하).

(1) 사랑하는 아들이심을 확증했습니다.

이사야의 예언처럼 예수님은 "이방인의 빛"(사 42:6)이 되신 것입니다. 그러므로 '너는 내 사랑하는 아들'이라는 아버지의 음성을 듣게 된 것입니다. 기도하심으로써 고난받는 아들, 십자가에서 죄를 대속하신 아들로서의 순종을 다하셨습니다. 고난받는 메시야로 어려울 때마다 하늘의 음성을 허락하셨습니다. 변화산에서도 "구름 속에서 소리가 나서 가로되 이는 나의 아들 곧 택함을 받은 자니 너희는 저의 말을 들으라"(눅 9:35)고 하셨습니다.

(2) 고난받는 아들임을 확증하셨습니다.

인자가 고난을 받고 죽으심으로 그의 메시야 사역이 성취되는 것입니다. 그러므로 사랑의 음성으로 그의 아들에게 고난의 십자가를 끝까지

지게 하신 성부 하나님께서는 "내 기뻐하는 아들"임을 공개하신 것입니다. 이것도 기도의 축복입니다. 기도로써 새 시대를 여시고, 성령의 능력을 체험하시고 아버지 하나님의 사랑을 체험하셔서 이 세상을 이기시길 주님의 이름으로 축원합니다. †

28
주의 장막

본문: 시편 84:1~2

어떤 사람이 참으로 복받은 사람, 어떤 사람이 참으로 행복한 사람입니까? 돌아갈 곳이 있는 사람은 행복한 사람입니다. 한파와 고물가도 못 말리는 "식지 않는 구정망향"이라는 신문기사를 보면서 신앙의 고향을 생각해 보았습니다. 참으로 우리가 돌아가고픈 곳이 어디입니까? 오늘의 말씀은 "주의 장막"이라고 했습니다.

현대교회의 비극은 돌아갈 교회가 없는 성도들을 배출하고, 모교회가 없는 손님교인들로 가득하고, 교회에 대한 애정이 없는 이동식 떠돌이파 신자들로 부흥하고 있다는 사실입니다. 맹목적 대교회주의, 현대사회의 다변성, 그리고 교회와 목회자의 사랑 상실증으로 이런 현실을 초래하고 있다고 생각해 봅니다.

이제 우리는 참으로 복받은 사람, 행복한 사람이 되어야 합니다. 오늘 본문 시편 84편은 새삼 우리에게 돌아갈 신앙의 고향을 일깨워 주고 있습니다. 이 시는 고라 자손의 시로서 망향객이 예루살렘 성전에 올라올 때에 기쁜 노래 곡조인 "깃딧"에 맞추어 부른 순례자의 노래입니다. 그들은 "주의 장막이 어찌 그리 사랑스러운지요"라고 노래했습니다. 왜 이 같은 망향의 노래를 불렀을까요?

1. 주의 장막을 사모했습니다.

(1) 주의 장막이란 무엇을 가리킵니까?

족장시대에는 "하나님의 전"(창 28:22)으로 불리웠습니다. 하나님의 특별한 임재와 섭리가 계신 곳이었기 때문입니다. 모세시대(출애굽시대)는 "성막", "증거의 장막"(출 26:1), "성소"(출 25:8)라고 불리웠습니다. 보다 가시적인 하나님의 임재의 처소였습니다. 사사시대 400여 년 동안에는 "여호와의 전"(삼상 1:9)으로 실로에 있었습니다. 신앙의 암흑기에도 하나님께서 그 백성들 가운데 계셨습니다. 왕정시대에는 "성전"(대상 29:3)으로, 문예체로서 "주의 장막", "주의 궁정", "여호와의 전"(삼상 1:9)으로 실로에 있었습니다. 신약시대에는 "교회"(마 16:18)로 계승되었습니다.

교회는 이 시대의 주의 장막입니다. 교회에는 하나님의 특별 임재와 특별 섭리, 비상 섭리가 역사하는 곳입니다. 그러므로 이 세상에서 어렵고 힘들 때에 올라와서 힘을 얻고 문제를 해결받게 됩니다. 신앙의 자리이고 삶의 자리입니다.

(2) 주의 장막은 어떤 곳입니까?

우리의 보금자리입니다(3절). 하나님과의 영적 교제가 이루어지는 곳입니다. 영생의 보금자리입니다(10절). 이 땅에 임한 하나님 나라의 지점입니다. 축복의 보금자리입니다(11절). 이곳으로부터 여호와께서 복을 명하셨습니다.

주의 장막에 거할 때에, 교회를 중심한 생활을 할 때에 "해"의 축복, "방패"의 축복, "은혜"와 "영화"의 축복이 있습니다(시 128:5; 시 27:4-5). 그러므로 진실한 성도들은 교회 중심의 신앙생활을 합니다. 교회를 늘 사모합니다.

2. 주의 은혜를 사모했습니다.

(1) 하나님께 예배 올리는 처소입니다(4절).

하나님께서 특별히 임재해 계시는 곳(출 25:8; 시 11:4)이요, 하나님의 전능의 보좌가 있는 곳(계 4:8-9)이요, 은혜의 보좌가 있는 곳(히 4:16)입니다. 하나님의 말씀이 있는 곳입니다(딤전 3:15). 증거궤, 즉 오늘의 강단에서 말씀의 선포, 교훈, 증거가 있습니다. 그러므로 주의 장막에서 신령한 은혜와 육신의 축복을 받습니다. 세상을 이길 힘을 공급받습니다. 그러므로 하나님의 섭리와 사랑을 의심하던 이사야는 성전에서 하나님을 뵙고 위대한 하나님의 사람이 되었습니다. 고난을 이기는 선지자가 되었습니다. 하루에 세 번 예루살렘 성전을 향하여 기도하던 다니엘은 역사에 기적을 낳은 정치가가 되었습니다. 영원한 하나님의 나라를 내다보며 이 세상 종말을 예언한 현실을 이기는 선지자가 되었습니다.

(2) 우리가 은혜받는 처소입니다(5-7절).

새 힘을 공급받는 곳(5절)이요, 심령의 위로와 평안을 얻는 곳(6절 상)이요, 은택 즉 천래의 은사를 받는 곳(6절 하)입니다. 은혜를 받는 내 자리를 지키는 "내 자리 교인"이 됩시다. 다윗 왕은 성전 지을 준비를 하면서 주의 은혜를 사모하며 "주께서 택하시고 가까이 오게 하사 주의 뜰에 거하게 하신 사람은 복이 있나이다 우리가 주의 집 곧 주의 성전의 아름다움으로 만족하리이다"(시 65:4)라고 고백했습니다.

(3) 우리의 기도가 응답받는 처소입니다(8절).

성전은 만민이 기도하는 곳(막 11:17)이요, 하나님의 이름, 눈, 귀,

마음이 있는 곳(대하 6:18-21; 7:11-16)이요, "야곱의 하나님"이 응답하시는 곳입니다. 야곱이 기도 응답받은 벧엘은 "하나님의 집"이란 말이며 최초의 성전터입니다. 나의 벧엘은 우리 교회요 나의 기도가 응답되는 곳도 이 성전입니다. 가장 힘들고 어려울 때는 교회로 올라오십시오. 살아 계신 여호와께서 우리가 부족하고 허물과 범죄가 있다 하더라도 우리의 기도를 들으시고 응답해 주실 것입니다.

3. 이러한 주의 장막을 어떻게 만들어야겠습니까?

(1) 사랑스럽게 만들어야겠습니다(1절).

여기에 "사랑스럽다"는 말씀은 사랑함으로써 사랑의 대상으로 만든다는 뜻입니다. 사랑할 가치가 없어도 사랑하는 것이 참 사랑의 속성입니다. 어머니가 장애를 지닌 자식도 그토록 사랑함과 같습니다. 이 교회에서 사랑하심으로써 사랑의 가치를 심으시기 바랍니다.

(2) 세상의 천 일보다 성전의 하루를 더 귀하게 만들어야겠습니다(10절).

최초의 성전터를 잡은 야곱같이 해야겠습니다. 그는 생명의 전 노자를 감사의 제물로 올렸고, 서원하여 성전 건축의 기틀을 마련하였고, 십일조하여 성전 유지의 원리를 세웠습니다(창 28:10-22). 예루살렘 성전을 준비한 다윗같이 해야겠습니다(왕상 7:51). 예루살렘 성전을 세운 솔로몬같이 해야겠습니다(왕상 5:3-6).
이 성전을 위하여 노력, 수고, 땀, 눈물 그리고 할 수 있다면 피를 바쳐야 이 성전을 떠날 수 없는 주인이요, 등을 보일 수 없는 고향이요 모교회가 될 수 있습니다. 나는 이 교회를 떠날 수 있는 사람입니까? 도무지 떠날 수 없는 사람입니까? 한 번 생각해 보시기 바랍니다. 이 장막을 중심하여 남은 생을 보내시려는 성도들에게 이 교회를 그의 아들의 피로 값주고 사신 하나님께서 함께 하시기를 그리스도의 이름으로 축원합니다. †

29
누구의 죄인가?

본문: 요한복음 9:1~7

인간들에게 없을 수 없는 불행의 원인을 어떻게 사색해야 합니까? 특히 인간에게 가장 심각한 고민과 고통을 주는 불행 중의 하나는 난치 및 불치의 질병입니다. 우리는 흔히 이 질병의 원인을 죄로 간주합니다. 그러나 성경은 반드시 그렇게 간주하지 않습니다. 본문에서 예수님의 제자들이 나면서부터 소경된 거지를 가리키면서 "이 사람이 소경으로 난 것이 뉘 죄로 인함이오니까 자기오니까 그 부모오니까"라고 물었을 때, 예수님께서는 "이 사람이나 그 부모가 죄를 범한 것이 아니라 그에게서 하나님의 하시는 일을 나타내고자 하심이니라"고 하셨습니다. 모든 사람에게는 부모의 죄도 있고 자기의 죄도 있습니다. 하나님의 말씀은 "의인은 없나니 하나도 없으며…"(롬 3:10)라고 했습니다. 여기서 질병의 원인, 즉 한 소경의 불행에 대한 두 가지 태도를 보게 됩니다. 이 나면서부터 소경된 사람에 대하여 제자들의 접근 방식과 예수님의 접근 방식은 전혀 다릅니다. 두 세계가 어떻게 나타납니까?

1. 제자들의 태도는 어떠합니까?

(1) 불행을 이론적으로 따지는 입장입니다.

2절에서 제자들은 본인의 죄냐, 그 부모의 죄냐 하고 불행의 원인을 죄로 간주하고 따지고 있습니다. 실로 질병의 원인이 자기의 죄 때문일 수 있습니다. 예레미야 31:29-30에서 "아비가 신 포도를 먹었으므로 아들들의 이가 시다 하지 아니하겠고 신 포도를 먹는 자마다 그 이가 심같이 각기 자기 죄악으로만 죽으리라"고 밝혔습니다. 그러나 예외도 있습니다. 본문의 소경은 선천적 장애인으로서 자기의 죄 때문이 아니라고 하셨습니다. 그러면 그 부모의 죄 때문입니까? 실로 그 부모의 죄 때문에 질병과 같은 불행에 처할 수 있습니다.

출애굽기 20:5에 "나를 미워하는 자의 죄를 갚되 아비로부터 아들에게로 삼사 대까지 이르게 하거니와"라고 하셨고, 민수기 14:18에도 "형벌받을 자는 결단코 사하지 아니하고 아비의 죄악을 자식에게 갚아 삼사 대까지 이르게 하리라"고 하셨습니다. 그러나 본문의 소경은 그 부모의 죄값으로 말미암은 것이 아니라고 밝혔습니다. 그러면 누구의 죄입니까? 자기의 죄도 부모의 죄도 아니면 누구의 죄란 말입니까? 우리는 여기서 모든 불행을 이론적으로 따질 수 없음을 알게 됩니다. 예수님께서 말씀하신 것같이 "그에게서 하나님의 하시는 일을 나타내고자 하심"임을 알아야 합니다.

(2) 불행을 외면적으로 따지는 입장입니다.

제자들은 눈에 보이는 질병, 눈에 띄는 불행을 전체인 양 중요하게 고려하였습니다. 그러나 모든 인간이 아담 안에서 이미 죽을 수밖에 없는 중병을 앓고 있다는 사실을 몰랐습니다(롬 5:12). 인간의 육체뿐만 아니라 영혼이 죽음에 이르는 질병인 죄악에 감염되어 영적 난치 내지 불치의 병으로 이미 영적 장애자요 기형아가 되어 있기 때문입니다. 그러므로 제자들의 견해는 법적으로 옳은 것 같으나 실상은 잘못된 것임에 틀림이 없습니다. 타인의 불행에 대한 이론적, 외면적 태도의 판단은 불행을 가중시킬 뿐입니다. 문제를 해결하기보다는 가중시킬 뿐입니다. 모든 사람이 죄를 범하였기 때문에 하나님의 영광에 이르지 못하는 것입니다. 그러므로 외적인 불행만이 불행이 아니라 내적인 불행도 큰 불행임을 알아야 합니다. 육신의 눈으로 보지 못하나 영적인 눈으로 진리를 보고 예수 그리스도를 보는 사람은 행복합니다. 그러나 육신의 눈은 떴지만 진리와 예수 그리스도를 보지 못하는 사람은 더 불행한 사람임에 틀림이 없습니다. 불행을 외면적으로만 따지면 연민의 정은 사라지고 가슴은 식어집니다.

(3) 따라서 정죄하는 입장이었습니다.

제자들의 사색의 귀결은 결국 아비의 죄가 아니면 자기의 죄로 귀착될 것입니다. 제자들의 사색에는 하나님께서 이루시고자 하시는 뜻을 찾는 시각이 없었습니다. 예수님께서 늘 책망하신 바리새인들은 모든 죄의 뿌리를 자기보다는 남에게서 찾아냈던 사람들이었습니다. 남을 비난하고 정죄하기에 빠른 사람들이었습니다. 남의 눈에 있는 티끌은 찾아도 자기 눈의 들보는 숨겼습니다. 오히려 예수님께서 자기를 먼저 비판하고 자기를 먼저 멸시하고 자기를 먼저 정죄하기를 교훈했습니다. 불행을 당한 사람의 가슴을 다시 치는 일을 제자들은 저지르고 있습니다. 우리는 세리와 같이 먼저 자기 가슴을 치는 사람이 되어야 합니다. 자신의 눈에 든 들보를 뽑아 낸 피의 흔적을 가져야 합니다. 모든 문제에 자신의 책임을 통감해야 합니다. 항상 내 기도가 부족해서 이 같은 결과가 생겼다고 사색해야 합니다.

2. 이 불행에 대한 예수님의 태도는 어떠합니까?

(1) 불행을 사랑으로 덮어 주는 태도입니다.

제자들은 가엾은 거지 소경에 대한 연민의 정과 사랑의 손길보다는 불행의 원인을 캐는 입장이었습니다마는 주님은 사랑으로 그 소경을 감싸주었습니다. 제자들은 "누구의 죄인가?"라고 냉혹한 법리를 추구하며 죽은 이치를 캐지만 주님은 이 사람을 통하여 "어떻게 하나님의 영광을 드러낼 수 있겠는가"를 생각하셨습니다. 율법주의와 바리새적 인격은 사랑보다 정죄에 빠릅니다. 우리는 심판보다 구원을 보여 주시는 주님을 배웁시다! 죄와 허물을 캐는 제자들이 아니라 이를 덮는 주님의 관용을 배웁시다! 베드로전서 4:8에 "사랑은 허다한 죄를 덮느니라"고 하셨습니다. 죄를 덮는 곳에는 은혜, 사랑, 이해, 연민의 정, 용서, 그리고 눈물의 만남이 있기 마련입니다. 이 나면서 소경된 거지에게 아니 이 사람과 다를 바 없는 우리들에게 진정 필요한 것은 어느 것이겠습니까? 나면서 소경된 사람에게는 정죄의 음성이 아니라 사랑의 음성이 필요합니다. 죽이는 소리보다 살리는 소리가 필요합니다.

(2) 불행을 내면적으로 따지는 입장입니다.

질병은 육신의 것과 영혼의 것이 있습니다. 제자들은 육신의 보이는 질병만을 불행으로 여겼지만 주님은 영혼의 보이지 않는 질병을 더 가슴 아프게 보고 계십니다(요 9:41). 요한계시록 3:17-18에서도 "…네 눈먼 것을…알지 못하도다…안약을 사서 눈에 발라 보게 하라"고 하십니다. 보이지 않는 장애자가 오히려 더 두렵고 더 불행한 인생입니다. 그는 자신을 고칠 생각도 못하고 죄악 중에서 죽어가고 있습니다. 심신장애자가 있는 가정이 불행이 아니라 불신자가 있는 가정이 더 불행합니다. 우리는 "이 소경의 불행이 누구의 죄인가?"라고 묻지 맙시다. 내 영혼의 질병과 불행으로 고민하며 주님께 나갑시다. 하나님께서 이루시고자 하시는 뜻을 찾읍시다. 하나님의 영광에 이르도록 정죄보다 격려하는 사람이 되십시다. 남의 죄와 허물을 사랑으로 덮는 고결한 신앙 인격자들이 되시길 그리스도의 이름으로 축원합니다. †

30

성령의 은사

본문: 고린도전서 12:12, 26~27

진정한 교회는 "그리스도의 몸"(엡 1:23; 4:12; 골 1:18)입니다. 이 몸의 "머리"(골 1:18)는 그리스도이시며, 우리는 그 "지체"(고전 12:12)입니다. 그러므로 공동운명체라는 지체의식이 없이는 "그리스도의 몸"인 진정한 교회를 세울 수 없습니다. 고린도 교회는 바울파, 아볼로파, 게바파 그리고 그리스도파 등 사분오열된 교회였습니다. 바울 사도가 이 교회를 개척할 때의 신학과 신앙과 생활이 오래가지 못하고 교회의 성장과 질서가 무너지고 말았습니다. 이는 은사에 대한 바른 개념이 부족했기 때문입니다. 성령의 은사를 이해하려면 교회의 양면성 곧 그 통일성과 다양성을 이해해야 합니다.

1. 교회의 통일성이란 무엇입니까?

바울 사도는 고린도 교회에 교훈하기를 "몸은 하나인데 많은 지체가 있고"(고전 12:12)라고 말함으로써 교회의 통일성(단일성)과 다양성(복합성)이 있음을 보여 줍니다. 그 통일성이란 그리스도께서 "머리"(골 1:18)로서 교회의 진정한 통치자이심을 뜻합니다. 그의 말씀인 성경은 교회의 최고의 규범이요, 최종의 질서요, 유일한 표준입니다.

2. 교회의 다양성이란 무엇입니까?

한 몸에 많은 지체가 있듯이 교회는 유기체적인 성격을 지니고 있습니다. 한 지체가 고통을 받으면 모든 지체가 함께 고통을 받게 됩니다(고전 12:26). 뿐만 아니라 한 지체가 영광을 받으면 모든 지체가 함께 영광을 받게 됩니다(고전 12:26). 각 지체의 기능이 각기 다르듯이 교회의 각 유기체인 성도들도 각기 다릅니다. 그러므로 다른 지체의 존재나 그 기능을 부정하거나 무시할 수가 없습니다. 마치 눈이 귀의 존재를 부정할 수 없고, 귀가 입의 기능을 무시할 수가 없는 것과도 같습니다(고전 12:16, 21). 이것이 바로 유기체의 지체의식이라고 할 수 있습니다. 그러면 교회에서 지체의식을 파괴하는 것이 무엇입니까? 성령의 은사에 대한 바른 개념의 정립입니다.

(1) 자신의 은사를 식별해야 합니다.

바울 사도도 "우리 각 사람에게 그리스도의 선물의 분량대로 은혜를 주셨다"고 교훈합니다(엡 4:7). 그리고 이는 "각각 하나님께 받은 자기의 은사가 있다"고 했습니다(고전 7:7). 베드로 사도는 "각각 은사를 받은 대로 하나님의 각양 은혜를 맡은 선한 청지기같이 서로 봉사하라"고 교훈함으로써 각 사람에게 영적 은사가 적어도 한 가지 이상 있음을 교훈합니다(벧전 4:10). 그러면 어떤 은사들이 있습니까? 자신의 은사를 식별해 봅시다.

은사의 종류는 성경에 25가지 정도 언급되고 있습니다. 고린도전서 12:4-12에 나타난 은사들로서 지혜의 말씀, 지식의 말씀, 믿음, 병 고치는 은사, 능력 행함, 예언, 영 분별, 방언, 방언 통역(9가지 은사들) 등이 있습니다. 에베소서 4:11-12에 나타난 은사들로서 사도, 선지자, 복음 전하는 자, 목사, 교사(5가지 은사들) 등이 있습니다. 로마서 12:4에 나타난 은사들로서 섬기는 일, 가르치는 일, 권위하는 일, 구제, 다스리는 일, 긍휼 베푸는 일(6가지 은사들) 등이 있습니다. 고린도전서 7:7에 나타난 은사들로서 독신, 순교, 청빈 등 학자에 따라서 해석상 3가지 은사들을 보탭니다. 또한 베드로전서 4:9,10에 나타난 은사로서 대접하는 일도 은사입니다. 끝으로 마가복음 16:17-18에 나타난 은사들로서 축사(귀신추방) 등이 있습니다.

이상으로 우리는 은사의 다양성을 보게 됩니다. 어떤 청지기는 단순한 한두 가지의 은사를 받은 자도 있을 것이며, 다른 청지기는 복합적인 은사를 받은 자도 있을 것입니다. 나는 어떤 은사를 받았는지 따져보고 식별해 보십시다.

(2) 주어진 은사를 개발해야 합니다.

달란트 비유에서 한 달란트 받은 자는 그것을 땅에 묻었습니다. 그러나 두 달란트나 다섯 달란트 받은 자는 가서 그것만큼 남겼다고 했습니다(마 25:14-30).

(3) 은사는 우열이 아니라 적합성으로 우선됩니다.

교회의 사역에서 분쟁이 생기는 것은 은사를 부정하거나 무시하기 때문입니다. 어떤 지체도 다 필요합니다(고전 12:19-26). 오히려 보기에 천하게 보이는 지체가 더욱 아름답고 더욱 존귀하게 된다고 말씀하셨습니다(고전 12:23-24). 그 장소와 그 시간에 어떤 은사를 받은 자가 적합한가를 분별합시다. 다 입이 될 수 있겠습니까?

(4) 은사를 남용하거나 오용해서는 안 됩니다.

"다 사도겠느냐 다 선지자겠느냐 다 교사겠느냐 다 능력을 행하는 자겠느냐 다 병 고치는 은사를 가진 자겠느냐 다 방언을 말하는 자겠느냐

다 통역하는 자겠느냐"(고전 12:29-30)라고 은사의 올바른 사용을 교훈합니다. 남의 은사에 손상을 주어서도 안 되지만, 자신의 은사를 잘못되게 사용하거나 효과 없이 사용해서도 안 됩니다.

(5) 은사는 영적질서에 순응해야 합니다.

바울은 고린도 교회에서 은사가 혼선을 일으킴으로 "덕을 세우라"(고전 14:3-5, 12, 17, 26)고 권면했습니다. "모든 것을 적당하게 하고 질서대로 하라"(고전 14:40)고 교훈합니다. 자신의 은사만 강조하면 교회는 혼돈과 분쟁에 빠지게 됩니다. 서로의 은사를 존중하고 그 시행에 협조해야 온전한 교회, 은혜로운 교회가 될 수 있습니다.

(6) 은사의 목적은 사랑입니다.

고린도전서 13:1은 12장 끝절(31절)과 맥락을 같이 하고 있습니다. 그러므로 사랑은 "더욱 큰 은사"가 아니라 모든 은사가 사랑으로 활용되어야 할 것을 교훈합니다. 사랑 없이 나타난 은사는 자기 몸을 불사르게 내어줄지라도 가치가 없고, 사랑 없이 행하는 그 자체가 죄입니다. 우리는 공동감각을 가지고 공동운명체를 세워야 합니다. 고린도 교회와 같이 은사, 특히 방언 문제 등으로 교회를 무너지게 했던 과오를 경계합시다. 성령의 은사들을 교만이나 쾌락의 밑천으로 사용하지 맙시다. 성령의 은사를 받기도 하시고 회복하기도 하시어 주를 기쁘시게 하고 교회를 부흥케 하시는 성도들이 되시길 주님의 이름으로 축원합니다. ✝

31
교회적 중보기도

본문: 사도행전 12:1~12

    같은 장소에서 같은 마음으로 같은 제목의 중보기도에 임할 때 어떤 결과가 나타나겠습니까? 오늘의 본문 말씀은 예루살렘 교회가 베드로 사도의 투옥을 놓고 하나님께 간절히 교회적 중보기도에 힘쓰는 모습을 보여 줍니다. 그 결과 초자연적 현상으로 베드로 사도가 신속히 출옥하는 기도 응답의 축복을 보게 합니다. 교회의 근심 문제는 이 같은 중보기도로써 해결됩니다. 예루살렘 교회 성도들의 중보기도는 어떠합니까?

1. 중보기도로써 교회의 내적 시험을 물리쳤습니다.

    (1) 가룟 유다의 배신을 극복했습니다.

    예루살렘 교회는 기도의 전통이 있는 교회였습니다. 그 태동에도 120여 명의 성도들이 모여서 "마음을 같이하여 전혀 기도에 힘"쓰므로 교회의 창립을 보게 됩니다(행 1:12-15). 뿐만 아니라 계속하여 중보기도에 힘씁니다. 오순절 성령강림 때에 "다같이 한 곳에 모여" 기도하던 중에 성령충만을 받았습니다(행 2:1-4). 교회적 중보기도에 성도들이 협력하였습니다. 성도들이 계속적으로 "기도하기를 전혀 힘썼습니다"(행 2:

42). 이같이 기도하는 예루살렘 공동체에 큰 시험이 있었습니다. 가룟 유다의 배신이었습니다. 그러나 교역자가 돈을 챙기다가 자살하는 끔찍한 사건임에도 불구하고 성도들은 기도로써 이 어려운 시험을 극복할 수 있었습니다. 교회 중심에 있는 지도자의 타락은 교회의 큰 근심이 됩니다. 큰 시험입니다. 그러나 기도하는 교회는 극복할 수 있었던 것입니다. 오늘날에도 교회에는 믿었던 사역자들의 배신을 체험케 됩니다. 낙심이 됩니다. 그러나 중보기도는 이기게 합니다. 중보기도는 교회적 상처를 치유하는 은혜를 받게 하기 때문입니다.

(2) 아나니아와 삽비라 부부의 배도를 극복했습니다.

아무리 은혜로운 교회라도 사탄은 공격합니다. 오히려 영적으로 죽은 교회보다 부흥하는 교회는 사탄의 표적이 됩니다. 예루살렘 교회의 또 다른 내적 시험은 아나니아, 삽비라 부부가 위선에 가득 차서 자신의 이름, 자신의 얼굴을 교회에 나타내려고 거짓으로 연보한 일입니다. 바나바 집사 등 여러 성도들이 사랑의 공동체를 위하여 집과 밭을 팔아 사도들 앞에 봉헌하자 그들도 그렇게 하려고 했습니다. 그러나 사탄의 시험에 빠져 전 재산을 드린다고 봉헌고백을 하면서 사실은 절반을 감추고 교회를 상대로 거짓을 저질렀습니다. 하나님께서는 교회를 보존하시기 위하여 다른 죄는 천년을 하루같이 참으시지만 교회에 범하는 죄는 즉시 심판하십니다. 이들 부부가 죽음을 초래했습니다. 은혜로운 교회에 큰 시험이 되었습니다. 교회의 중심적 인물의 배도, 타락, 탈선은 교회에 깊은 상처를 주기 마련입니다. 그러나 온 성도들의 교회를 위한 중보기도는 교회를 건강하게 지켰습니다. 이 같은 와중에도 오히려 예루살렘 교회는 "마음을 같이하여…모이고…믿고 주께로 나오는 자가 더 많으니 남녀의 큰 무리더라"(행 5:12-14)고 했습니다. 중보기도가 있는 교회는 사탄의 시험과 공격이 있어도 계속 부흥합니다. 이는 중보기도의 위대한 능력입니다.

(3) 교회의 분쟁을 극복했습니다.

은혜로운 교회에도 내적 시험은 계속되었습니다. 헬라파 유대인들이 히브리파 사람들을 구제 문제로 원망했습니다. 교회가 서로 싸웠습니다. 구제가 귀한 일이지만 사탄은 바로 이 선한 일에도 침투하여 분쟁케 만들었습니다. 분쟁의 원인을 사도들이 분석했습니다. 그것은 "우리가 하나님의 말씀을 제쳐놓고 공궤를 일삼는 것"(행 6:2)이었다고 했습니다. 사도들은 즉시 "기도하는 것과 말씀 전하는 것을 전무"(행 6:4)했습니다. 사도들의 기도가 되살아났습니다(행 6:6). 마침내 "하나님의 말씀이 점점 왕성하여 예루살렘에 있는 제자의 수가 더 심히 많아"(행 6:7)졌습니다. 마음을 같이 하여 기도하는 교회는 음부의 세력, 사탄의 침노를 극복하게 되었습니다. 우리 교회가 금년부터 중보기도팀을 구성하여 매일, 매시간 계속 기도하려는 이유가 바로 여기에 있습니다. 주님의 교회를 사랑하고 아끼는 성도님들의 뜨거운 참여가 있기를 바랍니다.

2. 중보기도로써 교회의 외적 시험을 물리쳤습니다.

(1) 사도들의 투옥을 극복했습니다.

예루살렘 교회의 기둥 같은 지도자는 베드로와 요한 사도였습니다. 이들이 앞장서서 예수님의 십자가 대속적 죽음과 육체적 부활을 증거할 때에 유대교 지도자들은 사도들을 감옥에 가두었습니다. 이때에 온 성도들이 중보기도에 힘썼습니다. "일심으로 하나님께 소리높여…빌기를 다하매 모인 곳이 진동"(행 4:24-31)했습니다. 사도들은 하나님의 특별섭리로 "관원과 장로와 서기관들"의 의사와 상관없이 놓임을 받았습니다. 중보기도회가 더욱 뜨거워진 것입니다. 음부의 세력이 밀려와도 성도들의 합심한 중보기도는 그것을 격파할 수가 있었던 것입니다.

(2) 야고보 사도의 순교도 극복했습니다.

민중의 눈치만 보며 아부하던 저급한 정치인이었던 헤롯 왕이 교회의 지도자 몇을 살해했습니다. 야고보 사도를 칼로 죽였습니다(1-2절). 스데반 집사의 순교로 교회가 흔들리고 흩어지던 때였습니다(행 8:1-3). 중보기도가 없었던 교회였다면 무너졌을 것입니다. 계속되는 핍박 속에서도 신실한 성도들은 자리를 지키며 기도에 힘썼습니다. 교회의 고난에 동참하는 모습입니다. 곧 "그리스도의 남은 고난"(골 1:24)에 동참하는 자세입니다. 곧 "짐을 서로 지는"(갈 6:2) 봉사입니다. 교회를 참으로 아끼고 사랑하는 분들은 중보기도에 참여하셔야 되는 이유가 여기에 있습니다. 교회가 어려워하고 교역자가 힘들어 할 때 껌씹듯이 씹고 입방아나 찧고 돌아다니는 것은 바로 마귀의 모습입니다. 깨달을 수 있기를 바랍니다. 예루살렘 모교회의 성도들은 그렇게 살지 않았습니다.

(3) 베드로의 투옥도 해결했습니다.

위기에 처한 교회, 안팎으로 시험이 몰려오는 교회라도 성도들이 중보기도할 때에 문제는 해결되었습니다. "베드로는 옥에 갇혔고 교회는 그를 위하여 간절히 하나님께 빌더라"(5절)고 했습니다. "여러 사람이 모여 기도하더라"(12절)고 했습니다. 이 같은 중보기도는 기적적 역사를 일으켰습니다. "주의 사자"의 홀연한 출연으로 베드로 사도는 감옥에서 풀려났습니다. 늘 모여서 합심기도, 중보기도 하던 마가 요한의 다락방으로 갔습니다. 신속한 응답에 중보기도하던 성도들도 놀랐습니다.

우리 교회 성도들의 중보기도로 교회 안팎에 밀려오는 사탄의 침노를 극복하고 교회는 만세반석 위에 든든히 서기를 주님의 이름으로 축원합니다. ✝

32
너를 시험하사

본문: 신명기 8:11~20

하나님께서 왜 우리를 고통스럽게 시험하십니까? 성경에는 두 종류의 시험이 있음을 교훈합니다. 그 하나는 사탄의 시험입니다. 이는 사람들을 유혹, 미혹하여 망하게 하려는 것입니다. 달콤하게 접근합니다. 다른 하나는 바로 오늘의 본문 말씀에서 보듯이 하나님께서 우리들에게 하시는 시험입니다. 아주 고통스럽게 접근합니다. 이 같은 시험을 하시는 이유가 무엇입니까?

1. 여호와를 잊어버릴까 하여 시험합니다.

(1) 시험은 여호와의 말씀을 망각하지 않게 합니다.

하나님께서 이스라엘 백성이 가나안 입국 직전에 가나안에서의 생활 모범을 주셨습니다. 그것은 인간은 어려울 때보다 편하고 안일하게 될 때에 하나님의 말씀을 잊어버리고 타락하게 된다는 것입니다. 그러므로 가나안에 들어가서 말씀 중심의 신앙생활을 소홀히 하지 않도록 하라고 하셨습니다(11절).

다윗 왕도 전쟁에서 위기 앞에 처할 때는 하나님의 말씀의 교훈에 따랐지만 승전 후에 안일하게 될 때에 우리야의 아내 밧세바와 범죄하였습니다. 하나님께서는 이 같은 범죄에 빠지지 않도록 우리를 시험하십니다.

(2) 시험은 여호와의 은혜를 망각하지 않게 합니다.

가나안에서 의식주를 해결하고(12절) 재산이 증식될 때에(13절) 이 같은 복을 주신 하나님을 망각하지 말라고 권고했습니다(14절). 사람들은 가난할 때는 하나님의 은혜에 오히려 감사, 감격하는데 부해지면 원망과 불평이 늘어납니다. 이를 방지하시려고 하나님께서 그 사랑하시는 성도들을 시험하여 세상에서 히히덕거리는 삶으로 일관하지 않게 하십니다. 성도는 부하게 될 때에 오히려 하나님께 감사해야 합니다. 그 이유는 "네 하나님 여호와를 기억하라 그가 네게 재물 얻을 능을 주셨음이라"(18절)고 했습니다.

(3) 시험은 여호와의 언약을 망각하지 않게 합니다.

하나님께서 40년 동안 고난의 길을 걸어온 이스라엘에게 축복의 언약을 주셨습니다. 자녀의 복, 생업의 복 그리고 물질의 복을 약속(신 28:1-6)하셨습니다.
그러므로 "네 열조에게 맹세하신 언약"(18절)을 기억하라고 당부하셨습니다. 이 언약을 망각하면 "정녕히 멸망할 것"(19절)이라고 경고하셨습니다. 바로 이 같은 축복의 언약을 소중히 여기도록 고통스런 시험이 그의 자녀들에게 주어지는 것입니다. 그러므로 시험이 없는 것보다 시험이 있는 것이 우리들의 신앙생활을 더 안전하게 만들어 줍니다. 시험받을 때에 낙심하시지 말고 오히려 감사하시는 성도들이 되시길 축원합니다.

2. 우리의 마음이 어떠한지 아시려고 시험합니다.

(1) 시험은 믿음으로 여호와의 명령을 지키도록 합니다.

8:2로 거슬러 올라가면 동격 문장이 나옵니다. 그곳에서는 "여호와께서 이 사십 년 동안에 너로 광야의 길을 걷게 하신 것을 기억하라 이는 너를 낮추시며 너를 시험하사 네 마음이 어떠한지 그 명령을 지키는지 아니 지키는지 알려 하심"이라고 했습니다.

이 같은 맥락에서 볼 때에 시험은 믿음의 사람들에게 꼭 필요한 연단과 성숙을 가져오게 하는 것임을 알게 합니다. 여호와의 명령을 지키도록 믿음회복, 기도회복, 은사회복을 가져다 줍니다. 시험의 고난, 고통, 고생 그리고 고뇌가 우리를 망하게 하는 것이 아니라 하나님의 명령에 순종토록 만들어 줍니다.

(2) 시험은 믿음으로 여호와의 말씀으로 살도록 합니다.

시험받은 사람은 사람이 어떻게 살아야 하는 것인지를 바로 깨닫게 됩니다. 하나님께서 고통의 시험을 허락하시는 이유는 "사람이 떡으로만 사는 것이 아니요 여호와의 입에서 나오는 모든 말씀으로 사는 줄을 너로 알게 하려 하심"(3절)이라고 했습니다.

하나님은 "의인을 시험하사 그 폐부와 심장을 보시는" 분이십니다(렘 20:12). 하나님께서 아브라함에게 그 독자 이삭을 모리아 산에서 번제물로 바치라고 하셨습니다. 아브라함은 그 명령대로 순종하였습니다. 마지막 제물로 그 아들을 잡으려고 할 때에 하나님께서 황급히 중지시키시고 말씀하시기를 "네가 네 아들 네 독자라도 내게 아끼지 아니하였으니 내가 이제야 네가 하나님을 경외하는 줄을 아노라"(창 22:12 이하)고 하셨습니다. 하나님의 시험에 통과한 아브라함은 믿음의 조상이 되었습니다.

3. 마침내 복을 주시려고 시험합니다.

(1) 시험은 축복의 적격자로 훈련시킵니다.

16절에 "너를 시험하사 마침내 네게 복을 주려 하심"이라고 시험의 궁극적 목적을 밝혔습니다. 고통의 시험은 예외 없이 우리를 낮추게 만듭니다. 겸손하게 만듭니다. 물이 낮은 곳으로 임하듯이 하나님의 축복은 낮은 곳으로 임합니다. 올라가면서 받는 축복은 위험합니다. 잃어버리기 쉽습니다.

그러나 낮아지면서 받는 축복은 오래 갑니다. 소중히 여기게 됩니다. 자신이 열심히 노력해서 얻은 것으로 여기지 않게 합니다. 자신이 때를 잘 만나서 성공한 것으로 생각지 않게 합니다. 더욱이 자신의 능력이 우수하여 좋은 결실을 거두었다고 생각지 않게 합니다. 모든 것이 주께로부터 왔다고 고백하고 감사하게 됩니다. 교만은 사탄의 시험을 불러들이게 되고 종국에는 축복을 상실하게 만듭니다.

그러나 하나님의 시험은 우리들로 하여금 연단받고 훈련받아 축복의 적격자로 만들어 줍니다. 칼을 쓰지 못하는 아이에게 칼은 축복이 아닙니다. 운전하지 못하는 사람에게 자동차는 축복이 아닙니다. 함부로 가지고 놀거나 운전을 한다면 다 망치고 맙니다. 하나님께서는 건강도, 재물도, 명예도 그 어떤 것이라도 관리하는 법을 익히게 한 후에 주십니다. 주신 후에도 계속하여 크고 작은 시험으로 잘못되지 않게 만들어 줍니다.

(2) 마침내 때가 되면 축복하십니다.

시험은 끝이 없습니다. 그러나 때가 되면 즉 우리가 성숙해지면 축복은 그때 그때마다 주십니다. 그러므로 시험받을 때에 낙심치 말고 때를 기다리며 감사해야 합니다. 히브리서 기자는 "내 아들아 주의 징계하심을 경히 여기지 말며 그에게 꾸지람을 받을 때에 낙심하지 말라 주께서 그 사랑하시는 자를 징계하시고 그의 받으시는 아들마다 채찍질하심"이라고 했습니다(히 12:5-6).

고통스런 시험은 감격스런 축복의 시작임을 믿으시기를 주님의 이름으로 축원합니다. †

33
모세의 중보기도

본문: 신명기 9:12~21

그리스도인들이 개인과 가정, 교회와 직장, 사회와 국가의 위기를 어떻게 극복해야 합니까? 성경에서 보여 주는 신앙적 방법론은 어떠합니까? 우리의 삶에 위기가 봉착할 때 신앙적으로 대처하지 못하여 실패와 멸망을 피하지 못할 때가 많습니다. 중보기도는 위기를 극복하는 비결임에 틀림이 없습니다. 오늘의 말씀은 광야교회의 이스라엘 백성을 신앙적 위기에서 구출하는 모세의 중보기도를 보여 주고 있습니다. 과연 그 중보기도는 어떠하였습니까?

1. 여호와의 은혜에 매달리는 중보기도였습니다.

(1) 그는 은혜 언약을 믿고 기도했습니다.

애굽에서 사백여 년 간 노예살이를 하던 이스라엘 민족이 하나님의 구속사적 간섭을 통하여 홍해를 건너 시내산 아래 도착하였습니다. 하나님께서 모세를 산상으로 불러 율법 곧 십계명을 주셨습니다. 이때 모세는 산상에서 사십 일 금식기도를 하였습니다.
산하의 백성들은 모세가 눈에 보이지 않자 미래를 두려워하고 아론을 선두로 하여 금송아지 우상을 만들고 우리를 인도할 신이라고 축제를 했습니다. 신속한 타락과 범죄였습니다. 하나님께서 이 같은 백성을 "멸하려"(14, 19, 25절)고 하셨습니다. 이 위기에 모세는 다시 사십 일 동안 하나님 앞에 나아가 중보기도를 했습니다. 이때 그의 기도는 하나님의 자비하심에 근거한 은혜언약에 기초하여 하나님께 백성의 사죄를 위하여 매달렸습니다. "주의 종 아브라함과 이삭과 야곱을 생각하사 이 백성의 강퍅과 악과 죄를 보지 마옵소서"(신 9:27)라고 아브라함에게 주신 그 은혜언약(창 12:1-4)에 근거하여 범죄한 백성을 용서해 달라고 간구했습니다.

(2) 하나님의 신실성을 믿고 기도했습니다.

인간의 공로나 선행에 의지한 것이 아니라 하나님의 자비와 신실하심이 그 백성을 능히 용납하심을 믿고 하나님께 나가는 중보기도였습니다. 이것은 중보기도의 정신이요 그 기도를 응답받게 하는 믿음인 것입니다. 하나님께서 아브라함을 부르시고 약속하시기를 "씨"와 "땅"을 주리라고 하셨습니다. 전적으로 하나님의 은혜에 근거한 것입니다. 십자가의 사죄도 이 같은 은총에 근거한 것입니다. 전혀 인간의 공로나 선행에 의존되지 않습니다. 우리는 공로의 신학에 오염되지 않아야 실수하고 범죄해도 뒤로 물러가 침륜에 빠졌던 가룟 유다 같지 않고 하나님의 은혜의 보좌 앞으로 "담대히" 곧 뻔뻔하게 나아갈 수가 있습니다. 곧 기도자의 믿음입니다.

우리 교회의 중보기도팀도 이 같은 믿음 위에 세워져야 합니다. 오늘날도 주님의 신실성을 믿어야 합니다. 주님께서는 "너희 중에 두 사람이 땅에서 합심하여 무엇이든지 구하면 하늘에 계신 내 아버지께서 저희를 위하여 이루게 하시리라"(마 18:19)는 언약을 믿고 기도해야 응답을 받습니다.

2. 여호와의 뜻을 돌이키는 중보기도였습니다.

(1) 모세는 하나님의 인내를 믿고 기도했습니다.

같은 송아지 우상 사건을 출애굽기에서 소상하게 보고했습니다. 모세는 기도하기를 "주의 맹렬한 노를 그치시고 그 뜻을 돌이키사 주의 백성에게 이 화를 내리지 마옵소서"라고 했습니다. 하나님께서 응답하시기를 뜻을 돌이키사 말씀하신 화를 그 백성에게 내리지 아니하셨다고 했습니다. 여기서 하나님의 인내를 체험케 됩니다. 베드로 사도는 "사랑하는 자들아 주께는 하루가 천 년 같고 천년이 하루 같은 이 한 가지를 잊지 말라…오직 너희를 대하여 오래 참으사 아무도 멸망치 않고 다 회개하기에 이르기를 원하시느니라"(벧후 3:8-9)고 죄인을 오래 참으시는 하나님을 보여 주셨습니다. 죄인이 회개하면 징계와 심판하시려는 그의 뜻을 돌이키십니다.

아브라함의 중보기도를 기억하시기 바랍니다. 소돔과 고모라성의 롯을 위하여 기도할 때 의인을 악인과 함께 멸하시지 않으시는 하나님의 의로우심에 근거하여 의인 50명이면, 45명이면, 40명이면, 30명이면, 20명이면 마지막에는 "주는 노하지 마옵소서 내가 이번만 더 말씀하리이다"(창 18:32)고 의인 10명이면 심판이 지나가게 해달라고 간구했습니다. 하나님의 인내를 봅니다. 이것이 중보기도자의 믿음입니다.

(2) 모세는 하나님의 사랑을 믿고 기도했습니다.

하나님께 간구하면 자기 백성의 죄를 사하여 주실 것을 믿었습니다. 누이 미리암이 자신을 비방하다가 하나님의 징계를 받아 문둥병으로 살이 반이나 썩어버릴 때에도 그는 이 믿음으로 중보기도 하였고 하나님께서는 용서해 주셨습니다(민 12:10-13). 니느웨 백성들이 요나의 전도 곧 "니느웨가 무너지리라"(욘 3:4)는 메시지를 받고 왕이 금식하며 회개할 때에 "하나님이…뜻을 돌이키사 그들에게 내리리라 말씀하신 재앙을 내리지 아니하시니라"(욘 3:10)고 했습니다. 오래 참으시는 하나님, 죄인을 용서하시는 사랑의 하나님을 중보기도자는 체험케 됩니다. 그러므로 죄인을 연민의 정으로 품고 기도하면 징계와 심판의 뜻을 돌이키시고 은혜와 구원을 베푸시는 하나님을 믿으시기 바랍니다.

3. 자기의 생명을 내어놓는 중보기도였습니다.

(1) 자기의 희생을 각오하는 기도였습니다.

출애굽기에 기록된 모세의 기도는 "이 백성이 자기들을 위하여 금신을 만들었사오니 큰 죄를 범하였나이다 그러나 합의하시면 이제 그들의 죄를 사하시옵소서 그렇지 않사오면 원컨대 주의 기록하신 책에서 내 이름을 지워버려 주옵소서"(출 32:22)라고 했습니다. 생명책에서 자신의 이름을 지워버린다는 것은 하나님의 사랑과 구원에서 끊어지는 것을 의미합니다(계 20:12).
자신이 희생되더라도 소원하는 바는 동족의 구원이었습니다. 뜨겁고 간절한 중보기도의 정신입니다. "내가 받은 구원과 축복을 저에게 주시고, 저가 받을 저주와 징벌을 차라리 내게 주소서!"라고 기도하는 사람은 자기 희생을 각오하는 사람입니다. 어머니가 자식을 위하여 올리는 기도가 이와 같은 것입니다. 십자가의 사랑을 체험한 성도가 그 사랑하는 이를 위하여 올리는 기도가 이와 같을 것입니다.

(2) 자기의 저주를 각오하는 기도였습니다.

바울 사도의 중보기도 역시 모세의 중보기도와 같습니다. "나의 형제 곧 골육의 친척을 위하여 내 자신이 저주를 받아 그리스도에게서 끊어질

지라도 원하는 바로다"(롬 9:3). 이 "저주"를 주님께서 우리들을 위하여 십자가에서 받았습니다(갈 3:13). 중보기도자가 있는 가정, 교회, 사회는 멸망받지 않습니다. 우리들이 중보기도자가 됨으로써 우리의 가정과 교회, 사회를 살리시는 일에 동참하시기를 주님의 이름으로 축원합니다.

✝

34
율법에서의 자유

본문: 갈라디아서 5:1~6

어떻게 사는 것이 복음적 신앙생활입니까? 믿음의 무거운 짐 때문에 초상집같이 사는 분들이 있는가 하면 믿음의 의무를 능히 감당하면서도 잔칫집같이 사는 분들도 있습니다. 그 생활이 율법적 신앙생활이냐 아니면 복음적 신앙생활이냐에 좌우됩니다. 그러면 복음적 신앙생활 곧 율법에서의 자유를 누리는 삶은 어떠해야 합니까?

1. 율법의 정죄에서 벗어나야 합니다.

(1) 원래 율법은 거룩한 것입니다.

율법 곧 구약성경 전체는 죄를 깨닫게 하고 자신이 죄인임을 깨닫게 하는 거룩한 하나님의 말씀입니다. 그러므로 그 누구라도 율법이 없이는 은혜도 구원도 받을 수 없습니다. 바울 사도께서는 "율법의 행위로 그의 앞에 의롭다 하심을 얻을 육체가 없나니 율법으로는 죄를 깨달음이니라"(롬 3:20)고 하셨습니다. 그러나 갈라디아 교인들 중에는 "율법의 행위"로 구원을 얻으려고 했습니다. 특히 할례를 받음으로써 의롭다 함을 받는다고 주장하였습니다. 이는 오늘날도 바르게 잘 믿어 보려고 애쓰는 성도들 중에서 선행으로써 하나님 앞에 공적을 쌓아서 구원을 벌어보려고 함과 유사합니다. 율법은 정죄의 수단인데 구원의 방편으로 오해한 것입니다. 거룩한 율법을 바로 이해하지 못하여 오히려 바른 신앙에서 떠나버립니다. 오늘의 말씀에는 그 같은 사람을 "그리스도에게서 끊어지고 은혜에서 떨어진 자"(4절)라고 책망했습니다.

(2) 율법은 세 가지 성격이 있습니다.

첫째는 원리로서의 도덕적 성격입니다. 원리는 언제나 변치 않습니다. 구약시대나 신약시대나 똑같이 인간에게 적용되는 율법이 있습니다. 바로 십계명이 그러합니다. 하나님께서 아담의 마음에 건전한 양심을 주셨는데 이는 불문율법이었습니다. 아담의 타락 이후 갈수록 인간들이 죄악에 오염되고 부패되어서 양심율법이 흐려지고 화인맞은 양심이 되어 순수한 양심기능이 마비되어 범죄한 고로 죄를 죄로 깨닫지 못하게 되었습니다. 하나님께서는 다시 모세에게 율법을 주셨습니다. 이는 기록된 성문율법이었습니다. 곧 십계명입니다. 여기에는 하나님 사랑, 이웃 사랑이 그 핵심 교훈입니다. 오늘날도 우리가 지키는 율법은 이같이 사랑을 시행하도록 요구하는 율법입니다.

둘째는 질서로서의 시민법이 있습니다. 모세가 율법을 받을 때 이스라엘 백성은 뜨거운 사막에 있었습니다. 신정국가적 성격을 가지고 있었습니다. 이 같은 상황에서 광야백성에게 일시적이고 특별한 삶의 정황에서 적용된 율법이 음식법 같은 율법입니다. 사막에서 먹어서 해로운 음식들을 금지했습니다. 특별히 기름끼가 많은 뱀장어, 돼지고기 등입니다. 그런데 오늘날도 안식교 등에서는 이 같은 율법을 고수하고 있습니다. 그래야 좋은 신앙이요, 그래야 구원받는 줄로 오해하고 있습니다.

셋째는 규범으로서 의식법이 있습니다. 희생제사, 제물, 절기 등에 관한 율법입니다. 이 같은 율법은 어린양이신 예수님께서 십자가에서 희생제물이 되심으로써 이미 성취된 율법입니다. 바울 사도께서는 "그리스도는 모든 믿는 자에게 의를 이루기 위하여 율법의 마침(성취)이 되시니라"(롬 10:4)고 밝히 설명하셨습니다. 오늘날 우리들은 더 이상 짐승의 피를 제물로 드리지 않습니다. 그것은 오실 예수님의 피흘림을 상징적으로 보여 주던 예표요 그림자였습니다. 이제는 원형, 곧 그 실체가 왔기 때문에 더 이상 옛 율법을 지킬 의무가 없습니다. 오히려 짐승의 피제사를 고집한다면 이는 예수님의 십자가 제사를 불신하고 모욕하는 불신앙입니다.

이제 할례는 세례로, 정결법(결례)은 십자가의 속죄와 사죄로, 안식일법은 주일법으로 보다 더 성취되었습니다. 오늘날 안식일을 지키지 않습니다. 금요일 해질 때부터 토요일 해질 때까지는 더 이상 의미가 없습니다. 안식일법의 창시자요 그 진정한 해석자요 그 완성자이신 예수님께서 구원의 성취를 이루신 부활의 날 곧 "주의 날"(계 1:10)을 성수합니다. 안식일법을 어겼다고 옛 이스라엘 백성처럼 돌로 쳐죽이지도 않습니다. 이날에는 아무 일도 못한다고 하지도 않습니다.

예수님께서 모범을 보여 주신 대로 병자를 고치시고, 귀신들린 자를 치유하시고, 식사 초대에 응하셔서 식탁의 교제를 즐기시고, 말씀을 가르치시고 그리고 전도하신 것처럼 우리들도 안식을 주는 일을 해야 합니다. 선을 행하고 살리고 키우는 일에 열심해야 합니다. 잘못된 안식개념에 오염되어 모든 활동은 못하는 것으로 단정하고 고작 집에서 죄와 부패의 온상인 텔레비전이나 보고 있는 것이 거룩인 줄 압니다. 율법에 대한 오해로 무거운 율법주의의 멍에를 메고 고행하는 것이 선행도 구원의 조건도 못됨을 알아야 합니다. 율법에 종노릇해서는 안 됩니다. 오히려 "사랑의 종노릇"(갈 5:13)을 해야 합니다. 이제 우리는 율법에서 자유한 사람들입니다.

다시 "율법 아래 있고자 하는 자"(갈 4:21)가 되어서는 안 됩니다. 다시 "율법 안에서 의롭다 함을 얻으려 하는 자"(갈 5:4)가 되어서도 안 됩니다. 율법의 저주와 굴레에서 자유하시고 잔칫집 같은 기쁨 충만한 신앙생활을 하시기 바랍니다.

2. 그리스도의 율법을 지켜야 합니다.

(1) 그리스도의 멍에를 메어야 합니다.

주님께서는 "수고하고 무거운 짐진 자들아 다 내게로 오라 내가 너희를 쉬게 하리라…나의 멍에를 메고 내게 배우라 그러면 너희 마음이 쉼을 얻으리니 이는 내 멍에는 쉽고 내 짐은 가벼움이라"(마 11:28-30)고 하심으로 진정한 안식에로 초청하십니다. "초등학문"(갈 4:9)인 율법에서 벗어나 고등학문인 "그리스도의 법"(갈 6:2)을 지켜야 합니다. 곧 사랑의 율법입니다(갈 5:13-14). 율법의 종노릇보다 "사랑의 종노릇"은 더 어렵습니다만 여기에는 기쁨과 감격과 보람이 넘칩니다. 그래서 그 짐은 가볍게 느껴집니다.

(2) 성령의 열매를 맺어야 합니다.

율법 아래 있지 않는 자는 성령의 인도하심을 받게 됩니다(갈 5:18). 성령의 인도하심을 받으면 "사랑과 희락과 화평과 오래 참음과 자비와 양선과 충성과 온유와 절제"(갈 5:22)의 열매를 맺습니다. 이 같은 아홉 가지 덕목은 그리스도의 법에 순종하는 성숙한 그리스도인에게 따라오는 윤리적 결실입니다. 율법을 문자적으로 시행함보다 그 정신적 이해가 더 높은 차원입니다. 성취된 율법을 따라가야 합니다. 그림자는 실체가 올 때 더 이상 주목받지 못함과 같습니다. 율법주의에 빠지지 말고 사랑의 종노릇하는 구원받은 자의 성숙함을 표현하는 그리스도인들이 되시기를 주의 이름으로 축원합니다. ✝

35
더불어 사는 삶

본문: 신명기 24:19~22

하나님께서 원하시고 기뻐하시는 삶은 어떠해야 합니까? 창조에서 보여 주는 바는 하나님께서 아담 창조 후에 "독처하는 것이 좋지 못하"(창 2:18)였기에 "돕는 배필"로서 하와를 남자의 몸에서 취한 갈비뼈로 창조하신 것입니다. 따라서 개인주의보다는 더불어 사는 삶을 기뻐하신다는 사실을 깨닫게 됩니다.

오늘날 우리 주변에는 투자이민, 교육이민, 심지어는 범죄후 도피성 이민까지 증가하고 있습니다. 이들 중에는 순수하고 합리적인 경우도 있겠습니다만 혹시라도 한민족 공동체의 일원으로서의 윤리와 책임을 저버리는 경우도 없지 않을 것입니다. 오늘의 말씀은 가나안 입국을 앞에 놓고 있는 이스라엘 백성들에게 새로운 신앙공동체요, 민족공동체의 생활윤리를 권고하신 말씀입니다. 그 땅의 곡식을 독점 독식하지 말고 모든 사람들이 더불어 살도록 규범을 세우신 것입니다. 이 말씀의 정신은 어떠합니까?

1. 남기면서 살아야 합니다.

(1) 육신의 양식을 남을 위하여 남겨야 합니다.

이것은 가나안 농경문화에서 주어진 여호와의 명령입니다. 그것은 곡식의 이삭을 추수 때에 객과 고아와 과부를 위하여 조금씩 남겨두라는 것입니다. 뿐만 아니라 감람나무든지 포도나무든지 그 열매를 딸 때에도 조금씩 남겨두어서 어려운 사람들이 취하도록 하라는 명령입니다. 곡식과 기름과 열매는 생필품으로서 인간의 삶에 기본적 필수품입니다. 그러나 가난한 자들에게 꼭 있어야 할 것들이 없는 것은 부자와 가진 자들의 배려가 부족한 탓으로 보는 것입니다. 상대적 빈곤감은 우리 현대 사회에서도 큰 문제로 남아 있습니다. 룻기를 읽어보면 두 가정을 대조시키고 있습니다. 곧 엘리멜렉 일가와 보아스 가문입니다. 엘리멜렉은 그 이름처럼 "하나님은 나의 왕"으로 모시지 않았습니다. 그는 하나님의 말씀이나 그의 명령, 그리고 양심의 소리보다는 자신의 욕심대로 사는 사람이었습니다. 그가 살던 유다 땅 베들레헴에 큰 재난이 임하여 그 땅 사람들이 굶주리게 될 때에 그는 사해를 건너 모압 땅으로 도피성 이민을 떠난 사람이었습니다. 그는 율법대로 흉년에 창고를 열어 구제하고, 무이자로 돈과 곡물과 기름을 가난한 자들에게 제공하기를 싫어했습니다 (레 25:35절 이하).

그는 이웃의 눈총을 받을 때마다, 가난한 자들의 비판을 들을 때마다, 그리고 양심의 가책을 느낄 때마다 "이 놈의 땅을 떠나야지!"라고 괴로워하다가 처 나오미와 말론, 기룐 두 아들들을 데리고 "풍족하게 (베들레헴을) 나갔습니다"(룻 1:21상). 그러나 하나님의 얼굴을 피할 수는 없었습니다. 공동체의 혜택은 다 누리고 공동체의 책임은 나몰라라 하는 것은 바른 신앙인의 자세가 아닙니다. 그것이 혈연공동체든지, 신앙공동체든지, 이념이나 생활공동체든지 더 나아가 민족공동체든지 신앙인의 책임은 반드시 있기 마련입니다. 하나님께서는 그들이 결국은 "비어 돌아오게" 하셨습니다(룻 1:21 하). 재산만 다 잃어버린 것이 아니라 "여호와의 손이 나를 치셨으므로"(룻 1:13) 남편도, 두 아들도 다 잃어버리고 나오미만 남았습니다. 두 며느리 중에 한 사람만 시어머니를 좇아왔습니다.

다행한 것은 하나님의 징계 중에도 나오미와 그 며느리 룻은 신앙 회복이 있었습니다. 참 성도의 모습입니다. 살길이 막막하여 빈 손으로 고향에 다시 돌아와서 늙은 나오미는 집에 머물고 젊은 룻은 추수한 밭에 나가서 이삭을 주워 끼니를 이었습니다. 이때 보아스가 종들에게 더 많은 이삭을 흘려서 룻이 더 많이 줍도록 했습니다. 보아스도 부자였지만 그는 공동체의 더불어 사는 삶을 받아들인 사람이었습니다. 환난 때에 나누며, 남기며, 흘리며 산 사람이었습니다. 나중에 고운 신앙인 룻에게 청혼하였습니다. 그는 돌아온 모녀를 홀대하거나 비난하지도 않았습니다. 오히려 환대하고 칭찬했습니다(룻 2:12). 이들에게서 삼대째에 다윗 왕이 나왔습니다. 그의 계보에서 메시야가 오셨습니다. 보아스같이 남기면서 살아야지 너무 맑게 살면 다른 사람이 먹을 것이 없습니다.

(2) 영혼의 양식도 남을 위하여 남기면서 살아야 합니다.

사람이 사는 것이 떡으로 사는 것이 아니라 여호와의 입에서 나오는 모든 말씀으로 삽니다. 우리 교회만 챙기다 보면 지구촌 공동체에 대한 책임을 소홀히 하게 됩니다. 선교는 영혼의 양식인 하나님의 말씀 곧 복음을 나누는 일입니다. 곡식을 독점, 독식해서는 안 됩니다. 어려울 때에 남을 위하여 밭에, 나무에 조금씩 남겨두라는 말씀을 기억하고 복음이 우리의 울타리 안에 갇히지 않고 지구촌 가족들에게 돌아갈 분깃을 남겨야 "범사의 복"(19절)을 받습니다.

2. 나누면서 살아야 합니다.

(1) 다른 민족에게 나누어야 합니다.

같은 민족은 물론이거니와 다른 민족 곧 "객"에게도 빵과 복음을 나누어야 합니다. 북한의 동족에게 나누는 일은 당연한 일입니다. 쌀을 전략 무기로 보는 시각은 비성경적입니다. 굶주린 자에게는 먼저 밥과 물을 주어야 합니다. 북한 원조에 반대하는 그리스도인들이 되어서는 안됩니다. 그것이 단순사고가 아니라 그리스도인의 우선적 의무요 윤리이기 때문입니다. 복음도 주어야 합니다. 북방선교를 위하여 기도도 많이 해야 합니다. 이 광대한 우주 공간에서, 이 장구한 우주의 시간에서, 같은 유성에서, 같은 장소에서의 만남은 우주적 기적입니다. 저와 집사람이 만난 것을 따져보면 기적 중의 기적입니다. 때로는 아찔합니다. 우리의 만남이 그렇습니다. 남과 북의 만남도 그런 시각에서 보십시다. 이 지구촌의 사람들도 그렇지 않습니까?

(2) 성도들에게 나누어야 합니다.

"고아와 과부"(19-21)란 문자적 의미도 있지만 상징적 의미도 포함되어 있습니다. 그 당시 "고아"란 성인식 이전의 아이가 아버지를 잃었을 때 지칭한 말입니다. 어머니 있고 재산 있어도 아버지가 없으면 법률적 호소가 안 되었기 때문에 늘 억울한 일을 당한 사람들이었습니다. "과부"도 마찬가지로 법률적 상소를 허락받지 못했던 저변인생이었습니다. 그래서 고아와 과부를 신원해 주실 분은 메시야뿐이었고 그래서 메시야를 대망했습니다. 예수님께서는 최후의 다락방 강화에서 제자들을 고아처럼 버려두지 않고 "보혜사" 곧 "대언자"(요일 2:1) 곧 변호사를 보내어 이 세상 임금 사탄의 참소에서 변론해 주실 것을 약속하셨습니다. 가난한 자들 그 중에서도 성도들을 먼저 보살펴 자신의 빵과 복음을 나누는 삶을 하나님께서 지극히 기뻐하십니다. 개인주의가 오염, 범람하는 이 시대를 거스러 사시는 "참 과부" 곧 성도들이 되시길 주님의 이름으로 축원합니다. ✝

36
여호와만 섬기자

본문: 여호수아 24:13~15

하나님께서 제일 싫어하시는 죄는 우상숭배임에 틀림이 없습니다. 그러므로 하나님께서 제일 기뻐하시는 삶은 오직 여호와만 섬기는 것입니다. 믿음의 영웅 여호수아가 세상을 떠나기 직전에 이스라엘 지도자들에게 "여호와만 섬기라"(14절)고 당부하였습니다. 또한 그는 "나와 내 집은 여호와를 섬기겠노라"(15절)고 하며 우상숭배를 단호히 배격하였습니다.

1. 이같이 여호와만 섬기려는 신앙적 고백이 필요합니다.

(1) 이는 구원의 길이기 때문입니다.

듣고 믿음이 생길 때에 입으로 시인하는 일은 구원의 방편입니다. 로마서 10:10에 "사람이 마음으로 믿어 의에 이르고 입으로 시인하여 구원에 이르느니라"고 말씀하셨습니다. 하나님께서 인간에게 주신 최고의 삶의 규범인 십계명 중 제일계명에 "너는 나 외에는 다른 신들을 네게 있게 말지니라"고 명하셨습니다. 그러나 인간은 타락 이후에 영적 혼돈과 타락으로 말미암아 하나님 아닌 것들을 하나님으로 착각하고 하나님처럼 섬기고 있습니다. 이에 하나님 말씀은 "마음이 어두워져서…하나님의 영광을 썩어질 사람과 금수와 버러지 형상의 우상으로 바꾸었느니라"(롬 1:23)고 밝히 말씀하십니다. 특별히 가나안에 들어온 이스라엘 백성들은 가나안 우상들을 섬겼습니다. 심지어는 "강 저편"(14절) 곧 유프라데 강 건너편인 갈대아 우르에서 섬겼던 월(月)신을 비롯하여 애굽에서 종살이할 때 섬겼던 태양신(Re-신)까지 섬겼습니다. 여호와 유일신앙의 계시를 받았던 백성치고는 어두웠던 백성이었습니다. 그래서 여호수아는 유언으로 "여호와만 섬기라"고 당부하였던 것입니다. 예수 그리스도 외에는 구원받을 이름을 우리에게 주신 일이 없습니다. 그러므로 구원의 길은 오직 한 길이 있을 뿐입니다.

(2) 이는 축복의 길이기 때문입니다.

인간이 유일신 여호와만 섬길 때 그와의 바른 관계를 정립케 됩니다. 그때에만 인간은 하나님의 말씀을 듣게 되고 그의 말씀을 순종하게 됩니다. 신명기 28:1에는 "하나님의 말씀을 삼가 듣는"것이 축복의 시작이요, 그 "말씀을 순종"하는 것이 축복의 성취라고 했습니다. 우상을 섬기는 자는 결코 하나님의 말씀을 경청하지 않습니다. 그러므로 축복의 길을 알지 못합니다. 자녀의 복, 생업의 복, 물질의 복, 악령을 내쫓는 복(신 28:3-6)은 말씀 신앙의 결과로 주어지는 것입니다. 신앙으로 축복받은 위대한 믿음의 사람들은 여호와의 말씀을 두려워했습니다. 그 말씀대로 믿고, 그 말씀대로 살고, 그 말씀대로 가르쳤습니다.

2. 이같이 여호와만 섬기려는 신앙적 행동이 필요합니다.

(1) 먼저 조상의 우상을 버려야 합니다.

보이는 형상만 우상이 아닙니다. 보이지 않는 우상이 많습니다. 하나님보다 더 우선순위에 두는 모든 것이 다 우상이 됩니다. 예수님께서는 "한 사람이 두 주인을 섬기지 못할 것이니 혹 이를 미워하며 저를 사랑하거나 혹 이를 중히 여기며 저를 경히 여김이라 너희가 하나님과 재물을 겸하여 섬기지 못하느니라"(마 6:24)고 우상을 정의했습니다. 여기 "재물"은 "맘몬"으로 재물의 신(神)을 뜻합니다. 어떤 사람은 명예를, 어떤 사람은 사업을, 어떤 사람은 취미를 우상화합니다. 어떤 사람은 상사나 부모나 처자를 우상화하고 신격화합니다. 우상을 섬기면서 교회생활 하시는 분들도 적지 않을 것입니다. 특별히 부모님들이 섬기던 우상을 전수받는 일들이 적지 않습니다. 제사는 특히 기독교 신앙에 맞지 않습니다. 제사를 준비하는 마음씨는 아름답습니다. 부모님의 은혜와 사랑을 기념하고 감사하는 일은 귀한 것입니다. 그러나 인간을 만물의 통치자로 세워 주신 하나님께서는 제사장 앞에서 절하는 것을 금하셨습니다. 이제는 추도예배로 제사문화를 예배문화로 바꿔야 합니다. 그 밖에 부모님들이 절대시하는 것들을 하나님보다 우선해서는 안 됩니다.

(2) 가정의 우상도 버려야 합니다.

집안에는 아내 우상, 남편 우상, 부모 우상, 자녀 우상 등 신격화된 가족들은 없습니까? 야곱의 가정에는 그 아내 라헬이 섬겼던 드라빔 우상이 있었습니다. 이 우상을 섬겼던 기간 동안에는 야곱의 가정은 심히 어려웠습니다. 사기 결혼, 사기 취업 등 수모와 곤욕이 계속되었습니다만 그 드라빔 우상을 벧엘에 올라가서 버리고 만 후에는 하나님께서 다시 야곱에게 말씀하셨고 진정한 축복이 그와 그 가정 위에 넘치게 되었습니다. 마침내 이스라엘의 건국의 아버지가 되었습니다. 우리들의 가정에는 "드라빔"이 없습니까? 달 모양을 만들어 목걸이, 귀걸이를 지니고 다닌 우상뿐만 아니라 보이지 않는 우상을 품고 다니는 성도들은 없습니까? 하나님의 말씀에는 의심을 품고 하는 기도, 욕심을 품고 하는 기도, 악심을 품고 하는 기도를 듣지 않으신다고 하셨습니다. 특별히 우상을 품고 하는 기도는 가증한 것입니다. 겉과 속이 다릅니다. 회칠한 무덤과 같습니다. 우상을 우리 가정에서 제거하기 전에 우리 가정은 기도의 골방으로서 존재할 수 없습니다.

(3) 개인의 우상도 버려야 합니다.

우리의 마음속에 황금우상, 직장우상, 사업우상, 취미우상, 학업우상 등 수많은 우상이 자리잡을 수 있습니다. 그 어떤 경우에도 우상을 만들지 말아야 합니다. 우상을 섬기지 말아야 합니다. 우상을 버릴 때에 13절 말씀에 은혜로운 삶을 약속하셨습니다. 수고하지 아니한 땅에 거하게 되고, 건축하지 아니한 집에 살게 되고, 심지 아니한 열매를 먹게 될 것이라고 축복을 약속하셨습니다. 인간 스스로의 체력, 지력, 정신력, 재력 그리고 권력으로는 제한됩니다. 그래서 하나님의 은혜가 필요합니다. 우리의 삶의 자리에서 우상을 제거하지 아니하면 현재 누리는 축복도 사라집니다.

여호수아 24:20을 보면 "만일 너희가 여호와를 버리고 이방신들을 섬기면 너희에게 복을 내리신 후에라도 돌이켜 너희에게 화를 내리시고 너희를 멸하시리라"고 경고했습니다. 우리의 다른 죄들에 대하여 천년을 하루같이 참으시고 회개의 기회를 주시기 기뻐하시는 하나님께서 우상숭배만은 신속히, 그리고 반드시 징계하시고 심판하십니다. 이제 여호수아의 신앙적 결단처럼 여호와만 섬기는 성도들이 되시기를 주님의 이름으로 축원합니다. †

37
그리스도같이

본문: 에베소서 4:30-5:2

우리가 그리스도같이 살려면 어떻게 살아야 합니까? 그리스도께서는 어떻게 사셨다고 오늘의 말씀이 증언합니까? 바울 사도께서는 "내가 그리스도를 본받는 자 된 것같이 너희는 나를 본받는 자 되라"(고전 11:1)고 권고하였습니다. 오늘의 말씀에도 "너희는 하나님을 본받는 자가 되라"(1절)고 당부하였습니다. 토마스 아 캠피스는 『그리스도를 본받아』란 책에서 그리스도인들의 삶은 그리스도의 겸손과 온유를 닮아야 한다고 강조했습니다. 이 책에 감동을 받은 당시의 사람들은 한동안 나무 십자가를 만들어 지니고 다녔고 심지어 큰 나무 십자가를 어깨에 짊어지고 다녔다고 합니다. 우리는 어떻게 그리스도같이 살 수 있겠습니까?

1. 그리스도같이 성도를 사랑해야 합니다.

(1) 사랑하지 않으면 그를 닮을 수 없습니다.

하나님께서는 사랑하기는커녕 악독과 노함과 분냄과 떠드는 것과 훼방을 일삼는 사람은 성령을 근심케 한다고 책망합니다. 2절 말씀에서 "그리스도께서 너희를 사랑하신 것같이 너희도 사랑 가운데서 행하라"고 말쏨하십니다. 성령 근심죄란 "성령의 하나되게 하신 것"(엡 4:3)을 파괴시키는 언어, 행동을 뜻합니다. 그리스도같이 성도를 사랑해야 합니다.

(2) 희생적으로 성도를 사랑해야 합니다.

그리스도께서 에베소 교회 성도를 어떻게 사랑하셨습니까? "그리스도께서 너희를 사랑하신 것같이"(2절)란 말씀은 새 계명에서도 언급됩니다. "새 계명을 너희에게 주노니 서로 사랑하라 내가 너희를 사랑한 것같이 너희도 서로 사랑하라 너희가 서로 사랑하면 이로써 모든 사람이 너희가 내 제자인 줄 알리라"(요 13:34-35)고 하셨습니다. 여기에서 예수 그리스도께서 "내가 너희를 사랑한 것같이"란 말씀은 "우리를 위하여 자신을 버리사 향기로운 제물"이 되심을 뜻합니다. 죽기까지, 죽도록 사랑하신 자기 희생적 사랑이었습니다.

이같이 믿음의 사람들은 그리스도같이 자기 희생적 사랑을 실천하도록 최선을 다해야 합니다. 거짓과 혈기, 질투와 시기, 증오와 모함으로 성도를 상하게 하고 무너지게 하는 일은 마귀같이 행하는 것입니다. 그리스도같이 살아야 할 성도가 마귀같이 산다면 그가 구원받는 진실한 성도이겠습니까? 예수님의 열두 제자 중에도 가룟 유다가 있었듯이 교회에도 쓴 뿌리들이 존재할 수밖에 없지만 내가 바로 그 쓴 뿌리가 되어 하나님의 징벌과 저주를 받지 않도록 새로워져야 합니다. 자신을 십자가에 내어주신 그 희생을 생각하며 희생하는 성도들이 되어야 합니다.

2. 그리스도같이 교회를 사랑해야 합니다.

(1) 교회를 위하여 자신을 주어야 합니다.

사랑의 본질은 주는 데 있습니다. 그리스도께서는 교회 곧 성도들을 위하여 자신의 몸을 주셨습니다(5:25). 그러므로 교회는 "그리스도의 몸"(엡 1:23)이라고 불렸습니다. 몸 주는 희생이 가장 큰 사랑입니다. 시간 드리는 것, 생명 드리는 것이 몸 드리는 봉사입니다. 물질 봉사보다 한 차원 더 높은 것입니다. 물질은 드리면서 몸은 드리지 않을 수 있지만 몸을 드리는 사람은 물질이 있으면 물질도 드릴 수 있습니다. 물질보다 더 귀한 몸을 드리기 때문입니다. 바울 사도께서는 "주 예수의 친히 말씀하신 바 주는 것이 받는 것보다 복이 있다 하심을 기억하여야 할지니라"(행 20:35 하)고 주는 사랑을 강조했습니다. 교회 사랑은 "몸 사랑"입니다. "몸 봉사"가 바로 순교입니다. 그리스도같이 몸으로 교회를 사랑해야 합니다.

(2) 영광스러운 교회 되게 몸 봉사해야 합니다.

교회를 어지럽히는 사람, 교회를 욕먹이는 사람, 교회를 이익의 수단으로 삼는 사람은 교회를 영광스럽게 하지 못합니다. 그리스도께서 향기로운 제물이 되신 것은 교회를 영광스럽게 하시기 위함이었습니다(5:25-27).

우리는 그리스도의 정신을 좇아 교회를 사랑해야 합니다. 교회를 자랑해야 합니다. 교회가 좋은 소문이 나도록 해야 합니다. 가정과 직장, 이웃과 사회에서 "혐오인물" 또는 "기피인물"이 된다면 마귀같이 산 결과입니다. 그리스도를 욕먹이며 그를 십자가에 다시 못박는 자입니다. 그 같은 사람은 성도일 수 없습니다. 교회를 위하여 십자가 제단에 희생의 제물이 되신 주님을 기억합시다. 교회는 그의 몸이요, 구원의 방주요, 축복의 보금자리요, 교육의 자리요, 선교와 전도의 전진 기지입니다. 우리 자녀들의 도피성입니다. 그리스도같이 교회가 영광스럽게 되도록 하십시다.

3. 그리스도같이 교회를 보양해야 합니다.

(1) 교회를 보호해야 합니다.

29절에 보면 그리스도께서는 교회를 "보양" 곧 보호하시고 양육하셨다고 밝히 말씀하셨습니다. 교회를 보호하는 일은 성도의 사명입니다. 바울 사도께서는 "서로 인자하게 하며 불쌍히 여기며 서로 용납하기를 하나님이 그리스도 안에서 너희를 용서하심과 같이 하라"(32절)고 권고하였습니다. 이는 지체의식으로 다른 지체를 비난, 비판, 정죄하지 말라는 교훈입니다.

우리를 판단하실 수 있는 분은 하나님 한 분뿐입니다. 허물을 덮어주는 사랑이 그리스도 같은 사랑입니다. 그는 마치 어린양으로 아담의 죄를 가리워 준 구속의 사랑을 주신 분입니다. 그의 피로 우리의 죄와 허물을 가리워 주었습니다. 먼저 불쌍히 여기고 먼저 용서하는 것은 그리스도의 십자가를 이해시키는 지름길입니다. 이같이 행하는 사람은 전도하게 됩니다. 많은 사람을 옳은 길로 돌아오게 합니다.

(2) 교회를 양육해야 합니다.

신약 교회의 출생은 그리스도의 십자가의 대속적 죽음에서 시작되었습니다. 이제 신약 교회의 성장과 부흥은 성도들의 몫입니다. 그리스도 같이 생명의 액체를 쏟아 부어야 교회는 자랍니다. 식물이 물을 먹고 자라듯이 교회는 성도의 땀, 눈물 그리고 피를 먹고 자랍니다. 1930년대에 한국교회의 부흥은 성도들이 일제의 신사참배를 거부하고 피흘린 순교의 열매였습니다.

이 교회의 주말 청소와 주일 식사 봉사 등을 위하여 땀흘리는 성도님들을 대할 때마다 교회의 부흥에 자신감을 갖게 됩니다. 우리 교회는 지금까지 사찰이 없습니다. 모두가 몸으로 생명의 액체를 흘리며 봉사하기 때문입니다. 그 비용으로 선교사 한 가정을 파송하고 있습니다. 그리스도같이 성도를, 교회를 사랑합시다. 그리스도같이 교회를 보양합시다. 결코 마귀같이 살아서는 안 됩니다. 작은 그리스도로 사시기를 소원하는 성도님들 위에 주님의 위로와 축복이 넘치시길 주님의 이름으로 축원합니다. †

38
소금되게 하소서

본문: 마가복음 9:50

그리스도인들은 이 세상에서 어떤 역할을 해야 합니까? 그리스도인의 가정적, 교회적, 사회적 책임과 윤리는 어떠합니까? 오늘날 극단적 보수주의 교회들은 지나치게 내세지향적 성향으로 현재 그리고 지금의 문제에 소홀합니다. 반면에 급진적 자유주의 교회들은 지나치게 현세지향적 성향으로 미래의 부활, 영생 그리고 천국 등에는 관심이 없습니다. 예수님 당시에도 보수적 율법주의 바리새파는 현재의 윤리적 책임을 소홀히 했고, 자유적 인본주의 사두개파는 부활이나 천사의 존재 등을 부정하며 현실주의에 빠져 있었습니다. 이때 예수님께서 "너희는 세상의 소금"(마 5:13)이라고 소금 같은 역할론을 권고하셨습니다. 그러므로 오늘날 우리의 정황에서도 이 교훈의 말씀은 매우 중요한 그리스도인의 사회적 역할론을 교훈합니다.

1. 그러면 세상의 소금은 무엇을 뜻합니까?

(1) 당시에는 돌소금이었습니다.

오늘 말씀에 "만일 소금이 그 맛을 잃으면 무엇으로 이를 짜게 하리요"라고 맛잃은 소금에 대하여 언급하고 있습니다. 고대 이스라엘에서는 사해 부근에서 오랜 침전으로 형성된 돌소금을 사용했습니다. 돌에 염분이 달라붙어 하얗게 소금덩어리처럼 보입니다. 이것을 모아다가 소금맛이 필요할 때 물에 녹여 사용하곤 했습니다. 때로는 습기로 인하여 사용하려고 할 때에는 염분이 녹아서 쓸모 없게 되곤 했습니다. 맛잃은 돌소금은 "아무 쓸데없어 다만 밖에 버리워 사람에게 밟힐 뿐"(마 5:13 하)이라고 했습니다.

  (2) 짠맛을 잃으면 쓸데없어집니다.

  짠맛 잃은 소금돌은 "땅에도 거름에도 쓸데없어 내어버리느니라"(눅 14:34-35)고 했습니다. 이 같은 삶의 정황에서 깨닫게 되는 영적 진리는 무엇입니까? 그리스도인이 자기 역할을 제대로 감당하지 못하면 버림을 받는다는 사실입니다. 하나님의 말씀에는 "내어버린" 사람들의 이야기를 보여 주고 있습니다. 로마서 1:24에는 "정욕대로" 살면 "내어버린다"고 하였고, 26절에는 "욕심대로" 살면 "내어버린다"고 하였고, 28절에는 하나님을 "상실한 마음대로" 살면 "내어버린다"고 하였습니다. 결국 짠맛을 잃은 사람은 하나님의 징계와 심판의 대상이 됨을 뜻합니다. 그리스도인의 맛을 상실하면 "사람에게 밟힐 뿐"입니다. 쓸데없는 소금은 버림받고 밟힘받게 됩니다. 사람도 마찬가지입니다.

2. 그러면 사람에게 있어서 짠맛이란 어떤 의미입니까?

  (1) 서로 화목함을 뜻합니다.

  본문 말씀에서 "만일 소금이 그 맛을 잃으면 무엇으로 이를 짜게 하리요 너희 속에 소금을 두고 서로 화목하라"고 했습니다. 소금의 상징적 의미는 화목입니다. 예수님은 바로 화목의 사역자였습니다. 허물과 죄로 하나님과 원수가 된 사람을 중간에 막힌 담을 헐고 화목케 하셨습니다. 그러므로 우리로 하여금 화목케 하는 사람(peacemaker)이 될지언정 결코 불목케 하는 사람(troublemaker)이 되어서는 안 될 것임을 교훈합니다.

우리의 가정, 교회, 사회에서 우리가 불신과 분쟁을 조장해서는 안 됩니다. 민족적으로 오랫동안 남과 북이 불신, 분쟁하고 있습니다. 영호남이 불신, 반목하고 있습니다. 이 같은 모습이 가정과 교회에도 스며들고 있습니다. 그러므로 우리 그리스도인들은 분쟁이 있는 곳에 화목을 심어야만 합니다. 불신이 있는 곳에 화목을 심어야만 합니다.

(2) 나아가 화목제물이 되라는 뜻입니다.

사도 요한은 "만일 누가 죄를 범하면 아버지 앞에서 우리에게 대언자가 있으니 곧 의로우신 예수 그리스도시라 저는 우리 죄를 위한 화목제물이니 우리만 위할 뿐 아니요 온 세상의 죄를 위하심이라"(요일 2:1-2)고 말씀하셨습니다. 바울 사도께서도 "예수를 하나님이…화목제물로 세우셨다"(롬 3:25)고 강조하셨습니다. 예수님께서 세상의 소금으로 자기 희생의 십자가를 지시고 죽으심으로써 하나님과 우리 사이에 화목의 제물이 되심같이 이제 우리도 화목의 제물이 되어야 합니다. 내 가정, 내 교회, 내 직장과 사회에서 먼저 화목케 하는 역할을 감당해야 합니다.

3. 그러면 우리가 어떻게 소금이 될 수 있겠습니까?

(1) 사람으로 하여금 하나님과 화목하도록 해야 합니다.

하나님의 말씀은 "우리에게 화목하는 직책"(고후 5:18)을 주셨다고 했습니다. 이것은 전도인의 사명을 뜻합니다. 전도도 죄인으로 하여금 하나님과 화목케 하는 일입니다. 예수님께서 "십자가로 하나님과 화목하게" 하신 것과 "원수 된 것을 십자가로 소멸"하신 것을 전하는 일이 전도입니다(엡 2:16 이하). 이 전도의 일이 짠맛입니다. 전도하지 않는 사람은 짠맛을 잃어버린 소금돌 같습니다. 선교는 그 무엇보다 소금의 역할을 하는 일입니다.

그러므로 선교하지 않는 교회는 맛 잃은 소금돌과 같습니다. 세상 사람들에게 짓밟히게 됩니다. 오늘날 사회가 교회를 향하여 비난하는 것은 교회가 짠맛을 잃어버렸기 때문입니다. 죄의 부패와 오염으로 죽어가는 사람들을 "소금정신"으로 먼저 위로 하나님과의 화목을 이루도록 전도하고 멀리 선교해야 합니다.

(2) 나로 하여금 사람끼리 화목하도록 해야 합니다.

먼저는 가정의 화목을 이루어야 합니다. 부부가 불신, 반목한다면 어찌 그 가정이 작은 천국이 되겠습니까? 지옥의 축소판 같은 가정에 화목이 없기 때문입니다. 하나님의 말씀은 "마른 떡 한 조각만 있고도 화목하는 것이 육선이 집에 가득하고 다투는 것보다 나으니라"(잠 17:1)고 했습니다. 짠맛 잃은 가정이 되지 않도록 가정에서 화목의 제물이 됩시다. 화목제물이 희생제물이듯이 화목을 위하여 희생합시다. 그리고 교회의 화목을 도모합시다. 가정에서 화목한 분들이 교회에서는 반목과 불신을 일으키는 분들이 되어서는 안 됩니다. 하나님의 말씀은 "모든 사람으로 더불어 화평함과 거룩함을 좇으라 이것이 없이는 아무도 주를 보지 못하리라"(히 12:14)고 경고했습니다.

바울 사도께서는 "…하나님의 교회에나 거치는 자가 되지 말고"(고전 10:32), "사랑 안에서 가장 귀히 여기며 너희끼리 화목하라"(살전 5:13)고 권고했습니다.

우리는 다른 사람들을 위한 거침돌이 아니라 디딤돌이 되어야 합니다. 할 수 있는 대로 모든 사람과 더불어 평화를 누리도록 힘써야 합니다. 서로 화목케 하는 짠맛을 되살리는 성도들이 되심으로 가정과 교회, 직장과 사회에서 "세상의 소금"이 되시길 주님의 이름으로 축원합니다. †

39
고난과 순종

본문: 히브리서 5:7~10

초림하신 예수 그리스도는 어떤 메시야입니까? 유대인들의 통념은 영광받으시는 메시야입니다만 성경에서는 고난받으시는 메시야로 보여 줍니다. 오늘의 말씀도 역시 메시야의 고난을 보여 주고 있습니다. 고난주간을 맞이하는 종려주일에 즈음하여 고난받는 메시야를 살펴보며 경건생활에 힘써야 하겠습니다.

1. 그리스도께서 받으신 고난은 어떠합니까?

(1) 비하의 고난이었습니다.

7절 말씀에 "그는 육체에 계실 때에 자기를 죽음에서 능히 구원하실 이에게 심한 통곡과 눈물로 간구와 소원을 올렸고"라고 예수님께서 "육체에 계실 때"를 강조하고 있습니다. 이는 임마누엘 사건을 뜻합니다. 빌립보서 2장에 보면 그는 하나님과 동등하신 분이신데 하나님과 동등됨을 취하지 아니하시고 인간으로 이 세상에 오셨고, 고난받을 종으로 사셨다고 했습니다. 뿐만 아니라 저주의 죽음을 받으시고 무덤에까지 하강하셨다고 했습니다. 하나님께서 인간으로 영광의 보좌에서 저주의 무덤에까지 비하하신 것입니다. 그는 가장 낮은 곳에 임하시고 그 고통 중에서 "심한 통곡과 눈물로 기도하셨다"고 했습니다. 복음서 저자 누가는 "예수께서 힘쓰고 애써 더욱 간절히 기도하시니 땀이 땅에 떨어지는 핏방울같이 되더라"(눅 22:44)고 겟세마네 동산의 기도를 보고했습니다. 심한 통곡의 기도 역시 겟세마네의 기도였을 것입니다. 골고다의 고난을 앞에 놓고 눈물, 땀 그리고 피! 다 고통의 액체요 생명의 액체입니다. 고난의 대명사입니다. 다 비하의 고통을 보여 주고 있습니다.

(2) 사역의 고난이었습니다.

복음서 저자 마가는 예수님께서 "광야에서 사십 일을 계셔서 사단에게 시험을 받으시며 들짐승과 함께 계시니 천사들이 수종들더라"고 공사역을 앞둔 예수님의 고난을 보고했습니다. 들짐승의 자리에까지 추락했습니다. 사십 일의 금식은 극단적인 육체의 고통을 가져왔습니다만 사단의 빵의 유혹을 말씀으로 물리치고 공생애를 시작하셨습니다. 그 시작부터 죽음의 고통을 넘어야 했습니다. 난치, 불치의 환자들 그리고 귀신들린 자들로 인하여 "식사할 겨를"(막 3:20)도 없이 사단의 나라를 파괴하는 복음을 전하셨습니다.

예수님께서는 "새벽 오히려 미명에…일어나 나가 한적한 곳으로 가서 거기서 기도"(막 1:35)하셨습니다. "예수께서 낮이면 성전에서 가르치시고 밤이면 나가 감람원이라 하는 산에서" 쉬셨다고 했습니다(눅 21:37). 이 같은 일은 예수님의 "습관"이었고 감람산 야숙은 그의 고통의 모습이었습니다. 그는 습관을 좇아 새벽부터 기도하셨고 낮에 가르치시고 동네마다 다니시며 전도하셨습니다(막 1:38). 예수님의 사역 일과는 고난받는 메시야를 보게 합니다. 이 같은 사역 중에도 수많은 핍박과 위기들이 끊임없이 예수님을 위협하였습니다.

(3) 저주의 고난이었습니다.

바울 사도께서는 복음서 저자들보다 더 깊은 메시야의 고난을 보고했습니다. 그는 "그리스도께서 우리를 위하여 저주를 받은 바 되사 율법의 저주에서 우리를 속량하셨으니"(갈 3:13)라고 우리를 대신하여 율법의 저주를 받으셨다고 했습니다. 피제사에 있어서 짐승의 죽음을 생각해 보십시오. 바쳐진 제물은 제사장이 반드시 죽여야 합니다. 그 목을 따서 피를 받아 제단 뿔에 바릅니다. 그 고기는 두부 모 썰듯이 하여 희생의 제단불에 사릅니다. 처참한 죽음인 것입니다. 이사야 선지자는 이를 가리켜 그가 "산 자의 땅에서 끊어짐"(사 53:8)이라고 예언하였습니다. 이는 아버지의 생명에서 끊어짐이요, 아버지의 사랑에서 끊어짐을 뜻합니다. 사랑에서 끊어지는 고난, 고통은 우리도 경험하게 됩니다만 얼마나 큰 것입니까? 아버지의 품 안에 계셨던 그 아들이 아버지의 사랑에서 끊어지는 저주의 죽음을 당하신 것은 우리로서 헤아리기 어려운 고난이었습니다.

(4) 대속의 고난이었습니다.

예수님의 고난의 절정은 골고다 십자가의 고난이었을 것입니다. 사도 요한은 "보라 세상 죄를 지고 가는 하나님의 어린양이로다"(요 1:29)라고 하며 그의 희생적 죽음은 우리의 죄 때문이었음을 지적했습니다. 우리의 죄과를 동이 서에서 먼 것같이 멀리 옮기시기 위하여 아사셀 양과 같이 우리의 죄를 지시고 영문 밖으로 나가 죽임을 당하신 것입니다. 이사야 선지자는 멀리서 고난받는 여호와의 종 곧 메시야를 바라보면서 "그는 멸시를 받아서 사람에게 싫어버린 바 되었으며 간고를 많이 겪었으며 질고를 아는 자라…멸시를 당하였고…우리의 슬픔을 당하였거늘 우리는 생각하기를 그는 징벌을 받아서 하나님에게 맞으며 고난을 당한다 하였노라"(사 53:3-4)고 대속의 고난을 밝히 예언하였습니다. 메시야의 사중적 고난은 우리의 죄를 사하시고 구속하시기 위한 것이었습니다. 그러므로 우리는 이 큰 사랑을 받고 있음을 감사, 감격해야 합니다.

2. 이 같은 고난은 순종하는 아들이 되게 하셨습니다.

(1) 아버지의 뜻에 순종한 아들이 되었습니다.

빌립보서에는 "자기를 낮추시고 죽기까지 복종하셨으니 곧 십자가에 죽으심이라"(빌 2:8)고 아들의 순종을 밝혀 말씀합니다. 불순종한 아들 아담과 달리 둘째 아담이신 예수님께서는 아버지의 뜻에 순종하심으로 많은 사람을 아버지의 아들들이 되게 하신 것입니다(롬 5:19).

(2) 아버지의 뜻을 이루신 아들이 되었습니다.

예수님께서는 수동적으로 아버지의 뜻에 순종하신 분으로 그치는 것이 아니라 능동적으로 아버지의 구속의 뜻을 성취하신 분입니다. 겟세마네 동산에서 기도하실 때에도 "내 아버지여 만일 할 만하시거든 이 잔을 내게서 지나가게 하옵소서 그러나 나의 원대로 마옵시고 아버지의 원대로 하옵소서"(마 26:39)라고 십자가의 대속의 죽음을 피하지 않았습니다. 아버지의 뜻을 성취하신 것입니다.

3. 이 같은 고난은 온전한 아들이 되게 하셨습니다.

(1) 구원의 근원이 되셨습니다.

9절에 "자기를 순종하는 모든 자에게 영원한 구원의 근원이 되셨다"

고 밝혔습니다. 메시야 고난과 죽음은 유일한 구원의 방법이요 길이 되신 것입니다.

   (2) 구원의 사역을 성취하셨습니다.

"예수께서…가라사대 다 이루었다 하시고 머리를 숙이시고 영혼이 돌아가시니라"(요 19:30). 그는 고난의 끝에서 구원의 사역을 다 이루셨습니다. 그의 고난은 우리의 구원이 되신 것입니다. 이제 그의 남은 고난에 동참하심으로 그의 나라에 참여하시길 주님의 이름으로 축원합니다. †

40
산 소망

본문: 베드로전서 1:3~4

　이 세상에 참 소망이 있습니까? 건강과 장수, 재산과 소유, 부귀와 영화, 명예와 권세, 학벌과 학식이 영구불변의 절대적 가치를 지니는 것입니까? 아니면 일시적 가치를 지닐 뿐입니까? 전도자는 "헛되고 헛되며 헛되고 헛되니 모든 것이 헛되도다 사람이 해 아래서 수고하는 모든 수고가 자기에게 무엇이 유익한고"(전 1:2-3)라고 "해 아래서" 즉 자연의 질서 아래서 절대가치가 없음을 깨우쳤습니다. 시간이 가고, 세월이 흘러서 인간에게 죽음이 올 때에는 진정한 소망은 해 아래는 없다는 것입니다. 그러나 오늘의 말씀에는 "산 소망"을 약속합니다. 그러면 과연 산 소망이란 무엇입니까?

1. 영원히 사는 소망입니다.

　(1) 예수 그리스도의 부활로 시작된 부활 소망입니다.

　3절 초에 "예수 그리스도의 죽은 자 가운데서 부활하심으로 말미암아…"라고 예수님의 부활이 바로 인간에게 참된 소망이 됨을 교훈합니다. 바울 사도께서는 "그리스도께서 죽은 자 가운데서 다시 살아 잠자는 자들의 첫 열매가 되셨도다…먼저는 첫 열매인 그리스도요 다음에는 그리스도 강림하실 때에 그에게 붙은 자요"(고전 15:20, 23)라고 그리스도의 부활이 그를 믿는 자들의 부활을 보장하고 있음을 밝히 말씀하십니다. 밭은 첫 곡식들이 무르익을 때에는 다같이 익습니다. 그 중에 한 부분을 먼저 추수하여 감사의 제물로 드리는 것이 "첫 열매"입니다. 이는 전체를 대표하는 것이며 또 전체와 연계되어 있음을 뜻합니다. 그리스도의 부활은 그의 백성 전체의 부활을 대표하며 동시에 그의 백성들의 부활도 다같이 무르익은 곡식처럼 부활의 기운이 충만함을 뜻합니다. 그러므로 부활은 그 믿는 자들에게 현재 미래적 사건입니다. 이미 부활의 생명을 현재적으로 누리고 있으며 그리스도 재림 때에 그 부활이 완성되는 것입니다. 죄로 말미암은 죽음은 모든 소망을 파괴합니다만 부활은 모든 절망을 파괴합니다. 그러므로 부활은 산 소망입니다.

(2) 우리에게는 이미 시작된 부활 소망입니다.

3절 중간에 "우리를 거듭나게 하사"란 말씀은 우리의 생명이 이제 영생으로 새롭게 출생되었음을 가리킵니다. 예수님께서 "처음 난 자"로서 부활하셨기에 그 부활의 생명이 그를 믿는 자에게 이미 주어졌습니다. 그러므로 예수님은 부활이요 생명입니다. 그를 믿는 자는 죽어도 살겠고 무릇 살아서 그를 믿는 자는 영원히 죽지 않습니다. 우리는 이 부활의 진리를 믿습니다. 이미 부활의 축복이 우리 안에서 성취되어 가고 있습니다. 더 이상 죄와 죽음의 세력은 그리스도 안에 있는 자들에게는 무력하게 된 것입니다.

(3) 우리의 미래에 완성될 부활 소망입니다.

3절 끝에 "우리에게…산 소망이 있게 하시며"란 말씀은 부활 소망, 영생 소망, 천국 소망이 그리스도의 부활로 우리 속에 부활 생명이 시작되었고 그의 재림 시에는 이 소망이 더할 수 없이 완성된 것을 내다보는 것입니다. 그때에는 병들지 않습니다. 늙지 않습니다. 죽지도 않습니다. 그러므로 부활의 산 소망은 진정한 소망입니다. 주님께서 우리에게 주신 산 소망은 생명 주시는 소망인 것입니다.

2. 하늘의 기업을 잇는 소망입니다.

(1) 썩지 않는 기업을 잇는 소망입니다.

4절 초에 "썩지 않고"란 말씀은 부활의 영화로운 몸을 입는 사람들에게는 이 세상의 기업과 다른 하늘의 기업을 주시는데 이것은 썩지 않는 절대적 가치를 가지는 기업이라고 했습니다. 구약의 성도들은 아브라함의 언약을 따라 가나안 땅의 기업을 바라보았습니다만 그것은 하늘의 기업의 그림자와도 같습니다(신 4:21). 그리스도께서는 자기 백성들에게 새 언약을 주셨습니다. 이는 참으로 하나님은 그의 백성의 통치자요 그를 믿는 자들은 그의 온전한 보호와 축복을 누리는 그의 백성이 되는 것입니다. 부활과 하늘에 있는 기업을 누리게 되는 것입니다. 이 같은 기업을 하나님께서 보증하셨고(히 11:8), 그리스도께서도 보증하셨고(히 9:15), 뿐만 아니라 성령 하나님께서도 보증하셨습니다(엡 1:18). 삼위일체 하나님의 약속이요 보증입니다. 그러므로 꺾이지 않는 기업입니다. 그러므로 영구히 썩지 않습니다.

(2) 더럽지 않는 기업을 잇는 소망입니다.

4절 중간에 "더럽지 않고"란 불변의 기업임을 뜻합니다. 세상의 기업은 시간이 흐르면 낡아지고 달아지고 더러워지게 마련입니다. "세상은 넓고 할 일은 많다"던 대우 회장께서 자서전 출판 후에는 "귀국이냐 자살이냐"를 놓고 자신과 씨름하고 있다는 기사를 읽은 적이 있습니다. 그 큰 기업도 무너졌습니다. 현대도 삼성도 그 기업의 자산과 정신이 퇴색되고 있습니다. 얼마 전만 해도 이 거대한 기업들이 무너져 내린다고 생각했겠습니까만 현실은 역시 세상 기업의 허구성을 절감케 합니다. 예수님께서 최후의 다락방에서 제자들에게 남기신 약속 중의 하나는 내가 가서 하늘의 처소를 예비하면 다시 와서 너희들을 그 처소로 안내해 주리라고 하셨습니다. 여기에 "처소"는 문자적으로 하늘에 있는 우리의 거할 집을 뜻합니다. 세상에서는 혹시 집이 없어도 하늘나라에서는 "스카이 맨션 아파트"가 있습니다. 바로 우리의 기업 중의 하나입니다. 바로 이 기업을 바라보고 아브라함은 나온 바 고향으로 돌아갈 기회가 있었으나 그렇게 하지 않고 영구한 본향을 향하여 그리고 하늘의 기업을 향하여 나아갔다고 히브리서 기자는 보고했습니다.

(3) 쇠하지 않는 기업을 잇는 소망입니다.

세상의 기업은 세월이 흐르고 시간이 지나면 쇠퇴하기 마련입니다. 아무리 좋은 재산도 저택도 심지어 제국과 재벌도 쇠약해집니다. 세상의 질서는 흥망성쇠입니다. 그러나 하늘의 기업은 세월이 흐르고 시간이 지나면 더욱 가시화되고 현실화됩니다. 하나님의 나라가 그림자같이 가나안 땅에 비쳐졌지만 우리에게는 그 실체가 더욱 가까워졌습니다. 하늘의 보좌를 비우고 이 땅에 오신 그분을 우리의 눈으로 뵙고 믿게 되니 그러합니다. 구원과 영생도 그러합니다. 더 가까워졌습니다. 머지않아 눈물, 고통, 애통, 이별의 슬픔은 더 이상 우리를 괴롭힐 수 없습니다. 부활의 산 소망은 이것들에게서 우리를 완전히 자유케 할 것입니다. 오늘 부활절을 맞이하여 이 산 소망으로 더욱 영적 무장하시길 부활하신 주님의 이름으로 축원합니다. †

41
전도의 말씀

본문: 디모데후서 4:9~18

우리는 삶의 무게를 어디에 두고 있습니까? 오늘의 말씀은 바울 사도께서 그의 삶의 무게를 "전도의 말씀"에 두고 있었음을 보여 주고 있습니다. 그는 출생 이후 부활하신 그리스도를 다메섹에서 만나뵐 때까지는 율법의 사람이었습니다. 율법학자로서 유대사회의 전통적 율법해석을 지킴으로써 그 당시의 상류사회를 수호하려던 바리새파 율법학자였습니다. 그러나 다메섹 경험 이후부터 로마에서 순교하실 때까지는 복음적 전도의 말씀을 전파하기 위하여 진력을 다했습니다.

1. 그러면 전도의 말씀이란 구체적으로 무엇을 의미합니까?

(1) 그는 십자가 사건을 증거하였습니다.

사도행전에 나타난 바울 사도의 설교들은 한결같이 예수님께서 자기 백성을 위하여 희생의 제물이 되어 십자가에서 죽임을 당하셨다는 것들이었습니다. 어떤 학자들은 그의 아덴에서의 설교에서만 십자가의 구체적 언급이 없었기에 교회 창립에 실패하였고, 그 다음 고린도에 가서는

"십자가의 도"(고전 1:18)를 강조하였고 십자가가 하나님의 지혜임을 역설하였다고 했습니다(고전 1:23-25). 바울 사도께서는 그의 선교적 일생을 마감하면서 그의 삶의 중심이 전도의 말씀에 있었음을 고백하였습니다. 십자가 없는 전도는 구원이 없습니다. 그는 그 누구보다도 구원의 십자가 사건을 외쳤던 선교사였습니다. 오늘날 우리들의 삶에 십자가 이야기가 존재합니까? 십자가의 복음을 나누는 것이 부끄럽습니까? 아니면 자랑스럽습니까?

(2) 그는 부활 사건을 증거하였습니다.

사도행전에 나타난 그의 설교들은 항상 예수님의 부활을 증거했습니다. 이 부활 사건은 그를 믿는 자들에게 주어진 하나님의 은혜였음을 강조했습니다. 이것이 인류의 소망임을 증거했습니다. 만약 우리 믿는 자들에게 부활이 없다면 우리는 세상에서 가장 불쌍한 자요 거짓 증언자가 될 것이라고 교훈하였습니다. 그의 전도의 말씀은 그리스도와의 연합(롬 6:4-9)을 통하여 그리스도와 함께 십자가에 못박히고, 함께 죽고, 함께 장사되었다가 함께 다시 살아난다는 진리의 선포였습니다. 우리의 삶에도 이 부활의 소망이 무게를 잡고 있습니까?

2. 이 같은 전도의 말씀을 전하려고 그는 어떻게 사셨습니까?

(1) 고독을 받아들였습니다.

오늘의 본문은 "처음 변명"(16절)할 때 곧 로마감옥에 처음 투옥되었을 때에 그의 동역자들이 다 그를 버렸다고 탄식함을 보여 줍니다. 데마는 "이 세상을 사랑하여" 그를 배신하였고, 그레스게와 디도는 선한 사역 때문에 불가불 그의 곁을 떠났습니다. 두기고는 디모데를 대신하여 에베소 교회를 치기 위하여 떠났고, 알렉산더는 착한 양심을 버리고 배신하였다고 했습니다(딤전 1:20). 이같이 전도자의 길은 고독합니다. 우리가 가까운 사람들에게 "전도의 말씀"을 전할 때 대개 그들도 우리 곁에서 멀어집니다. 우리는 더 이상 그들에게 세상의 벗이 될 수 없기 때문입니다. 같이 히히덕거리며 향락에 동참하고 부정과 부패에 동참하지 않기 때문입니다.

예수님께서도 세상에서 "전도의 말씀"을 전파할 때 고독하셨습니다. 주님께서는 "여우도 굴이 있고 공중의 새도 거처가 있으되 오직 인자는 머리 둘 곳이 없다"(마 8:20)고 말씀하셨습니다. 우리의 삶의 무게가 이 세상 사랑에 있다면 우리 주변에는 사람이 모일 것입니다. 그러나 우리의 삶의 중심이 영혼을 사랑함에 있다면 우리 주변에서 사람들이 흩어질 것입니다. 그러나 우리는 이 세상에서 궁극적 삶의 목적이 하나님의 나라 확장에 있음을 명심해야 할 것입니다.

(2) 고난을 받아들였습니다.

바울 사도는 로마에 오기까지 "전도의 말씀" 때문에 핍박과 환난, 가난과 고생을 끊임없이 당했습니다. 이제 로마에도 죄 없는 죄수로 와서 처음 재판에서는 "사자의 입"에서 구출되었지만(17절), 둘째 재판에서는 사형선고를 받고 오스치안 광장에서 죽임을 당했습니다. 그는 음침하고 쓸쓸한 로마의 지하 감옥에서 드로아 가보의 집에 두고 온 한 벌의 겉옷이 그리울 정도로 가난의 고난을 받았습니다. 그는 궁핍 중에서 자족을 배웠다고 했습니다(빌 4:11). 그는 비천과 배고픔에도 일체의 비결을 익혔다고 했습니다(빌 4:12). 그러나 그는 자비량 선교사였고 아무의 은이나 금이나 의복을 탐하지 않았다고 했습니다(행 20:33). 그는 부유하고 유력한 가문에 출생하여 당대의 최고 명문 가말리엘 문하생으로 정치와 종교의 지도자였습니다만 "전도의 말씀"을 전하기 위하여 이 같은 것들을 해와 배설물같이 여겼다고 했습니다(빌 3:8).

그는 복음전파 때문에 청빈과 무소유의 고난을 달게 받았습니다. 뿐만 아니라 질병의 고난도 받았습니다. 그는 디모데 편에 "가죽 종이에 쓴 책"(13절)을 가져오도록 부탁했습니다. 이는 그의 시력이 심히 약해져서 큰 글씨로 쓰여진 책이 아니면 볼 수 없었음을 추측케 합니다. 그가 다메섹에서 부활하신 주님을 뵙게 될 때에 하늘에서 광채가 쏟아졌습니다. 이 빛으로 그가 실명했고 수일 후에 아나니아의 안수를 받고 눈에서 비늘 같은 것이 벗겨져 다시 보게는 되었지만 그때 시력에 큰 손상을 당한 것으로 생각됩니다. 왜냐하면 갈라디아 교인들이 할 수만 있으면 그들의 눈이라도 뽑아 바울 사도에게 드리고자 했다고 했기 때문입니다(갈 4:13-15). 그는 자신의 질병 회복을 위하여 기도하였지만 그의 위대한 계시 전달자로서 교만을 피하기 위하여 그에게 주어진 육체의 가시였다고 했습니다(고후 12:7-9). 그가 받은 모든 고난은 한결같이 전도의 말씀이 온전히 전파되기 위함에 있었음을 깨닫습니다. 우리들도 "전도의 말씀" 때문에 고난받고 있습니까? 기뻐하십시오. 하늘의 상이 클 것입니다.

(3) 순교를 받아들였습니다.

그의 소망같이 "천국에 들어가도록…"(18절) 그는 고독과 고난뿐만 아니라 마침내는 순교도 받아들였습니다. 그가 순교의 죽음을 피하려면 피할 수 있었을 것입니다. 그러나 그는 그렇게 하지 않았습니다. 그는 총독들과 왕과 황제에게도 거리낌없이 하나님의 나라를 증거하였습니다. 메시야 왕을 선전하였습니다. 로마의 반역죄로 순교의 잔을 받았습니다. 허무한 죽음도 비참한 죽음도 아닌 순교적 죽음이었습니다. 그는 무엇을 위하여 살며, 무엇을 위하여 고생하며, 무엇을 위하여 죽을 것인가를 아셨습니다. 오늘 선교주일을 맞아 우리는 어떻게 살며, 무엇을 위하여 사는지를 생각케 하시는 주님의 은혜가 충만하시길 주님의 이름으로 축원합니다. †

42
빛이 되게 하소서

본문: 마태복음 5:14~16

오늘날을 어떤 시대라고 하면 좋겠습니까? 역사가들은 중세를 "암흑의 시대"(Dark Age)라고들 합니다만 오늘날은 더욱 캄캄한 시대라 하지 않을 수 없을 것입니다. 특히 인간의 도덕과 윤리가 빛을 잃어가고 있습니다. 이사야 선지자가 주전 6세기에 무너져 가는 이스라엘을 바라보면서, 악인이 창성하고 의인이 고통 당하는 현실을 바라보면서 "…어두움이 땅을 덮고 캄캄함이 만민을 가리우고 있노라"(사 60:1-3)고 탄식했던 것이 생각납니다. 오늘의 말씀에서 예수님께서는 "너희는 세상의 빛이라"고 하셨습니다. 이 빛은 현상계를 밝히는 물리적인 빛 곧 어둠의 진동으로 발생하는 빛을 의미하지 않습니다. 여기에 "포스"란 빛의 의미는 어두워진 심령의 세계를 밝히는 영적인 빛입니다. 그러면 "세상의 빛"이란 과연 어떤 빛을 뜻합니까?

1. 이성의 빛입니다.

하나님께서 사람을 동물들과 구별하신 것 중에 하나는 인간에게 생각하는 기능을 주신 것입니다. 성경에는 "이성 없는 짐승"(벧후 2:12)이라고 함으로써 동물들에게는 사색의 능력이 없음을 밝혔습니다. 단지 본능으로 살아갑니다. 이성은 사고의 규범으로 마음에 좌소를 두고 있습니다. 사람의 모든 생각들은 그 마음에서 나옵니다. 그러므로 예수님께서 "…사람에게서 나오는 그것이 사람을 더럽게 하느니라 속에서 곧 사람의 마음에서 나오는 것은 악한 생각 곧 음란과 도적질과 살인과 간음과 탐욕과 악독과 속임과 음탕과 흘기는 눈과 훼방과 교만과 광패니 이 모든 악한 것이 다 속에서 나와서 사람을 더럽게 하느니라"(막 7:20-23)고 경고하셨습니다. 성경에는 이 같은 이성의 기능에 따라 세 종류의 사람을 보여 줍니다.

(1) 이성을 상실한 사람이 있습니다.

특히 구약에서 "어리석은 자"(시 14:1; 53:1), "깨닫지 못하는 자"(시 49:20), "미련한 자"(잠 14:9; 23:9; 26:5,12)는 생각이 아주 모자라는 사람을 가리킵니다. 이들은 "하나님이 없다" 하고 하나님의 말씀을 "심상히 여기며" 스스로 교만해진 사람들입니다. 신약에서는 이 같은 사람들을 가리켜 "이성 없는 짐승"(벧후 2:12) 같다고 했습니다. 이런 사람의 인격에는 빛이 없습니다.

(2) 이성이 부족한 사람이 있습니다.

하나님의 말씀은 "…알지도 못하고 깨닫지도 못함은…마음에 생각도 없고…"(시 44:18-19)라고 사색과 묵상이 부족한 사람을 책망했습니다. 이성의 능력이 부족한 사람은 신앙을 가져도 미신으로, 광신으로, 우상으로 기울어지고 맙니다. 이런 사람의 인격에는 밝은 빛이 있을 수 없습니다.

(3) 이성을 활용하는 사람이 있습니다.

특히 잠언에서 "지혜로운 자"(잠 15:24; 24:5-6)는 깊은 사색과 묵상으로써 진리 지식을 습득하고 "위엣 것을 생각"(골 3:2)하며 "계시 의존 사색"합니다. 바로 신앙하는 이성이요 가정과 교회와 사회를 유익하게 하며 그 인격과 사역에 빛을 발합니다. 예수님께서 너희가 "세상의 빛" 이라고 하신 말씀은 이 같은 사람이 되라는 교훈입니다.

2. 양심의 빛입니다.

이성은 사색하는 기능이라면 양심은 행동하는 기능입니다. "착한 양심을 가지라"(딤전 1:19)고 하셨습니다. 이는 행동의 규범인 양심을 선용하라는 뜻입니다. 착한 양심은 빛을 발합니다. 양심은 우리의 내면의 세계에 하나님께서 기록해 두신 율법입니다(롬 2:14-15). 양심으로 선악을 분별하며, 죄와 벌을 인식하며, 하나님의 존재와 섭리를 시인케 합니다. 이 양심의 자책의 기능에 따라 세 종류의 사람을 생각할 수 있습니다.

(1) 양심의 소리를 듣지 못하는 사람이 있습니다.

성경에는 선악의 분별력이 전혀 없는 사람을 "양심에 화인 맞는 사람"(딤전 4:2)이라고 했습니다. 이런 사람은 어두움의 사람입니다. 죄와 악을 음식처럼 먹고 마시고 사는 사람입니다. 그 인격과 사역에 착한 행실이 전혀 없습니다. 그러므로 영적인 빛이 있을 수 없습니다.

(2) 양심의 소리에 둔한 사람도 있습니다.

양심의 기능이 있긴 있되 약화된 사람입니다. 때로는 양심의 소리를 전혀 못들을 때도 있습니다. 바로 "약한 양심"(고전 8:7; 8:12)입니다. 조그마한 이익과 쾌락에도 중심을 잃어버리고 탐욕으로 이성과 믿음이 파괴된 사람입니다. 은혜를 입어도 감사치 않고 원망하고 불평하는 사람들입니다. 역시 다른 사람들에게 빛을 확실하게 주지 못하는 사람들입니다.

　(3) 양심의 소리에 예민한 사람이 있습니다.

　"착한 양심", 곧 "선한 양심"(딤전 1:5), "깨끗한 양심"(딤전 3:9), "청결한 양심"(딤후 1:3)을 소유한 사람입니다. 영의 귀가 밝아서 말씀의 소리에도 예민합니다. 성령의 소리에도 예민하여 영성이 충만합니다. 이런 사람들은 성령을 거역하거나, 훼방하거나, 소멸하거나, 근심시키거나, 탄식시키지 않습니다. 늘 성령의 충만함을 입고 성령의 은사가 충만하여 다른 사람들에게 유익을 줍니다. 곧 그 인격과 사역에 빛이 있습니다.

3. 말씀의 빛입니다.

　이성에 통치받는 사람보다 그리고 양심의 통치받는 사람보다 계시 곧 말씀의 통치를 받는 사람이 가장 밝은 빛을 비추게 됩니다. 이성과 양심은 발광체가 아니라 반사체입니다. 그러나 말씀대로 믿고, 말씀대로 순종하는 사람은 말씀의 빛을 받게 됩니다. 다윗은 "주의 말씀은 내 발에 등이요 내 길에 빛이니이다"(시 119:105)라고 체험적 고백을 했습니다. 말씀의 조명이 없는 이성, 말씀의 조명이 없는 양심은 저급하고 고장난 것입니다. 말씀의 빛이 있을 때 우리는 그 빛을 받아 세상에 비추게 됩니다. 성도와 교회는 이제 일어나 빛을 발해야 합니다(사 60:1-3). "밤이 깊고 낮이 가까웠으니 그러므로 우리가 어두움의 일을 벗고 빛의 갑옷을 입자…방탕과 술취하지 말며 음란과 호색하지 말며 쟁투와 시기하지 말고 오직 그리스도로 옷입고 정욕을 위하여 육신의 일을 도모하지 말라"(롬 13:12-14)고 하셨습니다.

　성 어거스틴은 이 음성을 듣고 방탕한 생활에서 돌이켜 성자가 되었습니다. 지금은 "자다가 깰 때"(롬 13:11)입니다. 이제 어두움의 사람이 아니라 빛의 사람으로 세상을 밝혀야만 합니다. 우리의 빛이 곧 "착한 행실"(16절)입니다. 이제 말씀을 받아서 내 영혼과 내 가정에, 내 이웃과 내 직장에 빛을 발하십니다. 이제 "빛이 되게 하소서"라고 기도하십시다. 가정과 교회, 직장과 사회에서 빛이 되시길 소원하시는 성도들 위에 주님의 축복이 넘치시길 주의 이름으로 축원합니다. †

43
천국에서 큰 자

본문: 마태복음 18:1~10

사랑의 공동체인 가정과 교회에서 누가 "큰 사람"이라고 생각하십니까? 유교적 가부장제도 하에서는 가장 혹은 호주가 큰 사람이라고 당연히 생각하실 겁니다. 그러나 하나님의 말씀에서는 이 같은 사회적 통념을 깨뜨리고 있습니다. 경쟁의식과 승부 근성으로 늘 서로 다투던 제자들이 예수님께 "천국에서는 누가 크니이까"라고 물었습니다. 이때에 예수님께서는 "이 어린아이와 같이 자기를 낮추는 그이가 천국에서 큰 자이니라"(4절)고 대답하셨습니다. 그러면 작은 천국인 가정에서는 누가 "큰 자"이겠습니까? 바로 어린아이들입니다.

1. 왜 어린아이가 큰 자입니까?

(1) 어린아이는 그 가정의 미래입니다.

한 가정의 미래는 아이들에게 달렸습니다. 아이들이 자라서 그 가정의 미래를 결정짓게 됩니다. 아브라함의 가정은 그 아들 이삭에 의하여 신앙과 가풍, 축복과 언약을 대물림합니다. 이삭의 가정은 그 아들 야곱에 의하여, 야곱의 가정은 그 아들 요셉에 의하여 모든 것이 전승됩니다. 그러므로 그 가정의 어린아이들은 자라나는 희망이요 축복이요 또한 영광이 될 수 있습니다. 반면에 엘리 제사장의 두 아들 홉니와 비느하스는 그 가정에 자라나는 근심이요, 절망이요, 저주가 되었습니다. 우리의 자녀들이 아브라함의 자녀 이삭과 같이 "창성"과 "원수 정복"과 축복의 대물림이 있어야 합니다(창 22:17-18). 우리의 자녀들은 우리의 꽃이요, 색깔이요, 향기요, 열매입니다. 그러므로 어린아이들은 "큰 자"가 아닐 수 없습니다.

(2) 어린아이는 그 가정의 기업입니다.

시편 말씀에 "자식은 여호와의 주신 기업"(시 127:3)이라고도 했습니다. 좋은 기업은 그 가정의 미래의 행복을 보장하며 영광을 나타내게 됩니다. 그러나 망할 기업은 그 가정의 미래의 불행과 수치, 수모를 가져오게 됩니다. 바로 자식 농사의 결과가 이와 같습니다. 다른 농사는 한 번 패농하여도 다시 지을 수 있지만 자식 농사는 일평생 일모작만이 가능합니다. 한번 실패하면 그 가정의 미래는 어둡습니다. 어린아이들은 한 가정의 미래 산업으로 무한한 가능성을 가지고 있습니다. 자식이 잘 되면 그 부모는 명예와 부귀를 누리게 됩니다. 그러므로 어린아이가 큰 자입니다.

2. 그러면 어린아이를 어떻게 양육해야 합니까?

(1) 말씀으로 양육해야 합니다.

하나님의 말씀은 구원의 능력이 있습니다(롬 1:16). 창조의 능력이 있습니다(창 1:1). 회개의 능력이 있습니다(히 4:12). 그리고 온전케 하는 능력도 있습니다(딤후 3:17). 그러므로 우리 부모들이 먼저 그 "말씀을 삼가 듣고", "그 말씀을 순종하면" 자녀 형통의 복이 따라옵니다(신 28:1-2, 4). 뿐만 아니라 하나님의 말씀을 어려서부터 곧 어머니의 "무릎 학교" 그리고 "젖가슴 학교"에서부터 가르쳐야 합니다. 지혜자는 "마땅히 행할 길을 아이에게 가르치라 그리하면 늙어도 그것을 떠나지 아니하리라"(잠 22:6)고 했습니다. 자식 농사에 패농하는 이유 중에 하나는 말씀 교육보다 학교 교육, 과학 교육, 기술 교육, 기능 교육, 예능 교육 등 직업 교육에만 전심전력하기 때문입니다. 아이들이 주일학교에 와 말씀공부 하다가도 "학원가야 되요" 하면서 자연스럽게 나갑니다.

오늘날 "사람이 떡으로만 살 것이 아니요 하나님의 입으로 나오는 모든 말씀으로 살 것이라"(마 4:4)고 가르치는 곳은 교회학교뿐입니다. 인간 교육, 인격 교육은 교회에서 시행하는 말씀 교육, 성경 교육이 매우 중요합니다. 제사장의 직분과 재물과 명예를 세습하게 되는 제사장 엘리의 두 아들들은 이 말씀 교육을 가정에서 제대로 받지 못했기 때문에 망했습니다. 하나님께서 엘리 제사장에게 "네 아들들을 나보다 더 중히 여겨…스스로 살찌게 하느냐"(삼상 2:29)고 책망하셨지만, 그는 자식들을 우상화하여 선과 악을 구별하는 말씀 교육을 태만히 했습니다. 결국에는 엘리의 집에 대한 하나님의 탄식과 분노가 나타났습니다. "내가 그 집을 영영토록 심판하겠다고 그에게 이른 것은 그의 아는 죄악을 인함이니 이는 그가 자기 아들들이 저주를 자청하되 금하지 아니하였음이니라"(삼상 3:13)고 자식 교육 잘못한 것을 밝혔습니다. 이 아들들이 전쟁에 나가서 한 날 한 시에 같은 곳에서 죽고 이 소식을 듣고 그 아버지는 의자에 앉았다가 놀라 넘어져 목이 부러져 죽었습니다. 큰 비극의 주인공이 되었습니다.

(2) 교회에서 양육해야 합니다.

사무엘 선지자는 어려서 그 어머니 한나가 성전에 바쳐서 성전에서 자랐습니다. 엘리 제사장의 집에서 그 아들들과 같이 자랐습니다. 그러나 사무엘은 그 어머니 한나의 철저한 신앙교육으로 어려서부터 하나님의 음성을 들었습니다. 그는 한 시대의 지도자로서 흠도 티도 없이 하나님 앞과 사람들 앞에서 인정받는 이스라엘 민족 지도자가 되었습니다. 교회 교육보다 더 우선되는 교육은 없습니다. 오늘날 학교 우상화 교육, 학원 우상화 교육은 심각한 영적 질병을 우리 아이들에게 가져왔습니다. 많은 아이들이 신앙이 없습니다. 소망이 없습니다. 예절이 없습니다. 미래도 없습니다. 걸어다니는 시체 같고 폭탄 같습니다. 원망과 불평, 불만과 반항으로 어른들도 어거하기 힘듭니다. 부모들이 아이들을 무서워합니다. 왜 이 지경이 되었습니까? 어려서부터 교회에서 착실히 하나님 중심의 교육을 받지 못했기 때문입니다.

오늘날 세계적 교육철학은 양립되어 있습니다. 물질을 중심한 합리적 이성에 근거한 무신론적 교육 철학과 인간의 경험을 중심한 존 듀이의 실용주의 교육 철학이 그것입니다. 그 어느 것도 여호와를 경외하고 부모를 순종하며 공경하게 하는 교육이 아닙니다. 하나님 사랑, 이웃 사랑, 그리고 가족 사랑을 강조하지 않습니다. 오늘날 우리 사회는 공교육의 부실 때문에 교육 이민이 늘어가고 있습니다만 지구촌 그 어느 곳에 가도 인간 교육은 부재입니다. 오직 그래도 교회에서 아들 우상화, 딸 인형화를 막고 사랑의 채찍 곧 하나님의 말씀으로 어린아이 속에 있는 어두움과 어리석음을 추방합니다. 이 같은 교회 교육, 주일학교 수업과 수련회 훈련 등을 소홀히 하시면 한국에서나, 호주, 캐나다, 아니 미국에서도 수년 후에는 자식 농사에 패농하고 탄식케 될 것입니다. 어린아이들을 실족케 해서는 안 됩니다(6절). 업신여겨서도 안 됩니다(10절). 우리의 아이들이 우리네 가정에 자라나는 희망이요, 축복이요, 영광이 되어야지 자라나는 절망이요, 저주요, 수모가 되어서는 결코 안 됩니다.

오늘 어린이 주일을 맞이하여 천국과 가정에서 큰 자인 어린아이들을 새삼 돌아보시며 자식 농사에 성공하시길 주님의 이름으로 축원합니다. †

특강 1

사도행전 연구

1
땅끝까지 내 증인

본문: 사도행전 1:1~11

예수님의 제자들은 예수님께서 십자가에 못박혀 죽으심과 사흘 후에 부활하심을 눈으로 친히 본 목격자들이었습니다. 예수님의 제자들에게 있어서 십자가 사건과 부활 사건은 불신에서 신앙에로의 전환점이 되었습니다. 그러나 보혜사 성령을 받기 전에는 십자가 사건과 부활 사건의 증인으로 나타나지는 못했습니다. 예수님께서 승천하시기 직전에 "예루살렘을 떠나지 말고 내게 들은 바 아버지의 약속하신 것을 기다리라"(4절; 요 14:25; 눅 25:28-49)고 하셨습니다. 이는 보혜사 성령을 받기 전에는 예수 그리스도의 부활 증인으로 복음 전도자가 될 수 없음을 뜻합니다.

〈오늘의 공부〉

1. 부활하신 예수님께서 다락방에서 두려워하고 있는 제자들에게 주신 성령과 관련된 말씀은 무엇입니까?
   (1) 요한복음 20:21-22
   (2) 4절

2. 예수님께서 최후의 만찬 자리에서 제자들에게 주신 성령과 관련된 말씀은 무엇입니까?
   (1) 요한복음 14:25
   (2) 누가복음 24:47, 49

3. "성령으로 세례를 받음"과 "물로 세례를 받음"을 설명해 보십시오.
   (1) 성령 세례(마 3:11)
   (2) 물 세례(막 1:4)

4. 성령이 임하시는 결과(8절)를 두 가지로 설명해 보십시오.
   (1)
   (2)

5. 예수님의 지상명령(마 28:19-20)과 선교 명령(8절)을 비교해 보시고 동일한 강조점을 지적해 보십시오.

6. 예수님의 승천 모습(10-11절)과 재림 모습을 비교해 보시고 동일한 강조점을 지적해 보십시오.

7. 당신의 성령 체험담을 간증해 보십시오.

2
마음을 같이 하여

본문: 사도행전 1:12~26

　예수님의 십자가의 죽음, 부활과 승천을 목격한 제자들은 "아버지의 약속하신 것"(행 1:4)을 기다리기 위하여 한 큰 다락방에 모였습니다. 약 120여 명이 약속하신 성령을 받기 위하여 "마음을 같이 하여 전혀 기도에 힘썼습니다"(14절). 신약의 최초의 교회였던 예루살렘 교회는 "마음을 같이 하여" 합심기도에 힘쓴 결과 사도 보선을 마치고 성령 충만과 은사 충만도 받았습니다.

〈오늘의 공부〉

1. 성도들이 "마음을 같이 하여" 무슨 일에 힘썼습니까?
   (1) 14절
   (2) 2:46
   (3) 5:12
   (4) 15:26(참고 "일치가결"이란 말은 "마음을 같이 하여"란 말과 똑같습니다.)

2. 우리가 사도 교회의 전승을 이어가는 교회를 세우려면 어떻게 해야

하겠습니까?

3. 마음을 같이 한 120여 명의 성도들은 예수님의 제자 곧 사도들을 포함하여 남녀노소, 빈부귀천을 초월한 다양한 사람들이었습니다. 어떻게 하나가 되었다고 생각하십니까?

4. 가룟 유다의 비참한 종말을 묘사해 보십시오. 왜 이같이 되었다고 생각하십니까?

5. 가룟 유다에 대한 구약의 예언은 어떻게 성취되었습니까?
   (1) 시편 69:25
   (2) 시편 109:8

6. 사도의 자격론을 설명해 보십시오.

7. 사도의 중심적 사역은 무엇이었습니까?
   (1) 22절
   (2) 25절

8. 맛디아의 성공의 비결이 무엇이었다고 판단하십니까?

3
성령의 충만

본문: 사도행전 2:1~13

　예루살렘 교회 성도들은 모이기를 힘쓰고(행 2:46), 모여서 기도하기를 힘썼습니다(행 1:14; 2:1, 46). 주님께서 약속하신 성령(행 1:4-5)을 충만히 받았습니다. 성령의 충만과 동시에 성령의 은사도 받았습니다. 세상 사람들은 그들을 "새 술에 취했다"(행 2:13)고 했습니다. 이는 그들이 술취한 사람처럼 기쁨이 충만했었기 때문입니다.

〈오늘의 공부〉

1. 성령의 충만은 어떤 사람들에게 임했습니까?
   (1) 사도행전 1:14; 2:1
   (2) 사도행전 10:44-47

2. 성령의 충만을 받기 위하여 힘써야 할 것이 무엇입니까?
   (1) 1, 46절; 5:12
   (2) 사도행전 1:14; 2:42
   (3) 사도행전 10:44-48

3. 성령의 충만에 따라온 은사가 무엇이었습니까?
   (1) 4절
   (2) 6, 8, 11절
   (3) 4절에 나타난 방언과 6, 8, 11절에 나타난 방언은 어떻게 다릅니까?

4. 예루살렘 교회에 나타난 방언의 역사는 무슨 장벽을 넘어가게 합니까? 무슨 목적입니까?

5. 바벨탑 사건(창 11:1-9) 이전에는 세상의 언어는 몇 종류였습니까?

6. "다른 방언"에 대하여 성경은 어떤 교훈을 합니까?
   (1) 고린도전서 14:1-4
   (2) 고린도전서 14:39-40

7. "자기 방언"(6절)과 "다른 방언"(4절)의 용도를 구별해 보십시오.

8. 성령이 충만한 모습을 사람들이 어떻게 조롱했습니까? 당신에게도 이 같은 성령충만의 경험이 있습니까?

4
주와 그리스도

본문: 사도행전 2:14~36

　예수님을 세 번씩이나 부인했던 베드로 사도께서 오순절에 성령의 충만함을 받고 예수님의 십자가의 대속적 죽음과 육체적 부활의 목격자적 증인으로 외칠 때에 한 날에 삼천여 명이나 회개하는 기적의 역사가 일어났습니다. 이는 "오직 성령이 너희에게 임하시면 너희가 권능을 받고…내 증인이 되리라"는 주님의 예언이 성취되었음을 보여 줍니다. 이는 예수님께서 주와 그리스도가 되신 증거인 것입니다.

〈오늘의 공부〉

1. 베드로 사도의 설교의 두 중심은 무엇이었습니까?
   (1) 23-24절
   (2) 26-27절
   (3) 36절

2. 예수님이 "주" 되셨다는 의미는 무엇입니까?
   (1) 도마의 고백의 중심 용어는 무엇입니까?(요 20:28)
   (2) 예수님께서 높힘(승천) 받은 이름은 무엇입니까?(빌 2:5-10)

(3) 세례 고백의 중심 용어는 무엇입니까?(롬 10:9-10)

3. 당신은 예수님을 "주"로 고백합니까? 그리고 예수님은 당신에게 그리스도가 되십니까? 사울은 예수님을 누구라고 고백했습니까?
   (1) 사도행전 9:5
   (2) 사도행전 9:22

4. 1세기 로마시대에는 예수를 "주" 혹은 "그리스도"로 부르는 자를 핍박했습니다. 심지어 순교를 당하기도 했습니다. 오늘날도 이 때문에 불이익을 당할 수도 있습니다. 그래도 당신은 예수님을 주로, 그리고 그리스도로 고백하시며 신앙할 수 있습니까? 당신의 심정을 간증해 보십시오.

5. 오순절의 성령의 충만함은 어느 선지자의 어떤 예언의 성취였습니까?
   (1) 16절
   (2) 17-18절

6. 우리는 어떤 일에 증인이 되어야 합니까? 31, 32절을 읽으시고 설명해 보십시오.

5
구원받은 사람들

본문: 사도행전 2:37~47

성령의 충만함을 받은 베드로 사도의 설교를 들은 사람들은 회개하고 세례를 받고 죄사함과 성령을 선물로 받았습니다. 믿음은 말씀을 들음에서 납니다(롬 10:17). 그들은 "마음을 같이 하여" "기도하기를 전혀 힘썼"습니다. 그리고 성전에 모이기를 힘썼습니다. 그리고 성도의 교제와 섬김에 힘썼습니다. 이것이 구원받은 사람들의 모습임에 틀림이 없습니다.

〈오늘의 공부〉

1. 베드로 사도의 말씀을 들을 때 어떤 역사가 나타났습니까?
   (1) 37절
   (2) 사도행전 10:44-47

2. 베드로 사도의 말씀은 결국 어떤 말씀이 되었습니까?
   (1) 사도행전 11:14
   (2) 사도행전 11:18

3. 베드로 사도와 같이 하나님의 말씀의 전달자들의 말씀은 누구의 말

씀과 같습니까?(행 10:33)

4. 당신은 주의 종들의 말씀(설교)을 들을 때 어떤 마음으로 듣습니까?(행 17:11)

5. 우리가 주의 말씀을 들을 때 어떤 기도가 필요합니까?(행 16:14-15)

6. 말씀 받고 구원받은 사람들의 삶은 어떠했습니까?
 (1) 41절
 (2) 42절
 (3) 44-45절
 (4) 46절
 (5) 47절

7. 이상에서 당신의 삶에는 어떤 것이 있습니까? 어떤 것은 없습니까? 간증해 보십시오.

6
예수 그리스도의 이름으로

본문: 사도행전 3:1~10

사도들은 "생명의 주"(15절) 곧 "나사렛 예수 그리스도의 이름으로" 기적을 베풀어 치유와 축사의 사역을 감당했습니다. 개인의 권능과 경건이 아니라 "그 이름"이 능력이 있습니다. 우리들도 그 이름으로 기도합니다(요 15:16). 우리들도 성령의 은사를 받아 "그 이름으로" 초자연적 능력을 행할 수 있습니다.

〈오늘의 공부〉

1. 예수 그리스도의 이름을 믿는 자에게 어떤 권세를 주십니까?
   (1) 요한복음 1:12
   (2) 요한일서 5:13
   (3) 6, 16절

2. 구원을 얻을 만한 다른 이름이 있습니까? 기독교의 절대 구원론과 타종교의 상대 구원론에 대한 당신의 견해는 어떠합니까?
   (행 4:12)

3. 표적과 기사를 일으키는 다른 이름이 있습니까?(행 4:10, 30)

4. 예수 그리스도란 이름에 대한 사도들의 신앙자세는 어떠했습니까? (행 4:19-20)

5. 우리가 병든 자와 구걸하는 자에게 꼭 줄 것이 무엇입니까?(6절)

6. 나면서 앉은뱅이 된 자의 장애와 가난의 근본문제는 어떻게 해결되었습니까?

7. 1세기에는 예수 그리스도의 이름을 믿고, 그 이름으로 능력을 행하며, 그 이름을 전파하며, 그 이름을 높이는 자를 "그리스도인"이라고 불렀습니다(행 11:26). 당신도 이같이 불리우고 있습니까? 아니면 그 이유가 어디에 있다고 생각합니까?

7
사도들의 복음

본문: 사도행전 3:11~26

사도행전에는 베드로 사도를 비롯하여 바울, 야고보 그리고 집사 스데반의 설교가 기록되어 있습니다. 이들의 설교들은 한결같이 두 기둥이 서 있습니다. 곧 예수 그리스도의 십자가 대속적 죽음과 영원한 육체적 부활입니다. 그러므로 사도적 교회는 이 두 가지 사건을 그들의 복음으로 삼았습니다. 오늘날 사도적 복음이 점점 바래지고 있습니다. 다른 복음들이 나타나고 있습니다. 우리들은 사도적 복음을 파수하고 전파해야 합니다.

〈오늘의 공부〉

1. 베드로 사도는 나면서부터 앉은뱅이 된 자가 어떻게 치유되었다고 했습니까?
   (1) 누구의 권능과 경건으로 치유되었습니까?
   (2) 오늘날의 치유 신학과 베드로 사도의 치유는 어떻게 다릅니까?
       〈참고 16절〉
   (3) 치유는 무엇의 결과로 보아야 합니까?〈참고 16절, 약 5:15〉

2. 베드로 사도의 설교의 두 가지 강조점은 무엇입니까?
   (1) 사도행전 2:23-24
   (2) 15절
   (3) 사도행전 10:34-43

3. 십자가와 부활이 없는 설교, 곧 인간적 흥미와 교양, 철학과 도덕을 논하는 설교의 위험성을 지적해 봅시다.
   (1) 갈라디아서 1:6-9
   (2) 고린도전서 1:17-18

4. 우리의 신앙생활이 유쾌하게 되려면 먼저 해야 할 것이 무엇입니까?
   (1) 19절
   (2) 사도행전 2:38

5. 모세가 말한 "나 같은 선지자"는
   (1) 누구입니까?〈참고 22절; 신 18:15-19〉
   (2) 누구와 같습니까?〈25절〉
   (3) 그분의 복을 받으려면 어떻게 해야 합니까?〈22-23절〉

6. 은혜받은 십자가 설교, 부활 설교를 간증문으로 간략하게 작성하시고 다락방 모임에서 서로 나눕시다.

8
구원 종교

본문: 사도행전 4:1~12

　인간이 구원받는 것은 하나님의 말씀 그리고 예수 그리스도의 말씀을 믿는 데 있습니다. 이 같은 말씀 신앙은 말씀을 들을 때에 발생합니다(4절; 롬 10:17). 그러므로 말씀이 육신이 되어 우리 가운데 오신 예수 그리스도는 유일한 구원의 길입니다. 베드로 사도의 설교의 결론은 "다른 이로서는 구원을 얻을 수 없나니 천하 인간에 구원을 얻을 만한 다른 이름을 우리에게 주신 일이 없음이니라"(12절)고 했습니다. 이는 구원에 있어서 기독교의 절대성을 교훈하고 있습니다.

〈오늘의 공부〉

1. 하나님의 말씀이 선포될 때 어떤 반응이 나타납니까?
   (1) 1-2절
   (2) 3절

2. 말씀을 들은 사람 중에 믿는 자가 많은 이유가 무엇입니까?
   (1) 사도행전 10:44-46
   (2) 로마서 10:17

3. 사도들의 설교와 특히 베드로 사도의 설교의 내용은 무엇입니까?
   (1) 2절(사도들의 설교)
   (2) 10절(베드로 사도의 설교)

4. 사도들이 치유 혹은 신유의 사역을 행할 때에는 누구의 이름으로 행하였습니까?
   (1) 10절
   (2) 그 이유가 무엇입니까?

5. 기독교는 부활의 종교입니다. 사도들은 "부활하는 도"(2절)를 전하는데 열심했습니다. 당신은 "부활하는 도"를 믿습니까? 부활종교야말로 구원 종교입니다. 사도들의 부활관을 살펴보고 자신의 부활신앙을 간증합시다.
   (1) 베드로 사도의 부활신앙(벧전 1:3-4)
   (2) 바울 사도의 부활신앙(고전 15:19, 51-58)
   (3) 나의 부활관

9
사랑의 공동체

본문: 사도행전 4:13~37

　신약 최초의 교회였던 예루살렘 공동체(Jerusalem Community)는 은혜로운 사랑의 공동체였습니다. 제도나 무력에 의한 공사주의 식의 생활 공동체가 아니었습니다. 성령의 충만을 받은 성도들이 "한마음과 한 뜻이 되어 모든 물건을 서로 통용하고 제 재물을 조금이라도 제 것이라 하는 이"(32절)가 하나도 없었습니다. "밭과 집 있는 자는 팔아 그 판 것의 값을 가져다가 사도들의 발 앞에 두매 저희가 각 사람의 필요를 따라"(34-35절) 나눠 주었습니다. 유무상통했습니다. 이것이 진정한 교회의 모습입니다.

　〈오늘의 공부〉

1. 사도들은 본래 어떤 분들이었습니까?
  (1) 13절
  (2) 요 20:19

2. 성령의 충만을 받은 후의 사도들은 어떠합니까?
  (1) 14절

(2) 19절
(3) 29-30절

3. 성령이 충만할 때에 어떤 일에 힘쓰게 됩니까?
   (1) 8-12절
   (2) 31절
   (3) 사도행전 7:54-60
   (4) 8절

4. 예루살렘 공동체가 어떤 은혜로 시작되었습니까?
   (1) 33절
   (2) 히브리서 11:35-38

5. 예루살렘 성도들의 생활 모습을 지적해 보십시오.
   (1) 32-35절
   (2) 37절
   (3) 사도행전 1:14
   (4) 사도행전 2:46상; 사도행전 5:12
   (5) 사도행전 2:46하
   (6) 행 5:42

6. 예루살렘 교회와 비교할 때 우리 교회에서 부족한 생활 모습은 어떤 것입니까? 그 이유는 무엇입니까? 어떻게 하면 예루살렘 교회와 같이 될까요?

10
성령을 속이는 죄

본문: 사도행전 5:1~11

 예수님께서 약속하신 그 성령이 오순절에 임하므로 사도들과 예루살렘 교회 성도들은 성령 체험, 말씀 체험, 은사 체험을 하면서 사랑의 공동체로 교회가 신속하게 성장, 부흥하게 되었습니다. 이때에 사단이 유무상통하는 교회를 공격하기 위하여 아나니아와 그 아내 삽비라를 물질로써 유혹하였습니다. 그들은 성령을 속이고 땅을 판 값의 얼마를 감추고도 전부를 봉헌하는 것같이 했습니다. 교회와 더불어 짓는 죄는 그 심판적 형벌이 신혹하게 임했습니다. 온 교회가 크게 두려워하면서 주의 영을 시험하는 사단을 경계했습니다.

〈오늘의 공부〉

1. 성령 하나님께 범죄하는 예를 조사해 보십시오.
   (1) 3, 9절
   (2) 마태복음 12:31
   (3) 마태복음 12:32
   (4) 사도행전 7:51
   (5) 로마서 8:20

(6) 데살로니가전서 5:19
(7) 에베소서 4:30
(8) 이 중에서 용서받지 못하는 죄는 어떤 죄들입니까?
(9) 왜 그 같은 죄는 용서받을 수 없습니까?

2. 사단의 역사가 어떠합니까?
(1) 3절
(2) 마태복음 16:23
(3) 요한복음 13:2

3. 예루살렘 교회의 성도들의 봉헌은 자발적이었습니까? 그러면 왜 아나니아 부부는 거짓 봉헌을 하였다고 생각하십니까?
(1) 사도행전 4:34-37(예루살렘 교회상)
(2) 아나니아 부부가 시험받은 이유는?

4. 아나니아 부부는 결과적으로 누구에게 어떻게 거짓말했습니까?
(1) 3절(1단계)
(2) 3절하(2단계)
(3) 4절(3단계)

5. 부흥하는 교회에는 어떤 일이 있을 수 있나요? 예루살렘 교회의 아나니아 사건을 들어서 예측해 보십시오.

11
어디에 있든지

본문: 사도행전 5:12~42

사도들은 "날마다 성전에 있든지 집에 있든지 예수는 그리스도라 가르치기와 전도하기를 쉬지 아니하"였습니다(42절). 그들은 하나님을 위하여 열심히 일했습니다. 또한 하나님께서는 "표적과 기사"로써 사도들을 위하여 일하셨습니다. 예수님께서 전도자들에게 주신 임마누엘의 약속 곧 "볼지어다 내가 세상 끝날까지 너희와 항상 함께 있으리라"(마 28:20)는 초자연적 축복이 실현되고 있는 것입니다.

〈오늘의 공부〉

1. 사도들이 어디에 있든지 힘쓴 일들은 어떤 일들입니까?
   (1) 16절에 나타난 두 가지 사역을 지적해 보십시오.
   (2) 20, 21, 25절
   (3) 42절

2. 사도들의 사역을 하나님께서 어떻게 협력하셨습니까?
   (1) 12절
   (2) 19절

(3) 32절
　　(4) 41절

3. 가정 복음화의 원리가 어디에 있습니까?
　　(1) 두 가지 원리를 지적해 보십시오(41절).
　　(2) 사도 교육의 자료는 무엇이었습니까?(20절)
　　(3) 사도 전도의 내용은 무엇이었습니까?(30-31절)
　　(4) 로마서 10:17과 디모데후서 3:15은 가정 복음화와 어떤 관계가 있습니까?

4. 사도 시대는 표적과 기사, 축사와 기적이 많이 나타났던 시대였습니다. 오늘날에도 이와 같습니까? 차이가 있습니까?
　　(1) 사도직이 계속되고 있습니까?
　　(2) 사도들에게 주신 기적은 계속되고 있습니까?
　　(3) 마가복음 16:17-18을 믿습니까? 이 같은 기적이 언제 나타날까요? 사도행전 28:1-6을 읽고 대답해 보십시오.

5. 사도들과 초대교회 성도들의 모습에서 말씀의 생활화를 보게 됩니다. 그들은 어떻게 살았습니까?
　　(1) 42절
　　(2) 12절; 사도행전 2:46

6. 이단의 말로가 어떻게 될까요?(33-40절) 왜 그렇게 된다고 믿습니까?

12
말씀 중심의 교회

본문: 사도행전 6:1~7

교회는 그리스도의 말씀 위에 세워졌습니다(마 16:18). 이 하나님의 말씀, 곧 그리스도의 말씀은 성경에 쓰여졌습니다. 그러므로 교회는 성경의 교훈 위에 세워져야 하고 그 말씀대로 믿고 그 말씀대로 진행해야 합니다. 그렇지 못할 때에는 교회는 분쟁하고 쇠퇴하고 타락하여 빛과 소금의 사명을 감당할 수 없게 됩니다.

〈오늘의 공부〉

1. 건강한 교회상과 허약한 교회상을 살펴보십시오.
    (1) 건강한 교회는 어떠합니까?
        예루살렘 교회상(7절; 행 4:29-31; 계 3:8,10)
        안디옥 교회상(행 11:25-26)
    (2) 허약한 교회상은 어떠합니까?
        버가모 교회상(계 2:14-15)
        사데 교회상(계 3:3)

2. 예루살렘 교회가 왜 분쟁했습니까?

(1) 그 이유는 무엇입니까?
(2) 그 원인은 어디서 발생했습니까?
(3) 그 해결책은 무엇이었습니까?

3. 교역자들의 주된 사역, 우선적 사역은 무엇이 되어야 합니까?
(1) 4절에서 두 가지 사역을 지적해 보십시오.
(2) 이 같은 교역자의 사역을 돕기 위해서 성도들이 어떻게 해야 할까요?

4. 교회가 말씀을 제쳐놓고 다른 일에 몰두하면 어떻게 될까요?(2절) 말씀을 상실한 교회를 경험하셨다면 간증해 보십시오.

5. 교회가 말씀 가르치는 일, 말씀 듣는 일, 말씀을 전하는 일에 전무하면 어떻게 될까요?(7절)
(1) 사도행전 2:37-39
(2) 사도행전 10:44-48
(3) 사도행전 12:24-13:3
(4) 사도행전 16:11-15
(5) 사도행전 17:10-14

6. 내가 속해 있는 교회의 모습은 어떠합니까?
(1) 은사 중심, 신유 중심 등 기적에 기반을 두고 있는 교회입니까?
(2) 아니면 말씀 중심의 교회입니까?
(3) 그 이유를 말씀해 보십시오.

13
스데반의 순교

본문: 사도행전 6:8-7:60

예루살렘 교회의 일곱 집사들 중의 한 사람이었던 스데반 집사는 "은혜와 권능이 충만한 사람"(8절)이었고, "지혜와 성령이 충만한 사람"(10절; 7:55)이었습니다. 그는 예수 그리스도의 십자가 사건을 증거하다가 박해자들의 돌에 맞아 신약교회의 첫 순교자가 되었습니다. 예루살렘 교회의 기념비 같은 사역자가 되었습니다.

〈오늘의 공부〉

1. 기사와 표적이 누구에게 나타났습니까?
   (1) 사도행전 5:12
   (2) 8절
   (3) 사도행전 7:36
   (4) 이 같은 사실에 무엇을 깨닫게 됩니까?

2. 성령의 충만함은 사도와 집사간에 차별이 있었습니까?
   (1) 사도행전 4:31은 무엇을 말합니까?
   (2) 사도행전 6:6; 7:55은 무엇을 말합니까?

3. 성령과 지혜가 충만하면 어떤 모습일까요?
   (1) 15절
   (2) 사도행전 7:56
   (3) 사도행전 7:60
   (4) 이 같은 모습은 누구의 모습을 생각케 합니까?

4. 스데반 집사는 믿음의 족장들을 어떻게 설명했습니까?
   (1) 5절(아브라함)
   (2) 9절; 창세기 39:1-3, 21-23(요셉)
   (3) 사도행전 7:37; 신명기 18:15(모세)

5. 성령을 거스리는 죄가 어떻게 나타났습니까?
   (1) 사도행전 7:51-52
   (2) 사도행전 7:53
   (3) 용서받지 못하는 죄를 지적해 보십시오.
      마태복음 12:31
      마태복음 12:32
      그 이유가 무엇입니까?

6. 당신이 성령충만할 때와 성령을 거스릴 때(롬 8:26; 엡 4:30)에 받는 감정을 간증해 보십시오.

14
흩어진 사람들

본문: 사도행전 8:1~25

교회는 사역의 양면성이 있습니다. 곧 모이는 교회와 흩어지는 교회입니다. 모여서 기도하고 말씀받고, 흩어져 전도하고 선교해야 하는 교회의 본질적 사역을 가리킵니다. 잘 모이는 교회라고 할지라도 잘 흩어지는 교회가 되지 못하면 하나님의 선교적 의지는 그 교회를 흩으셔서 전도하고 선교하도록 강권적으로 역사합니다.

〈오늘의 공부〉

1. 예루살렘 교회는 어떤 교회였습니까?
   (1) 사도행전 1:14
   (2) 사도행전 2:1
   (3) 사도행전 2:46
   (4) 사도행전 5:12
   (5) 이 같은 사실은 예루살렘 교회(신앙 공동체)가 어떤 교회였음을 보여 줍니까?

2. 스데반의 순교와 사울의 교회 잔멸의 결과가 어떻게 나타났습니까?
   (1) 4절

(2) 사도행전 11:19-20
(3) 한국 교회사에 이와 비슷한 역사가 있었습니까?

3. 예루살렘 교회가 핍박 후에 어떤 일을 하게 되었습니까?
   (1) 14절
   (2) 사도행전 11:22
   (3) 이 같은 사역이 어느 교회로 계승됩니까?
      ① 사도행전 13:1-3
      ② 로마서 15:22-24
      ③ 오늘날은 어느 교회로 계승될까요?

4. 복음의 말씀이 전파되는 곳에는 어떤 일들이 일어납니까?
   (1) 6절
   (2) 7절
   (3) 14-17절

5. 성령받음에 대한 올바른 이해와 그릇된 이해를 지적해 보십시오.
   (1) 올바른 이해(15, 17절, 참고 행 1:14; 2:1-4)
   (2) 그릇된 이해(18-19절)
   (3) 베드로 사도께서는 성령받음을 "하나님의 선물"(20절)이라고 하셨습니다. 그 이유가 어디에 있습니까?

6. 성령의 역사와 악령의 역사를 어떻게 구별합니까?
   (1) 성령의 역사에 앞서는 것은 무엇입니까? 14절과 17절을 비교하여 설명하십시오.
   (2) 성령을 훼방하는 악령의 역사는 어떻게 나타납니까?(행 20:7-9)
   (3) 악령의 역사를 막으려면 어떻게 해야 할까요?(참고 행 17: 10-12)

7. 하나님 말씀을 받을 때 당신은 어떤 준비를 합니까? 간증해 보세요.

15
빌립의 전도

본문: 사도행전 8:26~40

전도는 은사나 선택이 아니라 명령이요 사명입니다. 그러므로 전도는 전도자에게 성령 하나님의 강권적인 역사하심이 반드시 따라옵니다. 따라서 전도의 성공은 전도명령에 순종함에 의존합니다. 성공적인 전도자 빌립은 열린 마음으로 성령 하나님의 인도하심에 순종했습니다.

〈오늘의 공부〉

1. 전도자 빌립의 전도를 누가 이끌어가고 있습니까?
   (1) 26절
   (2) 29절
   (3) 39절
   (4) 이 같은 사실에서 우리가 깨닫는 바는 무엇입니까?

2. 전도자 빌립이 성령의 역사하심에 어떻게 순종하고 있습니까?
   (1) 26절
   (2) 29절
   (3) 우리 마음속에 전도의 열정이 일어날 때 어떻게 해야 됩니까?

(4) "성령 소멸죄"(살전 5:19)는 어떤 죄입니까?

3. 전도에 있어서 가장 중요한 일은 무엇일까요?
   (1) 누구를 소개해야 합니까? 빌립은 누구를 소개했습니까?(32-35절)
   (2) 어떻게 소개해야 합니까?(35절; 참고 행 7:42-43, 48-50)
   (3) 그 결과가 어떻게 나타났습니까?(36-38절)

4. "사지로 가는 양"은 누구의 모습을 예언한 말씀입니까? 이사야 53:7-8을 읽으시고 우리가 전도할 때에 "어린양"의 고난과 죽음에 대하여 어떻게 설명하면 좋은가를 토론해 보십시오.

5. 성공적인 전도자들의 전도 주제는 무엇이었습니까?
   (1) 베드로 사도의 경우(행 2:23-24, 36)
   (2) 스데반 집사의 경우(행 7:52)
   (3) 바울 사도의 경우(행 26:23)

6. 빌립이 전한 복음의 주제는 무엇이었습니까?
   (1) "빌립이 입을 열어 이 글에서 시작하여 예수를 가르쳐 복음을 전했다"(35절)고 했습니다. 여기에 "이 글"은 무엇을 가리키며, 그 내용은 무엇입니까?
   (2) 이 같은 전도의 주제는 무엇을 강조하는 전도법이라고 할 수 있겠습니까?

7. 당신의 전도의 주제는 무엇인지 간증해 보십시오. 왜 그 같은 주제를 강조하십니까?

16
다메섹 경험

본문: 사도행전 9:1~22

　　진정한 변화는 물리적 변화가 아니라 본질적 변화입니다. 사람의 본성이 변화되는 것은 성령의 체험을 통하지 않고는 불가능합니다. 오늘의 말씀은 성도들을 잔해하려고 위협과 살기가 등등한 핍박자 사울이 예수님이 하나님의 아들이심을 전파하는 사도 바울이 됨을 보여 줍니다. 어떻게 이 같은 변화가 가능합니까? 바로 다메섹 경험입니다.

〈오늘의 공부〉

1. 사울은 어떤 사람이었습니까?
   (1) 1절
   (2) 사도행전 22:3-4
   (3) 사도행전 8:1-3

2. 사울이 어떤 사람으로 변화되었습니까?
   (1) 20절
   (2) 21-22절
   (3) 고린도전서 15:9-10

3. 핍박자 사울이 어떻게 사도 바울이 되었습니까?
   (1) 3-5절
   (2) 11절
   (3) 17-18절
   (4) 고린도전서 15:1-8
   (5) 당신도 사울의 다메섹 경험과 같은 인생의 괘도를 수정한 변화의 체험이 있습니까? 간증해 보십시오.

4. 진정한 변화는 어떻게 시작됩니까?
   (1) 로마서 6:4
   (2) 로마서 6:6
   (3) 로마서 6:8 상
   (4) 로마서 6:8 하
   (5) 그리스도와 "함께" 하는 연합은 성령 세례입니다. 당신은 이 세례를 받았습니까?
   (6) 성령 세례 이후에는 어떻게 됩니까?
       고린도후서 5:7
       갈라디아서 2:20

5. 사울은 어떤 그릇으로 사용되었습니까?
   (1) 15절
   (2) 교회에는 어떤 그릇들이 있겠습니까?(참고: 딤후 2:20-21)
   (3) 인간들은 어떤 그릇들로 분류됩니까?
       로마서 9:21
       로마서 9:22
       당신은 어떤 그릇입니까?

17
사도들의 담대한 전도

본문: 사도행전 9:23~43

사도들의 전도는 우리들의 전도의 모범이 됩니다. 특별히 사도들이 어떻게 전도했는가 하는 사도 전도의 방법론은 우리들의 전도 전략에 구체적인 방법을 제시합니다. 특히 사도들의 담대한 전도는 전도의 모범을 보여 주고 있습니다. 그러면 오늘날 우리들이 따라가야 할 전도 전략은 어떠해야 하겠습니까?

〈오늘의 공부〉

1. 전도자에게 따라오는 핍박이 어떠합니까?
  (1) 바울의 경우를 이야기해 봅시다.
      22-23절(다메섹에서)
      27, 30절(예루살렘에서)
  (2) 베드로의 경우를 이야기해 봅시다.
      사도행전 4:12-21
      사도행전 12:1-5

2. 사울(바울)의 전도는 어떠합니까?

(1) 다메섹에서(27절)
(2) 예루살렘에서(29절)

3. 베드로와 요한의 전도는 어떠합니까?
   사도행전 4:17-19

4. 예루살렘 신앙 공동체의 전도는 어떠합니까?
   (1) 사도행전 4:31
   (2) "담대히 하나님의 말씀을 전하기 위하여"(행 4:29) 먼저 할 일은 무엇입니까?

5. 사도들은 담대하게 무엇을 전했습니까?
   (1) 27, 29절
   (2) 사도행전 4:29
   (3) 사도행전 19:8
   (4) 사도행전 28:30-31
   (5) 이 같은 담력은 어디서 나오는 것입니까?
       빌립보서 1:12-14
       고린도후서 3:12; 히브리서 3:6
       에베소서 3:12
       에베소서 6:19-20

6. 담대한 전도자가 되려면 당신에게 필요한 것은 무엇입니까?

7. 교회가 부흥하여 숫적 증가를 더하려면 교회가 어떠해야 합니까?
   31절을 중심으로 세 가지 요소를 지적해 보십시오.
   (1)
   (2)

18
경건한 가정

본문: 사도행전 10:1~8

고넬료의 가정은 "온 집으로 더불어 하나님을 경외하며 백성을 많이 구제하고 하나님께 항상 기도"하는 경건한 가정이었습니다. 이 같은 가정에 하나님께서는 말씀과 성령을 주셨습니다. 그러므로 가정 복음화와 가정 천국화가 이루어졌습니다.

〈오늘의 공부〉

1. 고넬료의 가정에는 무엇이 있었습니까?
    (1) 2절 상
    (2) 2절 중
    (3) 2절 하
    (4) 이상의 세 가지 중에 당신의 가정에 없는 것은 무엇입니까?

2. 하나님을 경외하는 가정에 주시는 축복은 어떠합니까?
    (1) 사도행전 10:44-45에서 두 가지 축복을 지적해 보십시오. 어느 축복이 우선 됩니까?
    (2) 하나님의 말씀의 역사함이 없이 성령을 받을 수 있습니까?
    (3) 성령의 역사하심이 없이 말씀을 깨달을 수 있습니까?

(4) 말씀과 성령이 충만한 가정이 되려면 어떻게 해야 됩니까?(잠 1:7; 9:10; 고전 12:8)
(5) 하나님을 경외하는 가정은 어떤 모습일까요?(시 34:9; 111:5)

3. 구제하는 가정에 주시는 축복은 어떠합니까?
(1) 잠언 11:24
(2) 잠언 11:25
(3) 잠언 28:27
(4) 가장 복된 가정은 어떤 가정일까요?(행 20:35)
(5) 가난하게 되는 이유 중의 하나를 지적해 보십시오. 또한 부유하게 되는 비결이 무엇일까요?

4. 기도하는 가정에 주시는 축복은 어떠합니까?
(1) 4-5절; 사도행전 11:13-14
(2) 사도행전 11:18
(3) 마태복음 7:11
(4) 고넬료 가정이 받은 "좋은 것"은 무엇이었습니까?(눅 11:13)
(5) 성령이 충만한 가정에 악령이 역사할 수 있겠습니까?(신 28:7)

5. 가정복음화가 이루어지려면 어떤 일들이 선행되어야 합니까?
(1) 사도행전 10:24, 33; 사도행전 11:14
(2) 사도행전 10:18
(3) 가정이 복음화되지 못하는 이유가 무엇입니까?

6. 가정 천국화가 이루어지려면 어떤 일들이 선행되어야 합니까?
(1) 사도행전 16:31-34
(2) 2절
(3) 잠언 17:1
(4) 가정이 작은 천국이 되지 못하는 이유가 무엇입니까?

19
성령의 충만

본문: 사도행전 10:9~23상

예수님의 십자가 사건과 부활 사건을 전파하는 사도들의 전도는 이스라엘의 언어와 종교, 인종과 국경을 넘어 세계로 뻗어갔습니다. 이는 지상의 이스라엘이 영적 이스라엘 곧 메시야의 나라로 확대됨을 보여 줍니다. 곧 구속사의 목적이 이루어지고 있음을 알게 합니다.

〈오늘의 공부〉

1. 베드로 사도가 비몽사몽간에 본 환상을 설명해 보십시오. 그 환상에 나타난 선교적 의미는 무엇입니까?

2. 고넬료가 본 환상(10:3-8)과 베드로가 본 환상은 어떤 면에서 서로 일치하고 있습니까?

3. 기도와 선교는 어떤 관계가 있습니까?
    (1) 사도행전 10:2 이하
    (2) 9절

4. 고넬료의 가정에 왜 베드로 사도를 파송하셨습니까?
 (1) 23-24절
 (2) 36-38절

5. 고넬료 가정의 복음화는 세계 선교와 어떤 관계가 있습니까?

6. 선교를 주도하시는 분은 누구입니까?
 (1) 사도행전 8:29, 19절
 (2) 갈라디아서 4:4-6과 요한복음 20:21-23의 연관성은 무엇입니까?

7. 복음의 세계화를 이루기 위하여 우리들이 해야 할 일은 무엇입니까? 베드로 사도의 입장에서 설명해 보십시오.

20
가정 복음화

본문: 사도행전 10:23하~48

고넬료는 "일가와 가까운 친구들을 모아…"(24절) 베드로 사도를 통하여 예수 그리스도의 십자가 대속 사건과 그 육체적 부활 사건에 대한 복음을 듣게 되었습니다. 이 결과로 그와 그의 가족 및 친구들은 성령받고, 죄사함받고 그리고 세례를 받았습니다. 이러므로 복음이 유대인에게서 이방인에게로 넘어가게 되었습니다. 세계 복음화의 시작이 고넬료 가정 복음화에서 시작되었습니다.

〈오늘의 공부〉

1. 고넬료의 신앙 자세는 어떠했습니까?
   (1) 24-26절
   (2) 33절
   (3) 이 같은 자세에서 우리가 배울 것은 무엇입니까?

2. 하나님께서 이방 선교를 이루시려고 어떻게 역사하셨습니까?
   (1) 사도행전 10:3, 30-32
   (2) 사도행전 10:19; 11:4-5

(3) 이 같은 사실에서 이방선교의 관리는 누가 하고 계신다고 생각됩니까?

3. 고넬료와 그의 일가 그리고 친구들에게 베드로 사도께서 예수 그리스도의 복음을 전한 것으로 보아서 그들에게 구원받을 믿음이 있었다고 판단할 수 있습니까? 경건생활(행 10:2, 31)과 구원의 관계를 설명해 보십시오.

4. 구원받는 믿음은 어떻게 이루어집니까?
 (1) 44절: 로마서 10:17
 (2) 45절
 (3) 47절
 (4) 43절
 (5) 당신도 이상의 세 가지 은혜를 다 받았습니까?
 (6) 이중에 제일 우선되는 은혜는 어느 것으로 생각됩니까?

5. 베드로 사도의 설교에 나타난 "화평의 복음"(36절)은 무엇을 뜻합니까?
 (1) 39절
 (2) 40절
 (3) 42절

6. 당신이 복음에 생소한 사람에게 전도하려면 무슨 이야기부터 먼저 해야 할까요? 간략하게 복음을 전하는 전도문을 작성해 보십시오. 그리고 서로 읽으면서 나눠 보십시오.

21
말씀과 성령

본문: 사도행전 10:44~48

하나님 말씀인 성경은 성령의 영감에 의존됩니다. 그러므로 성령의 역사와 말씀의 역사는 같이 갑니다. 하나님의 말씀이 선포되는 곳에 성령의 부어주심과 각종 은사들이 나타납니다. 따라서 말씀 없는 곳에는 악령들이 성령의 역사를 모방하고 표절하여 영혼을 미혹합니다. 말씀 없는 신앙운동은 결국 신비주의로 탈선하고 맙니다. 그러므로 말씀대로 믿고, 말씀대로 순종하는 곳에 성령의 충만과 은사의 충만이 임합니다.

〈오늘의 공부〉

1. 베드로 사도께서 말씀을 선포(설교 혹은 강론)할 때에 어떤 역사들이 따라왔습니까?
   (1) 44절
   (2) 45절
   (3) 46절
   (4) 이 중에서 성령의 거듭나게 하시는 성령의 중생의 역사와 관련 있는 것은 어느 것입니까?
   (5) 이 중에서 성령께서 거듭난 사람들에게 주시는 각종 은사와 관

련이 있는 것은 어느 것입니까?
(6) 중생이 먼저입니까? 은사가 먼저입니까? 그 이유는 무엇입니까?

2. 중생에 따라오는 은혜는 어떠합니까?
   (1) 사도행전 10:43
   (2) 사도행전 11:14
   (3) 사도행전 2:38

3. 방언에 대한 이해가 혼탁합니다. 성경은 방언에 대하여 어떻게 교훈하는지 살펴봅시다.
   (1) 방언의 종류는 어떠합니까?

   ① 예루살렘 교회의 방언은 어떠합니까? 사도행전 2:1-11을 읽어 보십시오. 말하는 쪽에서 나타난 방언입니까? 듣는 쪽에서 나타난 방언입니까? 특히 8절과 11절을 분석해 보십시오.
   ② 고린도 교회의 방언은 어떠합니까? 고린도전서 14:1-6을 읽어 보십시오. 방언은 금지된 것입니까? 아니면 절제를 요구합니까? 5절, 26절 그리고 39-40절을 분석해 보십시오.

   (2) 방언과 구원이 어떤 연관을 가지고 있습니까? 아니면 구원받은 사람에게 이차적으로 주어지는 성령의 은사입니까?
   (3) 방언은 성령의 특별한 은사입니까? 아니면 여러 성령의 은사들 중에 하나입니까?

4. 성령 세례와 물 세례는 다 중요합니다. 그러므로 올바른 이해가 필요합니다.
   (1) 성령 세례는 무엇입니까? 로마서 6:1-9을 읽고 네 가지 사건을 설명해 보십시오.

(2) 물 세례가 먼저입니까? 성령 세례가 먼저입니까? 47절을 읽고 판단해 보십시오.
(3) 물 세례는 왜 받습니까? 성령 세례 받은 사람, 곧 구원받고 죄사함을 받은 사람에게 외적 표시가 필요할까요? 곧 하나님의 백성임을 현실적으로 무엇으로 이해하게 됩니까?
　① 마가복음 16:15-16
　② 누가복음 3:21-22
　③ 마태복음 28:18-20

22
가정 구원

본문: 사도행전 11:1~18

개인적으로 주 예수 그리스도를 믿어 구원받는 것은 물론 한 가정이 집단적으로 구원받는 것도 하나님의 은혜입니다. 그러므로 하나님의 말씀은 "주 예수를 믿으라 그리하면 너와 네 집이 구원을 얻으리라"(행 16:3(1))고 밝히 보여 줍니다. 가족 중 한 사람이 예수 그리스도를 믿고 영접할 때에 하나님의 은총은 그 "집"에 곧 그 가족 전체에 은혜를 베풀어 주십니다. 이를 우리는 가정 구원(Household Salvation)이라 일컫습니다.

〈오늘의 공부〉

1. 고넬료의 구원 사건은 가족과 어떤 관계가 있습니까?
   (1) 사도행전 10:2, 24
   (2) 14절
   (3) 한 사람이 먼저 예수 그리스도를 영접하고 믿을 때 불신 가족들에게 어떤 영향을 끼칠 수 있겠습니까?

2. 하나님께서 믿음의 조상인 아브라함과 맺은 구속 언약은 그의 후손

들과 어떤 관계를 갖습니까?
(1) 창세기 12:7; 13:15-16
(2) 창세기 17:1-7
(3) 출애굽기 20:6

3. 가족 중의 한 사람이 믿을 때 그 가정에 어떤 일이 일어났습니까? 가정 구원의 관점에서 분석해 보십시오.
(1) 누가복음 19:1-9
(2) 사도행전 16:19-34

4. 가정 구원의 방편은 어떠합니까?
(1) 14절; 사도행전 10:44
(2) 로마서 10:17

5. 주 예수 그리스도를 믿을 때 하나님께서 어떤 은혜를 주십니까?
(1) 16-17절
(2) 18절
(3) 성령과 믿음과 회개 중에 어느 것이 최우선으로 주어집니까?
(4) 왜 구원을 하나님의 선물이라고(17절) 할 수 있습니까?

6. 부자와 나사로 사건(눅 16:19-31)을 읽고 가정 구원에 실패한 원인을 분석해 보십시오. 그리고 가정 구원의 시간적 제한성은 무엇입니까?
(1) 실패의 원인
(2) 가정 구원의 시간적 제한성

7. 성도님의 가족 중에 아직 불신자가 있다면 성도님의 믿음은 어떠해야 하며, 성도님의 행할 일은 무엇인지를 생각해 보십시오. 그들에 대한 성도님의 심정을 간증해 보십시오.

23
작은 그리스도

본문: 사도행전 11:19~26

우리는 예수 그리스도의 형상을 이루고 그리스도의 향기를 나타내야 만 합니다. 바울 사도께서는 "내가 그리스도를 본받는 자 된 것같이 너희는 나를 본받는 자 되라"(고전 11:1)고 권고했습니다. 오늘의 말씀에 "제자들이 안디옥에서 비로소 그리스도인이라 일컬음을 받게 되었더라"(26절 하)고 했습니다. 여기에 의인 "그리스도인"이란 말은 "작은 그리스도"로 이해하면 됩니다. 우리의 인격과 사역으로 우리는 이 시대의 "작은 그리스도"로 흔히 말하는 "예수쟁이"로 나타나야 합니다.

〈오늘의 공부〉

1. "스데반의 일로 일어난 환난"(19절)이란 어떤 사건을 뜻합니까? (행 7:54-8:4)

2. 신약 최초의 신앙공동체였던 예루살렘 교회는 선교와 관련하여 어떤 교회였습니까?
   (1) 사도행전 1:14
   (2) 사도행전 2:1

(3) 사도행전 5:12

3. 사울의 핍박으로 인하여 스데반 집사의 순교가 선교에 어떤 역할을 감당케 되었습니까? 마태복음 28:19과 연관하여 지적해 보십시오.

4. 바나바는 어떤 인물이었습니까?
 (1) 사도행전 4:36-37
 (2) 22절
 (3) 25절
 (4) 사도행전 13:2-3
 (5) 사도행전 15:36-41

5. 바울 사도와 바나바의 관계는 어떠합니까? 디모데후서 4:11을 읽고 판단해 보십시오.

6. 이방인 최초의 교회였던 안디옥 교회는 어떤 교회였습니까?
 (1) 누구에게서 배웠습니까?
 (2) 그 배움의 결과가 어떻게 나타났습니까?

7. 교회에는 모이는 모습과 흩어지는 모습이 같이 있어야 합니다. 이 같은 양면성을 구체적으로 지적해 보십시오.
 (1) 모이는 교회 모습
 (2) 흩어지는 교회 모습
 (3) 우리 한울교회는 이 같은 양면성에서 본다면 당신의 판단으로 어떤 교회라고 생각됩니까?
 (4) 그 이유는 무엇입니까?

24
중보기도

본문: 사도행전 11:27~12:19

　개인의 중보기도도 역사하는 힘이 큽니다. 그러나 교회적 합심 중보기도는 더욱 큰 힘의 역사를 창출합니다. 예루살렘 교회 성도들이 옥에 갇힌 베드로 사도를 위하여 마음을 같이 하여 중보의 기도에 힘쓸 때 주의 사자가 베드로 사도를 옥에서 나오게 하는 기적의 역사를 일으켰습니다. 마음을 같이 하여 전혀 기도에 힘쓰는 예루살렘 교회의 중보기도는 교회의 창립과 부흥의 원동력이 되었습니다(행 1:14; 2:4, 42).

〈오늘의 공부〉

1. 예루살렘 교회가 당면한 어려운 문제가 무엇입니까?
   (1) 11:28
   (2) 12:1-2
   (3) 12:3
   (4) 이 같은 재난들을 어떻게 해결하면 좋겠습니까?

2. 예루살렘 교회 성도들은 베드로 사도가 투옥되었을 때에 어떻게 대처했습니까?

(1) 12:5
(2) 12:12

3. 예루살렘 교회의 중보의 합심기도의 응답은 어떻게 나타났습니까?
   (1) 12:17
   (2) 마태복음 18:19-20에서 보여 주는 중보적 합심기도의 응답을 당신은 어떻게 생각하십니까? 당신의 신앙적 경험을 간증해 보십시오.

4. 개인적 중보기도의 응답은 어떠했습니까?
   (1) 창세기 18:20-33을 읽으시고 롯을 위한 아브라함의 중보기도가 어떻게 응답받았는지를 말씀해 보십시오.
   (2) 아브라함의 조카 롯이 소돔과 고모라에서 벗어난 것(창 19:29)은 어떻게 설명하면 좋겠습니까?

5. 환난과 핍박 중에 있었던 베드로 사도의 모습은 어떠합니까?
   (1) 12:6-7
   (2) 이 같은 베드로 사도의 모습도 역시 성도들의 중보기도의 영향이라고 볼 수 있습니까? 사도행전 4:29-31을 읽고 대답해 보십시오.

6. 헤롯의 교회에 대한 핍박과 그에 따른 하나님의 심판은 어떠합니까?
   (1) 12:1-3
   (2) 12:20-33

7. 교회에 대한 핍박이 하나님의 말씀을 훼방할 수 있습니까? 사도행전 12:24을 읽고 토론해 보십시오.

25
영광을 하나님께

본문: 사도행전 12:20~25

하나님의 나라와 사탄의 나라의 차이점은 영광을 누구에게 돌리느냐에 따라 구별됩니다. 하나님의 나라의 백성들은 그 영광을 언제나 하나님께 돌립니다만, 사탄의 백성들은 그 영광을 하나님께 돌리지 않고 언제나 자신들에게 돌립니다. 영광을 자신에게 돌리려고 한 천사 루시퍼가 저주받고 사탄이 된 것입니다.

〈오늘의 공부〉

1. 헤롯의 범죄를 지적해 보십시오.
   (1) 사도행전 12:1-4
   (2) 사도행전 12:19
   (3) 헤롯이 왜 이 같은 범죄를 저질렀습니까?

2. 헤롯의 교활성을 지적해 보십시오.
   (1) 20절
   (2) 성도들이 겉과 속이 다르고 시작과 끝이 다르면 다른 사람들에게 칭송받을 수 없습니다. 어떻게 하면 겉과 속이 같고, 시작과

끝이 같을 수 있을까요?

3. 헤롯의 죽음의 원인은 무엇이었습니까?
   (1) 23절
   (2) 성도들은 어떻게 살아야 합니까? 고린도전서 10:31을 읽고 대답해 보십시오.

4. 하나님께 영광이 되게 하려면 어떻게 해야 합니까?
   (1) 베드로전서 4:11
   (2) 골로새서 3:17
   (3) 고린도전서 10:31-33

5. 하나님의 나라와 사탄의 나라는 서로 긴장관계에 있습니다. 하나님의 나라가 어떻게 사탄의 나라의 침노를 막고 흥왕할 수 있습니까?
   (1) 24절
   (2) 사도행전 19:19-20

6. 하나님의 영광을 가리거나 도적질하지 않기 위하여 당신은 어떻게 노력하십니까? 간단하게 간증해 보십시오.

26
성령과 선교

본문: 사도행전 13:1~12

선교는 교회의 본질적 사역입니다. 그러므로 성령께서 선교의 영으로서 선교를 주도합니다. 성령의 충만은 선교로 이어집니다. 선교하는 교회와 성도는 성령의 충만을 받습니다. 성령의 충만은 말씀의 충만과 함께 있습니다. 예루살렘 교회가 하나님의 말씀이 흥왕하여 도전해 오는 어두움의 세력들을 격파하게 될 때에 선교가 시작되었습니다.

〈오늘의 공부〉

1. 성령의 충만함이 어떻게 나타납니까?
   (1) 사도행전 4:8
   (2) 사도행전 4:31
   (3) 9절
   (4) 예레미야 20:8-9을 읽고 예레미야의 성령충만한 모습을 설명해 보십시오. 복음을 증거하지 않고 침묵하면 어떻게 될까요?

2. 성령께서 하시는 선교적 사역을 말씀해 보십시오.
   (1) 2-3절

 (2) 4절
 (3) 요한복음 20:21-23을 읽고 선교하는 교회와 선교하지 않는 교회에 나타나는 성령의 사역을 말씀해 보십시오.

3. 안디옥 교회는 어떤 일에 힘썼습니까?
 (1) 2절
 (2) 3절
 (3) 예수님께서 며칠 동안 어떻게 기도하셨습니까?
  ① 며칠
  ② 어떻게
 (4) 모세는 며칠 동안 어떻게 기도하셨습니까?
  ① 며칠
  ② 어떻게
 (5) 예수님께서 금식 기도를 통하여 얻은 결과는 무엇입니까?
 (6) 모세가 금식 기도를 통하여 얻은 결과는 무엇입니까?
 (7) 당신은 금식 기도를 해본 적이 있습니까? 어떤 때에 금식 기도를 해야 하겠습니까?

4. 마가 요한은 어떤 사람이었습니까?
 (1) 사도행전 12:12
 (2) 5절
 (3) 사도행전 13:13
 (4) 사도행전 15:36-39
 (5) 디모데후서 4:11
 (6) 마가 요한 혹은 마가에 대한 인물평을 해보십시오.

27
구원의 말씀

본문: 사도행전 13:13~41

하나님의 말씀에는 "모든 믿는 자에게 구원을 주시는 하나님의 능력"(롬 1:16)이 있습니다. 뿐만 아니라 하나님의 말씀에는 "그리스도 예수 안에 있는 믿음으로 말미암아 구원에 이르는 지혜"(딤후 3:15)가 있습니다. 그러므로 이 하나님의 말씀을 "읽는 자와 듣는 자들과 그 가운데 기록한 것을 지키는 자들이 복"(계 1:3) 이 있습니다.

〈오늘의 공부〉

1. 안디옥 교회 출신의 선교사들은 무슨 일에 열심이었습니까?
   (1) 5절
   (2) 16절
   (3) 사도행전 13:44
   (4) 사도행전 13:48
   (5) 선교사 바울의 말씀에 대한 확신(26절)을 말씀해 보십시오.
   (6) 말씀에 대한 당신의 확신은 어떠합니까? 어떻게 말씀에 대한 확신을 소유할 수 있을까요?

2. 다윗이 왜 하나님의 "마음에 합한 사람"(22절)이 되었을까요?
   (1) 사무엘상 17:4-49
   (2) 사무엘상 24:4-7
   (3) 사무엘하 7:1-9
   (4) 당신의 생각에는 이 중에 어느 사건이 가장 여호와의 기쁨이 되었을 것으로 생각됩니까? 그 이유를 설명해 보십시오.

3. 다윗의 씨(아들)에서 예수 그리스도께서 오신다는 예언은 사실상 언제부터 시작된 메시야 예언입니까?
   (1) 창세기 3:15
   (2) 창세기 12:7; 15:3
   (3) 창세기 28:13

4. 메시야 예언의 핵심적 내용은 무엇입니까?
   (1) 29-30절
   (2) 메시야 예언의 핵심적 두 사건을 지적해 보십시오. 이는 사도들과 선교사들의 전도와 설교의 내용이었습니다.

5. 죽은 자 가운데서 살리심을 받은 예수 그리스도를 구주로 영접하면 어떤 축복이 따라옵니까?
   (1) 38절
   (2) 39절
   (3) 당신도 이 두 가지 축복을 현재적으로 누리고 있습니까?

28
구원의 축복

본문: 사도행전 13:42~52

구원은 하나님의 선물입니다. 자기의 종교적 의지나 노력의 결과로 따라오는 것이 아닙니다. 어떤 사람은 믿고자 하여도 믿어지지 않고 반면에 어떤 사람은 믿지 않으려고 해도 믿게 되는 일들이 발생합니다. 그러므로 구원받은 믿음은 하나님께서 주셔야 합니다. 구원은 하나님의 축복입니다.

〈오늘의 공부〉

1. 구원받게 되는 순서(서정)를 따져 보십시오.
   (1) 믿음이 먼저입니까? 아니면 하나님께서 믿도록 작정하심이 먼저입니까? 48절을 참고하여 말씀해 보십시오.
   (2) 로마서 8:29-30을 읽으시고 다섯 단계를 지적해 보십시오. 당신은 지금 몇 단계에 와 있다고 생각하십니까?

   1단계
   2단계
   3단계

4단계
　　　5단계
2. "하나님의 말씀(44, 46, 48절)" 혹은 "주의 말씀(49절)"이 선포될 때 두 가지 반응이 나타났습니다. 지적해 보십시오.
 (1) 45, 49, 50절
 (2) 48절
 (3) 왜 이 같은 반응들이 나타날까요?

3. 사도들과 선교사들은 안식일(주일)에 무슨 일을 열심히 했습니까?
 (1) 42, 44절
 (2) 사도행전 16:13-15
 (3) 예수님이나 바울 사도께서는 안식일에 무슨 일을 하셨습니까?
 (4) 요한복음 5:5-18; 7:23-24을 읽고 안식일(주일)의 정신을 말씀해 보십시오.

4. 전도자가 복음의 거절 혹은 복음 때문에 핍박을 받을 때에 어떻게 했습니까?
 (1) 51절
 (2) 마태복음 10:14-15
 (3) 복음의 거절을 당할 때 전도자의 마음의 자세는 어떠해야 하겠습니까? 52절을 읽고 말씀해 보십시오. 당신의 경우에는 어떠했습니까? 간증해 보십시오.

29
두 세계(世界)

본문: 사도행전 14:1~7

하나님의 말씀은 언제나 죄를 정죄하는 심판성을 지니고 있습니다. 그러므로 하나님의 말씀이 선포되어질 때 어떤 사람은 말씀으로 인하여 은혜받고, 어떤 사람은 말씀으로 인하여 시험받습니다. 빛과 어두움같이 두 세계로 나누어집니다. 말씀을 받아들일 때 구원받습니다만 말씀을 거절할 때에는 그 자체가 바로 심판이 됩니다.

〈오늘의 공부〉

1. 사도들의 말씀 선포에 어떤 반응들이 나타났습니까?
   (1) 1절
   (2) 2절
   (3) 선포된 말씀을 수용하지 않는 자들은 더 나아가 어떤 모습이 됩니까? 그렇게 되는 이유는 무엇이라고 생각하십니까?

2. 예수님의 말씀 선포에 걸림이 된 자는 누구입니까? 왜 걸림이 되었습니까?
   (1) 누구입니까?
   (2) 왜 걸림이 되었습니까?

(3) 당신이 말씀에 걸림이 된 적은 없습니까? 그 이유가 무엇인지 간증해 보십시오.

3. 표적과 기사가 나타나는 은혜의 말씀이 선포되어도 그 결과는 어떠했습니까?
   (1) 두 가지 결과를 지적해 보십시오.
   (2) 악감을 가진 자들의 행동은 어떠했습니까?
   (3) 두 사도를 좇는 자들의 행동은 어떠했습니까?

4. 하나님의 나라와 사탄의 나라는 심판과 침노의 긴장관계에 있습니다.
   (1) 하나님의 나라를 침노하는 사탄의 역사는 어떠합니까?
      ① 창세기 4:1-8
      ② 창세기 6:1-3
      ③ 창세기 11:1-9
   (2) 침노하는 사탄의 역사, 곧 음부의 세력을 하나님께서는 어떻게 대처하십니까?
      ① 창세기 4:9-12
      ② 창세기 6:5-8
      ③ 창세기 11:7, 9

5. 어두움의 세력 곧 사탄의 종말은 어떻게 됩니까? 사탄의 나라는 어떻게 됩니까? 사탄의 추종자들은 어떻게 됩니까?
   (1) 요한계시록 20:7-10
   (2) 요한계시록 19:19-21
   (3) 요한계시록 20:11-15; 21:8

6. 하나님의 나라는 어떻게 됩니까? 하나님의 말씀을 믿고 따르는 하나님의 백성들은 어떻게 됩니까?
   (1) 요한계시록 21:1-4
   (2) 요한계시록 22:1-5

30
믿음의 문

본문: 사도행전 14:8~28

"구원받을 만한 믿음"(9절)은 하나님께서 "믿음의 문"(27절)을 열어 주셔야 생기는 것입니다. 그러므로 구원은 하나님의 은혜입니다. 이 "믿음의 문"은 하나님의 말씀을 들을 때에 열립니다. 말씀은 구원의 방편입니다. 따라서 말씀을 전하는 자가 없이 구원의 역사, 믿음의 발생은 불가능합니다. 믿음은 말씀을 들음에서 발생됩니다.

〈오늘의 공부〉

1. 나면서 앉은뱅이 된 사람이 어떻게 구원받았습니까?
   (1) 9절
   (2) 믿음이 먼저입니까? 치유의 기적이 먼저입니까?
   (3) 바울 사도의 앉은뱅이 치유와 베드로 사도의 앉은뱅이 치유(행 3:1-10)에서 기적의 치유를 받은 사람들의 공통점은 무엇입니까?
   (4) 기적을 행하는 사도들을 바라보는 사람들의 시각은 어떠했습니까? 그리고 사도들의 겸손은 어떠했습니까?(참고 행 3:12; 14: 12, 15)

① 사람들의 시각
② 사도들의 겸손

2. 구원받을 만한 믿음은 언제 생깁니까?
   (1) 27절
   (2) 사도행전 16:14-15
   (3) 로마서 10:16-17
   (4) 전도자의 사역이 왜 중요한지를 설명해 보십시오.

3. 전도의 목적은 어디에 있습니까? 15절을 읽고 순수한 전도에 관하여 토론해 보십시오. 전도의 목적이 흐려지면 그 결과는 어떻게 나타날까요? 요나서 3:10부터 4:3까지를 읽으시고 왜 요나가 잘못되었는지를 따져 보십시오.

4. 하나님의 도우심은 전도에 있어서 어떻게 나타납니까?
   (1) 27절
   (2) 골로새서 4:3
   (3) 사도행전 11:18

5. 전도자의 자세와 각오는 어떠해야 합니까?
   (1) 19, 22절
   (2) 사도행전 9:15-16
   (3) 골로새서 1:23-25

6. 우리가 주님의 십자가 고난에 감사하는 참된 자세는 전도로써 그리스도의 남은 고난에 동참하는 선교적 고난입니다. 당신이 전도하다가 당한 수모나 고난을 간증해 보십시오.

31
은혜의 구원

본문: 사도행전 15:1~21

　예루살렘 교회 안에는 두 종류의 신앙을 가진 사람들이 분쟁하고 있었습니다. 바리새파 사람들 중에서 예수님을 믿는 자들은 모세의 율법대로 할례를 받지 아니하면 구원받지 못한다고 주장했습니다. 그들은 예수님을 믿어도 모세의 율법을 지켜야 한다고 믿었습니다(1, 5절). 이 같은 주장은 자신의 선행으로 구원받으려는 공로의 신학입니다. 이 잘못된 신학을 제거하기 위하여 사도(목사)와 장로들이 예루살렘 총회로 모여서 은혜로 구원받는 진리를 바로 세웠습니다.

〈오늘의 공부〉

1. 자신의 노력으로 구원을 받는다는 공로의 신학을 지적해 보십시오.
   (1) 1절
   (2) 5절
   (3) 이 같은 주장의 공통점을 지적해 보십시오. 왜 잘못되었습니까?

2. 모세의 율법을 지켜야 구원받을 줄 아는 율법주의의 두 가지 오류를 지적해 보십시오.

(1) 10절 상
(2) 10절 하
(3) 율법의 멍에에 대하여 예수님과 바울사도는 어떻게 가르쳤습니까?
① 마태복음 11:28-30
② 갈라디아서 5:1

3. "할례 구원"입니까? 아니면 "은혜 구원"입니까?
(1) 은혜 구원의 진행 단계를 분석해 보십시오.
① 6절(1단계)
② 8절(2단계)
③ 9절(3단계)
(2) 할례 구원은 예수님의 십자가 속죄를 부정하는 것입니다. 할례의 진정한 의미는 어디에 있습니까? 갈라디아서 5:1-4를 읽고 할례 구원의 잘못을 지적해 보십시오.
(3) 오늘날에도 율법주의 잔재들이 우리에게 멍에와 올무가 되고 있습니다. 당신을 괴롭히는 율법주의 신앙을 지적하시고 그 잘못을 따져보십시오.

4. 구원에 있어서 유대인과 이방인의 구별이 있습니까?
(1) 11절
(2) 17절; 사도행전 4:12

5. 이방인 그리스도인들이라고 할지라도 유대인 그리스도인들을 위하여 지켜야 할 네 가지 금기사항은 무엇입니까?
(1) 20절
(2) 이것들은 율법에 근거한 것들입니까? 아니면 율법을 초월한 덕의 문제요 종교문화의 문제입니까?
(3) 이것들은 오늘날도 이방인 그리스도인들이 지켜야 합니까?

32
선교 전략

본문: 사도행전 15:22~41

예루살렘 교회는 선교사를 공식적으로 파송한 최초의 교회였습니다. 선교사의 선택 기준과 선교사 파송, 사역 그리고 선교 전략에 있어서 성경적 규범을 채택하였습니다. 우리 교회도 이 같은 규범에 따라서 선교 전략을 세워야 합니다. 선교는 지상교회의 본질적 사명이므로 이에 오류나 실패가 있어서는 결코 안 됩니다.

〈오늘의 공부〉

1. 어떤 사람이 선교사에 적합합니까?
   (1) 22절
   (2) 26절
   (3) 신약 최초의 정규 선교사로서 바울은 어떤 사람이었습니까? 사도행전 20:24; 21:13을 읽고 바울 사도의 인물을 논해 보십시오.

2. 선교사는 누가 파송했습니까?
   (1) 22, 26절
   (2) 사도행전 13:2-4

(3) 요즘 개인적인 후원으로 선교사역에 임하는 비정규 선교사들도 많습니다. 그들의 장점과 단점(24절)을 지적해 보십시오. 공식적 파송과 그렇지 않은 경우를 따져본다면 우리는 어느 쪽을 선호해야 할까요?

3. 선교사의 사역은 어떠합니까?
  (1) 32절
  (2) 35절
  (3) 36절
  (4) 41절
  (5) 이 중에 최우선 사역은 무엇이라고 생각하십니까? 그 이유는 무엇입니까?

4. 예루살렘 총회 곧 사도들과 장로들의 모임(22절)은 이방인 출신의 그리스도인들을 위하여 네 가지 금기 사항(29절)을 결의하였습니다. 이는 그리스도의 십자가 구속이 성취된 후에 율법에서 자유를 누릴 수 있으나 타문화권에서 기독교 문화권으로 빨리 전향할 수 없는 "이방인 형제들"(23절)을 위하여 어떻게 해야 합니까? 고린도전서 10:23-33까지 읽고 "양심의 자유"(아디아포라)에 대하여 토론해 보십시오.
  (1) 우상의 제물은 먹어도 됩니까, 안 됩니까?
  (2) 고린도전서 8:7-13은 우상의 제물을 먹을 수 있다고 했습니까, 아니면 먹을 수 없다고 했습니까?
  (3) 그 이유는 무엇입니까?
  (4) 양심의 자유의 기준을 어디에 두면 가장 좋겠습니까? 성경 구절을 제시해 보십시오.

5. 선교에 있어서 바울과 바나바의 견해(36-41절)를 살펴보십시오.

(1) 은혜론은 어떠합니까?
(2) 원칙론은 어떠합니까?
(3) 마가 요한의 실수(행 13:13)는 무엇입니까?
(4) 마가에 대한 바울 사도의 마음은 어떠합니까?
　① 골로새서 4:10-11
　② 디모데후서 4:11
(5) 당신은 은혜론자입니까, 원칙론자입니까? 그 이유를 말씀해 보십시오.

33
성령 선교

본문: 사도행전 16:1~15

하나님의 백성을 구원케 하는 선교는 성삼위 하나님의 사역입니다. 성부 하나님께서는 인간구원을 위한 구속의 준비를 하셨고, 성자 예수님께서는 십자가에서 그 구속을 성취하셨고, 성령 하나님께서는 그 성취된 구원을 개인에게 구속적용의 사역을 하십니다.

〈오늘의 공부〉

1. 성삼위 하나님의 선교를 갈라디아서 4:4-6을 읽고 구분해 보십시오.
   (1) 갈라디아서 4:4의 사역은 누구의 무슨 사역입니까?
   (2) 갈라디아서 4:6의 사역은 누구의 무슨 사역입니까?
   (3) 요한복음 2:21-22의 사역은 누구의 무슨 사역들입니까?
       ① 누구의 사역입니까?
       ② 무슨 사역들입니까?

2. 성령 선교를 설명해 보십시오.
   (1) 6절
   (2) 7절

(3) 선교는 결국 누가 주도합니까? 선교지 선택에 있어서 교회와 선교사의 책임은 어디까지입니까?

3. 성령 하나님을 어떻게 호칭하고 있습니까?
   (1) 6절
   (2) 7절
   (3) 로마서 8:9
   (4) 고린도전서 15:45
   (5) 성령은 누구입니까? 사도행전 5:3-4을 읽고 삼위일체 교리에 대하여 설명해 보십시오.

4. 성령 선교와 제자 선교는 같이 가는 것입니다. 성령의 인도하심과 역사하심이 없는 전도와 선교는 성공할 수 없습니다. 어떻게 하면 성령 하나님의 도우심을 받는 전도와 선교가 이루어질 수 있을까요?
   (1) 바울 사도의 선교 성공의 비결은 무엇이었습니까?
      ① 사도행전 16:13, 16, 25
      ② 9-10절
   (2) 당신은 전도할 때에 어떤 기도를 하십니까? 바울 사도의 전도에서 어떤 인상을 받습니까?

5. 성령 하나님께서 당신에게 주신 선교적 사명은 어떠합니까? 성령의 감동은 어떠했습니까? 그때 당신은 어떤 반응을 했습니까?

6. 성령의 충만을 받을 때 제자들은 어떤 일을 했습니까?
   (1) 사도행전 1:8-2:4
   (2) 가장 성령이 충만한 교회는 어떤 교회일까요?

34
루디아의 집

본문: 사도행전 16:16~40

사도들의 선교에 의하여 복음이 마침내 유대 나라와 인종, 문화 그리고 언어를 넘어서 헬라와 로마 문화권으로 전파되었습니다. 특별히 바울 사도와 그 일행(실라, 누가)은 마게도냐(유럽) 지경 첫 성이었던 빌립보에 복음을 전하였습니다. 유럽 최초의 빌립보 교회는 자주장사 루디아의 집에서 시작되었습니다.

〈오늘의 공부〉

1. 자주장사 루디아는 어떤 여성이었습니까?
 (1) 14절
 (2) 루디아가 어떻게 바울 사도의 말씀을 청종할 수 있었습니까? 오늘날에도 말씀 수용에 이 같은 역사가 필요합니까?
 (3) 15절
 (4) 40절

2. 빌립보 선교에 있어서 성령의 역사와 악령의 역사가 각각 어떻게 나타납니까?

(1) 성령의 역사
   (2) 악령의 역사

3. 그리스도인들이 귀신들린 점쟁이에게 점보러 가는 것은 왜 잘못된 것입니까? 옛날이나 오늘날이나 점술의 주관자는 누구라고 생각됩니까? 점술에 대한 당신의 견해를 발표해 보십시오.
   (1) 구약에서 점보고 망한 사람이 있습니다. 그가 누구이며 어떤 죄를 범했습니까?
   (2) 귀신들의 일반적인 행태가 어떠합니까?
      ① 17절
      ② 마가복음 5:7-8
   (3) 당신이 귀신들린 사람을 도와주려면 어떻게 해야 하겠습니까?

4. 마게도냐(유럽) 선교의 거점은 어디라고 할 수 있습니까?
   (1) 15절, 40절
   (2) 31-34절

5. 선교적 고난의 의미와 그 후에 따르는 선교적 승리를 지적해 보십시오.
   (1) 골로새서 1:24
   (2) 빌립보서 4:16
   (3) 빌립보서 4:10, 14
   (4) 고린도후서 8:1-2

35
바울의 복음

본문: 사도행전 17:1~15

예수님께서 전파하신 복음은 그의 제자들에게 전승되었습니다. 특히 바울 사도는 예수님의 복음을 계승하고 전파하였습니다. 바울 사도는 열세 권의 서신(로마서에서 빌레몬서까지)을 통하여 어떤 사도들보다 더욱 분명하게 예수님의 복음을 자세하게 설명하고 삶에 적용시켰습니다. 데살로니가 지방에서의 그의 전도는 복음의 핵심을 전파하였습니다.

〈오늘의 공부〉

1. 바울 사도의 선교의 전진기지는 어디였습니까?
   (1) 1절
   (2) 10절
   (3) 왜 그가 그 같은 장소에서 먼저 복음을 전파하였을까요? 로마서 9:1-2을 읽고 그 이유를 말씀해 보십시오.

2. 바울 사도의 선교 전략은 무엇이었습니까?
   (1) 2절
   (2) 사도행전 20:7
   (3) 사도행전 24:25

(4) 왜 그가 이 같은 방법으로 복음을 전파하였을까요? 로마서 10:11-14을 읽고 그 이유를 말씀해 보십시오.

3. 바울 사도의 강론의 핵심적 내용은 무엇이었습니까?
   (1) 3절 상
   (2) 3절 하
   (3) 바울 사도의 강론이 베드로 사도의 강론과 같은 내용은 무엇입니까? 사도행전 2:23-24와 4:10을 읽고 분석해 보십시오.

4. 성경을 풀어 주는 강론의 목적은 어디에 있습니까?
   (1) 3절
   (2) 누가복음 24:27, 32, 44
   (3) 이 같은 사실을 볼 때 성경의 가장 중심 주제는 누구에게로 집중되고 있다고 판단됩니까?
   (4) 사마리아 수가성 여자의 위대한 발견(요 4:25, 29)을 당신도 체험했습니까? 당신은 예수님을 누구라고 생각하십니까?

5. 복음(강론)이 선포될 때 은혜받는 사람과 시험받는 사람으로 나누이게 됩니다.
   (1) 어떤 사람들이 사도 바울의 복음을 들을 때 은혜받았습니까?
   (2) 어떤 사람들이 그의 복음을 듣고도 시기, 소동케 했습니까?
   (3) 왜 이같이 두 세계로 나뉠까요? 고린도전서 2:14을 읽고 그 이유를 판단해 보십시오.

6. 당신은 복음의 강론 시간에 어떤 경험을 갖습니까?
   (1) 은혜받을 때의 경험을 간증해 보십시오.
   (2) 시험받을 때의 경험을 간증해 보십시오.
   (3) 베뢰아 사람들이 강론을 듣고 은혜받은 비결(11절)이 어디에 있었다고 생각하십니까?

36
아덴 선교

본문: 사도행전 17:16~34

바울 사도는 가는 곳마다 복음 곧 예수님의 십자가의 대속적 죽음과 육체적 부활을 증거했습니다. 그때마다 교회 개척에 성공하였습니다. 그러나 고대 철학의 도시 아덴(아테네)에서는 교회를 남기지 못했습니다. 그래서 어떤 성경학자들은 그 이유를 분석해 보려고 합니다. 십자가 없는 복음은 구원이 없고, 부활이 없는 전도는 능력이 없습니다.

〈오늘의 공부〉

1. 아덴 사람들은 어떠했습니까?
    (1) 16절
    (2) 21절
    (3) 22절
    (4) 32절
    (5) 이 사람들의 성향이 크게 다른 것이 있으면 지적해 보십시오.

2. 바울 사도께서 아레오바고에서 행한 강론의 중심주제는 무엇입니까?

(1) 24절
(2) 25절
(3) 28절
(4) 하나님 중심입니까? 아니면 그리스도 중심입니까?
(5) 복음의 중심은 하나님입니까? 아니면 그리스도입니까? 그 이유는 무엇입니까?

3. 바울 사도의 아덴 선교의 중심적 강론의 내용은 무엇입니까?
   (1) 18절
   (2) 31절
   (3) 이 같은 강론의 흐름을 볼 때 복음의 어떤 요소가 부족했던 것으로 판단됩니까?
   (4) 바울 사도께서 아덴을 떠난 후 어느 지방으로 가서 선교했습니까?
   ① 사도행전 18:1
   ② 그곳에서 특별히 어떤 작정을 했습니까? 고린도전서 1:18, 21-25; 2:1-2을 읽고 그 작정의 이유를 말씀해 보십시오.

4. 당신이 전도에서 성공하려면 어떻게 하면 좋겠습니까? 복음적 전도문을 작성해 보십시오. 그리고 꼭 다른 사람에게 작성한 전도문대로 전도해 보십시오.

37
믿음 선교

본문: 사도행전 18:1~23

바울 사도는 선교비를 주로 자급자족하는 "믿음 선교" 혹은 "자비량" (고전 9:7) 선교를 하던 믿음 선교사였습니다. 그는 장막 만드는 일을 했습니다(3절). 이 일에 신실한 동역자들이었던 아굴라와 브리스길라 부부가 협력선교를 했습니다. 바울 사도께서는 에베소 교회의 고별설교에서 믿음 선교를 간증하셨습니다. 1세기의 선교상황과 21세기의 선교상황은 차이가 큽니다만 자립정신은 선교에 있어서 중요한 원리가 되었습니다.

〈오늘의 공부〉

1. 바울 사도의 선교정신은 어떠했습니까?
   (1) 2-3절
   (2) 사도행전 20:33-35
   (3) 고린도전서 9:18
   (4) 그러면 복음의 사역자들이 사례나 보수를 받는 것은 잘못된 것입니까? 고린도전서 9:9-15를 읽고 바울 사도의 견해를 말씀해 보십시오.

(5) 이제 이 같은 선교 정신에 대하여 당신의 견해를 정리해 보십시오.

2. 바울 사도의 선교활동은 어떠했습니까?
   (1) 5절
   (2) 그의 복음 전도의 일차적 대상은 누구였습니까? 그 이유가 무엇이라고 생각하십니까?
   (3) 그의 복음 전도의 이차적 대상은 누구였습니까? 그 증거를 몇 절에서 찾을 수 있습니까?
   (4) 왜 이같이 선교했을까요? 사도행전 9:15을 읽고 판단해 보십시오.
   (5) 바울 사도의 선교 전략을 설명해 보십시오.

3. 바울 사도께서 "너희 피가 너희 머리로 돌아갈 것이요 나는 깨끗하니라"(6절)고 하신 의미는 무엇입니까? 다음의 구절들을 읽고 종합해 보십시오.
   (1) 에스겔 3:16-20
   (2) 사도행전 20:25-27
   (3) 당신은 당신의 가족들의 피에 대하여 어떻게 생각하십니까?
   (4) 당신은 당신의 친족이나 가까운 친구들의 피에 대하여 어떻게 생각하십니까?

4. 하나님께서 선교의 필요성을 어떻게 교훈하셨습니까?
   (1) 10절
   (2) 요나 4:10-11

5. 우리 장로교인들이 믿는 예정 교리는 선교의 필요성을 약화시킨다고 생각합니까? 당신의 견해를 말씀해 보십시오.

38
성령 세례

본문: 사도행전 18:24~19:7

누구든지 예수 그리스도를 믿는 자는 성령 세례를 받습니다. 성령 세례 없이는 그 누구라도 중생할 수 없습니다. 성령 하나님께서 첫 번째로 은혜 주심이 중생입니다. 중생 이후에 성령의 은사, 성령의 충만을 허락합니다.

〈오늘의 공부〉

1. "요한의 세례"란 어떤 세례였습니까?
   (1) 요한의 세례 목적은 무엇입니까?(참고 마 3:11)
   (2) 요한은 무엇으로 세례를 베풀었습니까?
   (3) 요한의 세례를 받은 자들은 어떻게 했습니까?(참고 마 3:6)
   (4) 당신도 이 같은 세례를 받았습니까? 이 같은 세례의 유익은 무엇입니까?

2. 바울 사도는 성령 세례를 어떻게 설명하였습니까? 로마서 6:1-11을 읽고 정리해 보십시오.
   (1) 3절

(2) 성령 세례는 그리스도와의 연합을 이룹니다(3절). 이 같은 연합을 어떻게 설명했습니까?
　① 6절
　② 8절 상
　③ 4절
　④ 8절 하
　⑤ 여기에서 연합을 뜻하는 중요한 단어는 무엇입니까?
(3) 당신은 예수 그리스도의 십자가의 대속적 죽음과 육체적 부활을 믿습니까? 그러면 당신은 성령 세례를 받았습니까?

3. 아볼로는 어떤 사람이었습니까?
(1) 24절
(2) 26절
(3) 27절
(4) 28절
(5) 이 같은 아볼로는 성령세례를 받았다고 판단되십니까? 아니면 성령 세례 이전이었다고 판단되십니까?
(6) 아볼로에게 배운 에베소 사람들은 어떠했습니까?
　① 19:2
　② 19:3
　③ 19:5
(7) 성령 세례, 성령 충만, 성령 은사 등을 모르거나 이 같은 사실들에 허약한 사람이 교회의 지도자로서 적합할까요? 아볼로의 경우(고전 1:12-13)를 통하여 분석해 보십시오.

4. 성령 세례는 어떻게 받습니까?
(1) 사도행전 10:44
(2) 사도행전 2:37-38

5. 성령의 충만(엡 5:18)은 어떻게 받습니까? 당신의 경험에 따라 성령
   충만의 세 가지 정도의 비결을 나누어 보십시오.
   (1)
   (2)
   (3)

6. 성령의 은사는 어떻게 받습니까?
   (1) 사도행전 10:45-48
   (2) 고린도전서 12:31; 13:13

39
에베소 선교

본문: 사도행전 19:8~41

하나님의 말씀이 선포되는 곳에는 하나님의 나라가 임하게 됩니다. 하나님께서 통치하시는 그의 나라가 임할 때에는 사탄의 나라는 더 이상 서지 못하고 무너지게 됩니다. 사탄의 나라 곧 음부의 세력이 침노할 자리가 없어지기 때문입니다.

〈오늘의 공부〉

1. 바울 사도의 선교 사역은 어떤 일에 주력했습니까?
   (1) 8절
   (2) 9절
   (3) 10절
   (4) 20절

2. 주의 말씀이 흥왕할 때 어떤 역사들이 일어났습니까?
   (1) 11-12절
   (2) 14-16절
   (3) 19절

(4) 신유와 축사(귀)는 바울의 선교 사역에 있어서 본질적인 것들이었습니까? 아니면 이차적인 것들이었습니까? 그 이유는 무엇입니까?

3. 하나님의 말씀의 중심 주제는 무엇입니까?
 (1) 세례 요한에게 있어서(마 3:2)
 (2) 예수님에게 있어서(마 4:17)
 (3) 바울 사도에게 있어서(8절)
 (4) 당신의 믿음의 일차적 목적은 무엇입니까?
 (5) 예수님과 니고데모의 대화에서 예수님의 말씀의 강조점은 무엇이었습니까? 요한복음 3:3-5을 읽고 답하십시오.
 (6) 어떻게 하면 사람이 "천국" 곧 "하나님의 나라" 혹은 "영생"에 들어갈 수 있습니까?

4. 에베소 사람들은 어떠했습니까?
 (1) 어떤 우상을 섬겼습니까?
 (2) 주의 말씀이 임할 때 어떤 소동이 일어났습니까?
 (3) 소동하는 사람들의 태도는 어떠했습니까?

5. 말씀의 역사와 사탄의 역사가 같이 발생할 때가 많지만 결국 어떻게 끝맺습니까?(35-41절)

6. 당신이 새 신자를 교회로 인도하고 그가 믿음을 가질 때에 어떤 경고의 말씀을 주어야 할까요? 당신이 처음 믿을 때에 발생한 사탄의 도전을 간증해 보십시오. 특히 그 같은 사탄의 도전을 어떻게 이겼는지 나누어 보십시오.

40

깨끗한 삶

본문: 사도행전 20:1~38

그리스도인들은 세상에서 빛된 삶, 소금된 삶을 살아야 합니다. 그러기 위해서 말씀을 조명을 통하여 늘 깨끗한 삶을 살도록 노력해야 합니다. 오늘의 말씀에서 보여 주는 바는 바울 사도께서 모범적으로 깨끗한 삶을 사신 것입니다.

〈오늘의 공부〉

1. 바울 사도께서는 "모든 사람의 피에 대하여 내가 깨끗하다"(26절)고 말씀하셨습니다. 여기 "피에 대하여 깨끗함"은 무엇을 뜻합니까?
   (1) 27절
   (2) 피에 대하여 깨끗하려는 바울 사도의 열정이 어떻게 나타났습니까? 유두고 사건(7-12절)을 읽고 말씀해 보십시오.
   (3) 에스겔 3:16-21을 읽고 피값을 찾으시는 하나님의 기준에 대하여 분석해 보십시오.
      ① 파수꾼(그리스도인)이 어떤 경우에 피값을 책임져야 합니까?
      ② 파수꾼(그리스도인)이 어떤 경우에 피값을 책임지지 않습니까?
   (4) 당신의 손에는 다른 사람의 피가 있습니까, 없습니까?

(5) 당신이 꼭 복음을 전해야 피값의 책임을 면할 수 있다고 생각하시는 분들의 이름을 여섯 분만 적으십시오. 그리고 그 영혼이 예수 그리스도를 영접하도록 기도하십시오.

2. 바울 사도는 피 문제뿐 아니라 물질 문제도 깨끗하였습니다.
  (1) 어느 구절이 그의 물질관을 보여 줍니까?
  (2) 바울 사도는 "이 손으로 나와 내 동행들의 쓰는 것을 당하여 범사에 너희에게 모범을 보였다"(34절)고 하셨는데 그 손으로 무엇을 하셨습니까?
  (3) 바울 사도께서 예수님에게서 직접 배운 교훈은 무엇입니까?
  (4) 예수님의 물질관을 정리해 보십시오.
    ① 누가복음 6:38
    ② 마가복음 10:21-23

3. 바울 사도는 에베소 교회 성도들과의 인간관계가 깨끗하였음을 보여 줍니다.
  (1) 37절
  (2) 38절
  (3) 이같이 사랑받는 이유가 어디 있었습니까? 19-20절에서 여섯 가지 이유를 분석해 보십시오.
  (4) 이 중에 당신에게 특별히 부족한 것은 어느 것이라고 느낍니까? 당신의 인간관계에 특별히 적용하고 싶은 덕목은 어느 것입니까?
  (5) 당신이 이 교회를 지금 떠난다면 에베소 성도들같이 석별의 눈물을 흘리며 전송할 사람은 누구라고 생각됩니까?

41
선교의 고난

본문: 사도행전 21:1~18

땅 끝까지 선교하는 것은 그리스도의 지상명령입니다. 이 선교명령을 수행하려면 많은 고난을 감수해야만 합니다. 하나님의 나라가 확장될 때에 사탄의 도전과 공격은 따라오기 마련입니다. 예수님의 사역이 고난이었듯이 바울 사도의 사역도 역시 고난이었습니다.

〈오늘의 공부〉

1. 바울 사도께서 왜 예루살렘으로 가려고 했습니까?
   (1) 사도행전 20:22
   (2) 그는 예루살렘에서 "결박과 환난"(행 20:23)이 기다린다는 사실을 몰랐습니까? 그런데 왜 예루살렘으로 가려고 했습니까? 사도행전 20:24을 읽고 그의 심정을 토론해 보십시오.
   (3) 오늘날에도 접근 금지구역에서 선교하는 일을 어떻게 받아들여야 합니까?

2. 바울 사도의 예루살렘 행에 나타난 반응을 종합해 보십시오.
   (1) 4절(누가 어떻게 했습니까?)

(2) 10-12절

4. 바울 사도의 선교관을 분석해 보십시오.
   (1) 골로새서 1:24, 27
   (2) 고린도전서 9:14-18
   (3) 디모데후서 4:5
   (4) 빌립보서 4:11-13
   (5) 당신의 선교관은 어떠합니까? 당신이 선교를 위하여 받을 수 있는 고난 곧 "그리스도의 남은 고난"(골 1:24)에 동참할 수 있는 바는 무엇입니까?
   (6) 당신은 이전에 선교를 위하여 헌신 혹은 헌물 서원한 적이 있습니까? 그 서원을 하나님 앞에서 다 갚았습니까?

5. 세계 선교 지향적 교회에는 선교의 고난이 없지 않습니다. 어떻게 하면 선교하는 교회로 계속 성장할 수 있겠습니까?

42
루디아의 집

본문: 사도행전 21:19~22:1

　유대인들은 모세의 율법을 지킴으로써 의로워지고 구원받게 되는 줄로 알았습니다. 그래서 유대인들은 율법에 열심히 있었습니다. 이 같은 열심은 율법 자체보다 율법의 해석이었던 "할라카"를 신봉하게 되었고, 점점 율법의 정신에서 멀어지고 율법의 맹목적 문자적 시행에 빠지면서 소위 "율법주의"가 되고 말았습니다. 바울 사도께서 전파하는 그리스도의 복음은 그들의 율법적 통념을 무너뜨리는 것이 많았습니다. 그러므로 복음과 율법주의 사이에 긴장과 충돌이 발생하였습니다.

〈오늘의 공부〉

1. 대개 유대인 출신의 신자들의 신앙은 어떠했습니까?
   (1) 20절
   (2) 율법의 행위로 구원받을 수 있습니까? 갈라디아서 3:5-10을 읽고 판단해 보십시오.
   (3) 율법의 행위로 인간이 의로워질 수 있습니까? 갈라디아서 2:16을 읽고 판단해 보십시오.
   (4) 그러면 율법은 아무 가치가 없습니까? 율법의 필요성을 두 가지

로 토론해 보십시오.

2. 바울 사도가 율법주의자들로부터 비난받은 율법문제는 어떤 것들이 었습니까?
   (1) 21절
   (2) 24절
   (3) 28절
   (4) 이상에서 언급된 세 가지 문제가 율법주의자들의 오류와 오해였음을 설명해 보십시오.
   ① 첫째 율법 문제
   ② 둘째 율법 문제
   ③ 셋째 율법 문제

3. 예루살렘 거민들이 소동하여 바울 사도를 죽이려고 했습니다. 그러나 하나님께서는 어떻게 역사하셨습니까?

4. 유대인 출신 그리스도인들과 이방인 출신 그리스도인들 사이에 율법 이해를 바탕으로 피할 것 네 가지(25절)를 정했습니다. 이것은 우리들도 지킵니다. 이것은 율법의 행위를 지키는 율법주의입니까? 이에 대한 당신의 견해를 말씀해 주십시오.

5. 바울 사도께서 반대하신 것은 율법이었습니까? 아니면 율법주의였습니까?

6. 오늘날에도 교회 안에 남아 있는 율법주의 잔재들은 없습니까? 있다면 어떤 것들입니까?

43
바울의 간증

본문: 사도행전 22:2~29

율법주의자들이 바울 사도를 박해할 때에 그는 다메섹 경험을 간증하였습니다. 그는 다메섹 이전의 자신과 그 이후의 자신을 대조하여 율법주의자로 살던 자신과 부활하신 예수 그리스도를 만난 다음의 자신을 설명하였습니다.

〈오늘의 공부〉

1. 다메섹 경험 이전의 사울은 어떤 사람이었습니까?
   (1) 3절
   (2) 4, 20절; 사도행전 9:1
   (3) 특히 율법주의자로서의 사울을 설명해 보십시오.

2. 다메섹 경험 이후의 바울은 어떤 사람이었습니까?
   (1) 사도행전 9:20
   (2) 사도행전 9:22
   (3) 잔해하던 자가 어떤 사람으로 변했습니까? 사도행전 9:15-16을 읽고 바울 사도를 설명해 보십시오.

3. 당신이 예수 그리스도를 만난 다메섹 경험을 간증해 보십시오. 다메섹 이전의 모습과 그 이후의 모습을 간증해 보십시오.

4. 주님께서 다메섹 도상에서 바울 사도에게 주신 음성들을 기록해 보십시오.
   (1) 7절
   (2) 8절
   (3) 10절
   (4) 18절
   (5) 21절
   (6) 이상의 주님의 음성들을 종합해 볼 때 주님께서 어떤 일들을 주도하고 계십니까? 두 가지 측면에서 말씀해 보십시오.
   (7) 당신에 대한 주님의 주권적 사역을 간증해 보십시오.

5. 바울 사도는 주님의 말씀대로 순종하여 나가서 이방인들에게 복음을 전파하였습니다.
   (1) 그는 어디서 어디까지 복음을 전파하였습니까?
   (2) 그 다음 계속하여 땅 끝까지 가는 선교는 지금도 계속되고 있습니다. 누구의 몫이 되겠습니까?

44
선교의 전쟁

본문: 사도행전 22:30~23:35

예루살렘에서 시작된 제자들의 선교는 땅 끝까지 가서 모든 족속들에게 복음을 전하라는 예수님의 지상명령을 순종했습니다. 성령의 인도하심을 받는 제자들은 베드로와 바울 사도를 중심으로 이방인 세계를 뻗어 나갔습니다. 예루살렘에서 안디옥을 거쳐 로마로 진행하게 되었습니다.

〈오늘의 공부〉

1. 바울 사도의 예루살렘행은 결국 어디로 진행됩니까?
   (1) 11절
   (2) 로마 선교의 이유는 무엇입니까?
   (3) 바울 사도 자신의 선교 계획은 어떠했습니까?
      ① 로마서 15:22-24
      ② 로마서 15:28
   (4) 결국 바울 사도의 선교의 종착지는 어디였습니까? 세계 선교의 계획은 누구의 뜻대로 진행되고 있습니까?

2. 바울 사도를 정죄하고 살해하려던 유대인들이 무엇 때문에 두 패로

나뉘었습니까?
   (1) 6절(이유)
   (2) 바리새인의 신앙(6-8절)은 어떠했습니까?
   (3) 사두개인의 신앙은 어떠했습니까?
   (4) 바울 사도와 바리새인의 부활 신앙은 동질합니까? 아니면 어떤 차이가 있습니까?

3. 바울 사도의 생질이 예루살렘 대제사장들과 장로들의 음모를 사전에 바울 사도에게 알려주었습니다. 이 같은 사실로 미루어 보아 바울 사도의 집안이 어떠했겠습니까?
   (1) 6절
   (2) 사도행전 22:3
   (3) 사도행전 22:25, 28
   (4) 바울 사도는 선교를 위하여 어떻게 살았습니까? 그에게 유익한 것들을 어떻게 여겼습니까?(빌 3:7-8, 9)
   (5) 하나님께서 만일 당신을 선교 사역에 소명하신다면 당신은 어떻게 헌신하겠습니까?

4. 하나님께서는 그의 선교 계획을 위하여 어떻게 역사하셨습니까?
   (1) 바울 사도를 어디로 보냈습니까?(23, 33절)
   (2) 바울 사도를 어떻게 보냈습니까?(32절)
   (3) 어느 정도로 바울 사도를 보호했습니까?(35절)

5. 사도행전에서는 바울 사도의 로마 선교까지 보고했습니다. 십자군 전쟁 후에 바울 사도의 제자들이 서바나(스페인)에 선교했습니다. 그 후 선교는 계속 진행 중에 있습니다. 당신의 생각에는 어디까지, 언제까지 선교가 진행될 것 같습니까?

45
벨릭스 앞에 선 바울

본문: 사도행전 24:1~27

바울 사도의 선교는 가이사랴 감옥에 갇힘으로 이년 어간 중단되었습니다만 하나님께서는 감옥에서 벨릭스를 비롯한 왕족과 귀족들에게 기독교를 변증하며 오히려 그들이 복음을 듣게 하셨고, 동시에 그의 종을 쉬게 하시며 로마 선교를 준비케 하셨습니다. 의사 누가와 신실한 동역자 아리스다고가 감옥 주변에서 그를 도와주었습니다.

〈오늘의 공부〉

1. 대제사장 아나니아가 변사 더둘로를 시켜 바울을 송사한 내용이 무엇이었습니까?
   (1) 5절
   (2) 6절
   (3) 이 송사는 결국 어떤 문제였습니까? 사도행전 23:29을 읽고 과연 투옥되어야 할 죄인지 판단해 보십시오.
   (4) 오늘날 선교지에서 선교사들이 핍박을 받고 심지어 투옥되며 정죄되는 것이 정당한 것입니까? 부당성을 지적해 보십시오.

2. 바울 사도께서 벨릭스 총독 앞에 자신과 기독교를 어떻게 변론하고 변증하였습니까?
   (1) 14-16절(자신에 대한 변론)
   (2) 21절(기독교에 대한 변증)
   (3) 예루살렘으로 온 바울 사도의 목적은 무엇이었습니까?(17절) 바울 사도께서는 원래 서쪽으로 서바나로 가려고 했지만 동쪽으로 예루살렘으로 사역의 방향을 바꾸었습니다. 로마서 15:23-26을 읽고 그의 선교 사역의 우선순위가 어디에 있었는지를 토론해 보십시오.

3. 총독 벨릭스는 어떤 인물이었습니까?
   (1) 그의 잘한 일(22-23절)
   (2) 그의 잘못한 일(24-26절)
   (3) 세상 지도자들의 보편적인 성향(27절)

4. 바울 사도께서 벨릭스 총독에게 전한 복음은 어떤 내용이었습니까?
   (1) 24절
   (2) 25절
   (3) 잘못된 지도자들에게 우리가 증거해야 할 내용은 무엇이 되어야 하겠습니까? 바울 사도의 강론에서 세 가지를 지적하고 그것들이 필요한 이유를 토론해 보십시오. (참고 사 53:6; 행 1:25; 딤전 3:1-2; 히 9:27)

46
바울 사도의 변증

본문: 사도행전 25:1~26:32

바울 사도께서는 가이사랴 감옥에 갇혀 있는 동안에도 그를 심문하는 벨릭스 총독을 비롯하여 베스도 총독 그리고 아그립바 왕에게 자기의 신앙을 변호하며, 기독교 신앙을 변증하여 그당시 상류사회에 복음을 제시하였습니다. 그는 때를 얻든지 못 얻든지 예수 그리스도의 대속적 죽음과 육체적 부활의 종교를 전파하였고, 메시야 소망으로 사는 전도자의 삶을 자랑스럽게 변증하였습니다.

〈오늘의 공부〉

1. 바울 사도께서 베스도의 재판을 회피하고 로마의 황제였던 가이사에게 상소한 이유가 무엇이었습니까?
   (1) 10절
   (2) 바울 사도 자신의 무죄의 근거는 무엇입니까? 25:8을 읽고 그의 주장을 정리해 보십시오.
   (3) 베스도는 바울 사도를 어떤 사람으로 판단했습니까? 25:25을 읽고 말씀해 보십시오.
   (4) 베스도 총독과 벨릭스 총독(24:27)의 같은 생각은 무엇입니까?

(5) 아그립바 왕은 바울 사도를 어떤 사람으로 판단하였습니까? 26:32을 읽고 말씀해 보십시오.

2. 바울 사도의 변증의 중심 주제는 무엇이었습니까?
   (1) 25:19
   (2) 26:7-8
   (3) 26:22-23
   (4) 이상과 같은 바울의 변증을 중심으로 복음의 핵심적 내용을 두 가지로 요약하여 전도문을 작성해 보십시오.

3. 바울 사도의 변증에는 메시야 소망을 강조하였습니다. 메시야 소망은 어떤 것입니까?
   (1) 26:6-8, 22-23을 읽고 메시야 소망을 설명해 보십시오.
   (2) 베드로전서 1:3-4을 읽고 "산 소망"이 무엇인지 설명해 보십시오.
   (3) 메시야 소망이나 산 소망은 어디에 근거하고 있습니까?
   (4) 당신 주변에 삶에 절망한 사람들에게 어떤 위로가 가장 필요하다고 생각하십니까?

4. 바울 사도의 소망에 넘치는 모습을 정리해 보십시오.
   (1) 25:8
   (2) 26:25
   (3) 26:29
   (4) 당신의 신앙확신은 어떠합니까? 만일 당신을 핍박하는 사람이 있다면 이 같은 확신으로 설득할 수 있겠습니까?

47
로마 선교 여행

본문: 사도행전 27:1~44

바울 사도 자신의 선교 계획은 로마를 지나 서바나(스페인)까지 가서 복음을 전하려고 했습니다(롬 15:23, 28). 이는 하나님께서 그를 로마에서도 복음을 전하게 하려 하심과 일치된 것입니다. 바울 사도는 서쪽으로 가던 선교 진행을 멈추고 오히려 동쪽으로 예루살렘에 가서 가난한 성도들에게 아가야 지방의 교회들이 구제 연보한 것을 전달하려고 했습니다. 하나님께서는 이때 당시 세계를 재패한 로마군인들로 하여금 그를 가이사랴로 그리고 마침내는 로마로 호송케 한 것입니다. 죄 없는 죄수로 로마의 황제 가이사에게 재판받기 위하여 가는 길이었지만 하나님의 로마 선교가 이루어지게 역사하심을 보게 됩니다.

〈오늘의 공부〉

1. 바울 사도에 대한 하나님의 선교 계획은 어떠했습니까?
   (1) 사도행전 9:15
   (2) 이 같은 선교 계획은 언제부터 이미 세워져 있었습니까?
   (3) 바울 사도의 3차 선교여행 후에 예루살렘에 오게 한 것도 하나님의 계획에 있었던 일이었습니까? 로마 선교도 하나님의 계획에

포함되어 있었습니까? 행 23:11을 해석해 보십시오. 그리고 하나님의 선교에 대하여 토론해 보십시오.

2. 하나님께서는 바울 사도의 선교를 어떻게 역사하셨습니까?
 (1) 23절
 (2) 사도행전 27:43
 (3) 바울 사도를 예루살렘에서 유대인의 횡포로부터 구출하여서 가이사랴를 거쳐 로마에 이르기까지 하나님께서 왕과 총독들 그리고 천부장, 백부장 등 로마군인들을 사용하여 선교의 계획을 이루심을 보면서 당신이 느낀 바를 말씀해 보십시오.

3. 바울 사도께서 선교적 확신을 가지고 하신 말씀들을 정리해 보십시오.
 (1) 10절
 (2) 21-22절
 (3) 33-34절
 (4) 이 같은 확신의 근거는 무엇이었습니까? 23-25절을 읽고 바울 사도의 선교적 확신이 어디에서 왔는지 설명해 보십시오.

4. 유라굴로 광풍에서 바울 사도를 구원하신 하나님께서는 백부장을 감동(43절)하여 그를 위기에서 구출하였습니다. 또한 독사의 공격(28:3-5)에서도 보호하셨습니다. 그 이유가 무엇이었습니까?
 (1) 사도행전 23:11
 (2) 24절
 (3) 로마서 1:11
 (4) 로마서 15:32
 (5) 하나님께서 뜻하시고 개인이 기도할 때에 어떤 역사가 일어날까요?

48
로마 선교

본문: 사도행전 28:1~31

그리스도의 복음이 유대인들의 불신앙과 불순종으로 이방인에게 넘어갔습니다. 안디옥에 이방인 최초 교회가 세워진 후에 사도들을 중심한 초대교회 선교사들에 의하여 복음은 점점 이방 세계로 뻗어갔습니다. 이제 바울 사도에 의하여 로마 선교가 보다 더 본격화되었습니다. 사도행전은 로마 선교에서 갑자기 끊어집니다. 선교는 더 계속되고 있음을 묵시적으로 깨닫게 합니다.

〈오늘의 공부〉

1. 선교에는 하나님의 초자연적 은혜와 은사가 따릅니다. 바울 사도에게 나타난 선교적 은혜와 은사를 정리해 보십시오.
    (1) 3-6절
    (2) 8-9절
    (3) 오늘날에도 이 같은 선교적 은혜와 은사들이 나타납니까? 마가복음 16:15-18을 읽고 대답해 보십시오.

2. 로마에서의 바울의 선교 활동은 어떠했습니까?

(1) 23절
(2) 30절
(3) 바울 사도는 그의 우거하는 셋집에서 이년 동안 유대인들과 로마인들에게 복음을 전했습니다. 주후 68년 그가 순교하기 전 감옥이 아니라 얼마 동안은 구금 상태였지만 복음을 자유롭게 전할 수 있도록 어느 정도의 자유를 누렸습니다. 이때에 옥중서신인 에베소서, 골로새서, 빌레몬서, 빌립보서를 기록하였습니다. 이때의 바울 사도의 선교적 신념(딤후 4:17)에 대한 그의 언급은 어떠합니까? 이때의 바울 사도의 순교(딤후 4:6-8)에 대한 그의 언급은 어떠합니까? 이때의 바울 사도의 생활(빌 4:11-13)에 대한 그의 언급은 어떠합니까? 이 같은 사도 바울에 대한 당신의 소감은 어떠합니까?

3. 바울 사도의 로마 선교의 중심 주제는 무엇이었습니까?
 (1) 23절
 (2) 31절
 (3) 이 세상 나라(로마)와 사탄의 나라의 관계를 설명해 보십시오.
 (4) 하나님의 나라와 이 세상 나라의 관계를 설명해 보십시오.

4. 마음이 완악하고 강퍅한 유대인들의 불신앙과 불순종은 하나님의 구원을 거절했습니다.
 (1) 이에 대한 이사야의 예언(사 6:9-10)은 어떠합니까?
 (2) 이사야의 예언에 대한 예수님의 견해(마 13:14-15)는 어떠합니까?
 (3) 이사야의 예언에 대한 바울 사도의 견해(26-27절)는 어떠합니까?

5. 사도행전 공부를 마치면서 사도행전의 다른 이름을 붙힌다면 당신은 뭐라고 하시겠습니까? 두 가지 정도로 말씀해 보십시오.
 (1)
 (2)

특강 II
하나님의 나라

성경의 전체 맥락을 주도하는 제일 큰 주제는 무엇인가?
성경의 가장 포괄적인 주제를 "하나님의 나라" 혹은 그 동격 명사인 "천국"으로 대부분의 개혁주의 신학자들은 고려한다. 그러나 우리 주변에서는 실로 오랫동안 성경의 근본 맥락을 "언약" 혹은 그 동질 명사인 "계약"으로 고려하였고, 더욱이 이를 칼빈주의 내지 개혁신학(The Reformed Theology)으로 오해하였다. 그러므로 성경의 하나님의 나라에 대한 유기적이며 입체적인 구속사적 이해에 적잖은 손상을 주었다. 왜냐하면 계약은 하나님 나라의 종속 개념이기 때문이다.

I. 구약에 나타난 하나님의 나라

하나님의 나라에 대한 계시가 보다 현저하게 나타난 부분은 복음서임에 틀림이 없다. 그러나 복음서에 나타난 하나님 나라의 뿌리는 구약 계시의 토양 속에 있다. 구약에는 "하나님의 나라" 혹은 "천국"이란 어휘는 전혀 채용되지 않는다. 그렇다고 그에 해당하는 동격 사상이 나타나지 않는 것은 결코 아니다. 구약에서 하나님은 이스라엘의 "왕"(히브리어 "멜렉"으로 표현함)으로서 완전한 그리고 영원한 통치권을 행사하시는 분이었다(출 15:18; 민 23:21; 신 33:15; 사 6:5; 렘 46:18; 시 29:10 등) 구약사상(Judaism)에서 왕은 왕국(히브리어 "마르쿠트"는 "멜렉"과 어간이 같다)을 전제하고 있으며, 왕국과 왕권은 동일 단어인 "마르쿠트"로 표현한다. 그의 왕국 곧 하나님 나라의 통치를 창조로부터 이해하게 된다.

에덴의 동편에 창설한 낙원은 시간과 공간 안에 들어온 하나님의 나라였다. 이 나라는 인간의 범죄와 더불어 사단의 나라와 대립하여 긴장 관계를 갖게 되었다. 인간의 타락 이후부터 하나님 나라는 하나님의 영광을 위하여 자기 백성에게는 구원의 역사로써 진행되며, 사단의 통치하에 있는 사단의 나라 곧 자기 원수에게는 하나님의 공의를 실현키 위하여 심판의 역사로 진행되면서 하나님의 통치를 현현하였다.

이와 같은 양면성은 창조, 에덴, 인간의 타락과 원시복음(창 3:15), 홍수심판, 바벨탑 사건, 아브라함의 부르심, 출애굽 사건(출 19:1-6), 시내산 언약(출 19:4, 6, 15; 민 25:1-2), 가나안 입국, 다윗왕조 건설(다윗의 언약, 다윗의 씨, 다윗의 혈통, 다윗의 나라 재현 등은 복음서에 나타난 하나님 나라의 그림자였음, 삼하 7장; 요 7:42; 딤후 2:8; 행 13:23; 롬 1:3; 막 11:9-10), 메시야 왕국 대망(단 7:13-14; 미 5:2), 세례 요한의 선포(마 3:2; 막 1:14-15)와 기대(눅 7:19) 등에서 명확하게 나타났다. 그러므로 구약 계시 전반에 도도히 흐르는 주된 맥락은 하나님의 나라임을 부인할 수 없다.

II. 공관복음서에 나타난 하나님의 나라

헤르만 리들보스(H. Ridderbos)는 그의 저서 "천국의 도래"에서 복음서의 주된 개념은 하나님의 나라이며, 그 밖의 모든 개념은 하나님의 나라 개념에 시중드는 종속 개념으로 고려하였다. 이는 공관복음서를 구속사적으로 이해하는 토양을 제공하였다.

1. 마태복음에 나타난 하나님의 나라

마태는 그의 복음서에 "천국"이란 어휘를 34회(헬라어 신약 성경 네슬알란 26판에 의함)나 채용한 반면 "하나님의 나라"란 용어는 자료 인용의 형식이나 비유대적 정황에서 단지 4회만 적용하였다. 이는 마태복음의 수신자가 유대인이었기 때문에 그들과의 접촉점을 염두에 둔 유대적 맥락(mattheanism)으로 해석되고 있다. 유대인의 전통적인 사상에는 하나님의 성호를 남용 혹은 오용해서는 안된다는 제 3계명에 대한 자구적 해석을 함으로써 심지어 하나님의 성호를 직접 호칭할 수 없다는 금기에 가까운 흐름이 있었다.

그러므로 "하나님의 나라"라는 용어 대신에 "하나님"의 완곡 명사인 "하늘들"(헬라어 "우라노온"으로 표현됨)이란 어휘로 동질 사상을 표현하였다. 그들은 그들의 민속 종교의 통념에 따라서 하늘을 칠층 구조로 이해하고 각 층마다 공중에 권세 잡은 악령들이 통치하는 것으로 생각하였다. 그러나 마지막 층 위에는 하나님의 보좌가 있고 그 아래 하늘의 층들은 마치 하나님의 발등상같다고 여겼다. 따라서 마태복음의 저자는 유대인들이 싫어하는 하나님의 성호를 직접 사용치 않음으로써 유대인 수신자들의 거부 반응을 피할 수 있었을 것으로 본다. 마태복음 이외의 복음서들에서는 "천국" 즉 "하늘들의 왕국"이란 유대적 용어는 한 번도 채용되지 않았다.

마태는 천국의 현존을 강조하였다. 하나님의 현현(데오파루시아) 즉 예수님께서 말씀이 육신이 되어 이 땅에 오심을 천국의 현저한 도래로 제시하였다. 그러므로 마태는 세례 요한과 예수 그리스도의 제 일성이 "회개하라 천국이 가까웠느니라"(마 3:2; 4:17)는 선포였음을 강조하였다. 제자들은 하나님의 나라가 손끝에 와 닿게 되었다고 선언하였을 때에 "그 나라가 어디 있는가"라고 물었다. 예수님께서는 "하나님의 나라는 너희 안에 있느니라"(눅 17:21)고 하셨다. 게랄더스 보스(G. Vos)는 "너희 안에"(in you)가 아니라 "너희 가운데"(among you)로 해석한다. 사실 문자적 의미도 그러하지만 예수님께서는 둘러싸고 있는 제자들 가운데 계시면서 자신의 인격과 사역(Person and Work)이 바로 천국의 현현이며 현존임을 가리키신 것으로 보아야 한다는 주장이다. 예수님은 천국의 현재적 실재(the present reality of the Kingdom)임에는 틀림이 없다.

헤르만 리들보스는 하나님의 나라 개념을 정의할 때 통치(Reign), 백성-통치에 전적으로 순복하는 신하의 개념(Subjects)-영역(Realm)으로 균형 있게 이해하였다. 이같은 삼중적 개념에 의하면 창조로부터 하나님의 통치로써 그의 나라가 이미(Already) 이 땅에 임하였다. 그러나 말씀이 육신이 되신 "로고스"로서 예수님의 말씀 통치는 천국의 현재적 도래를 더한층 계시한다. 그러므로 예수님께서 "내가 하나님의 성령을 힘입어 귀신을 쫓아내는 것이면 하나님의 나라가 이미 너희에게 임하였느니라"(마 12:28)고 선언하셨다. 이는 천국의 현재적 개시(Present inauguration of the Kingdom)로 이해해야 한다(마 4:17; 12:28; 막 1:14; 눅 11:20). 따라서 "데오파루시아" 혹은 "임마누엘"은 천국의 미래적 완성(future consummation of the Kingdom)을 전제한다(마 16:28; 26:29, 64; 막 9:1; 14:25, 62; 눅 9:27; 22:69).

이같은 양면적인 시간성(two perspectives)을 바로 이해하지 못하면 건전한 하나님의 나라 개념에 접근할 수 없다. 원리적인 면에서(in principle) 천국은 "이미"(already) 예수 그리스도의 인격과 사역 안에서 이 세상에 도래하였다. 그러나 선택된 백성이 완전히 돌아오고, 완전한 통치가 이루어질 영역으로서 신천신지가 실제적인 면에서(in practice) 구현되는 타계성(他界性)으로서의 천국은 "아직도 아니"(not yet)로 이해해야 한다. 그러므로 천국에 대한 시간성 이해는 언제나 "현재-미래적 개념"(present-future Eschatology)이어야 한다.

마태복음에서는 천국의 현재성을 세 가지 측면에서 강조한다. 첫째, 하나님의 현현(데오파루시아) 혹은 하나님의 임재(임마누엘)로서 "하나님의 나타나심"을 천국의 현존으로 동일시하는 것이다. 따라서 마태복음

첫 장부터 끝장까지 "하나님이 우리와 함께 계시다"는 "임마누엘" 사건 (1:23)과 "세상 끝날 까지 너희와 항상 함께 있으리라"는 선언적 "임마누엘" 약속(28:20)으로 이어지고 있다. 즉 말씀으로 오신 그리스도(로고스)로서 선 존재(Pre-existence)이신 예수 그리스도가 가시적인 인격으로 이 땅에 임하실 것을 천국의 현존으로 간주하는 것은 마태복음의 기본 흐름이다(3:2; 4:17;10:7). 이는 그리스도의 인격 자체가 "이미" 천국을 가져왔을 뿐만 아니라 특히 그리스도의 사역을 통하여 그리스도의 말씀의 통치가 실현되는 심령, 가정, 교회, 사회, 그리고 국가는 원리적인 면에서 "이미" 하나님의 나라가 와있는 것이다.

둘째, 예수 그리스도의 치유의 사역(Healing ministry)은 하나님 나라 현존으로 계시되었다. "천국이 가까웠다"는 것과 "병든 자를 고치며 죽은 자를 살리며 문둥이를 깨끗케 하는" 예수 그리스도의 치유 사역은 하나님 나라의 현재성을 보여주는 하나의 사건의 양면성이었다(마 10:17-18). 세례 요한이 투옥된 후에 제자들을 예수님께 보내어 "오실 그이가 당신이오니이까"라고 메시야 왕국의 도래에 대한 회의적 질문을 할 때 예수님께서는 "너희가 가서 듣고 보는 것을 요한에게 고하되 소경이 보며 앉은뱅이가 걸으며 문둥이가 깨끗함을 받으며 귀머거리가 들으며 죽은 자가 살아나며 가난한 자에게 복음이 전파된다 하라"(마 11:3, 5)고 말씀하셨다. 그러므로 치유의 사역은 메시야 왕국의 현존하는 증거로 채택되었다.

셋째, 축사의 사역(exorcism) 역시 하나님 나라 현존을 계시하였다. 예수님께서 "내가 하나님의 성령을 힘입어 귀신을 쫓아내는 것이면 하나님의 나라가 이미 너희에게 임하였느니라"(마 12:28)고 선언하셨다. 뿐만 아니라 치유의 사역과 축사의 사역을 동질한 병행 사역으로 말씀하셨다(마 10:8). 이같은 사역이 메시야 왕국의 징표들이 될 것임을 구약 계시가 예언하였다(사 35:4-5; 61:1-3). 그러므로 예수 그리스도의 인격과 말씀과 행동은 하나님 나라의 현재성을 보여주고 있다(1:23; 11:2-6, 27; 산상보훈, 12:28 등). 또한 마태복음에서는 천국의 미래성도 선명하게 계시한다. 마태는 예수 그리스도께서 천국의 현재적 성취(the present fulfillment of Basileia; 마 5:3,10; 11:13; 13:11,24,31,45,47 등)만 선포하신 것이 아니라 그 미래적 완성(the future consummation Basileia; 마 13:41,43; 16:28; 20:21 등)도 약속하심을 그의 복음서에 기록하였다. 그러므로 존 브라이트(John Bright)는 그의 저서 "하나님의 나라"에서 천국의 현재적 성취와 미래적 완성 사이에는 종말론적 긴장(eschatological tension)이 있다고 지적한다. 마태복음 13장에 채용된 여덟 개의 천국 비유들에는 천국의 현재적 전투성과 그 미래적 승리를 하나님의 나라와 사단의 나라가 긴장과 투쟁으로 대립하고 있음을 보여줌으로써 종말론적 긴장 관계를 설명한다.

특히 "씨 비유"(마 13:3-8참고, 막 4:1-9; 눅 8:4-8)는 하나님 나라의 미래적 승리와 완성을 분명하게 소개한다. 흔히 "씨 뿌리는 자의 비유"라고 하지만 이 비유의 초점은 씨뿌리는 자에 있는 것이 아니라 씨 자체에 있음을 간과해서는 안된다. 뿐만 아니라 흔히 "마음 밭"을 풍유적으로 해석(Allegorical Interpretation)하는 길가 밭이나, 가시밭, 돌 작밭, 옥토에 초점을 두는 것도 마태복음의 구조와 맥락을 무시하는 해석이다. 마태는 뿌려진 씨가 어떻게 되는가에 집중하고 있다(4, 5, 7, 8절 등). 씨는 "천국 말씀"(19절) 곧 예수 그리스도의 메시지(Kerygma, 케르그마)이다. 마가는 "뿌리는 자는 말씀을 뿌리는 것"(막 4:14)이라고 하였다. 말씀은 "천국 비밀"이요(마 13:10) "하나님 나라의 비밀"(눅 8:10)이다. 따라서 이는 "계시를 받는 자"(마 11:27)만이 이해할 수 있는 현재에는 감추인 천국(The Hiddenness of Basileia)에 대한 교훈이다.

이 세상 지혜나 인간 지성의 대상이 결코 될 수 없는 것이다(마 11:25-26). "씨를 뿌리는 자"는 예수님 자신이다(마 13:16-17). 킹스버리(J. D. Kingsbury)는 이 사역은 예수님께서 십자가의 죽으심과 부활로써 높임을 받은 이후 그의 교회를 통한 복음의 사역자들에게서 현재적 하나님의 나라가 진행된다고 하였다. "천국말씀"으로써 하나님의 나라는 어떠한 역경의 시대에도 마치 큰 밭 속의 생긴 길이나, 돌작이나, 가시떨기 같은 분위기 속에서도 마침내 30배, 60배, 100배로 확장한다고 리들보스는 주장한다. 마태는 기적적 결실(창 26:12)인 "1백"부터 언급하였다. 그러므로 복음서 저자 마태는 천국의 현재성과 그 미래성을 동시적으로 계시하고 있다.

2. 마가복음에 나타난 하나님의 나라

마가는 현재적으로 개시된 하나님 나라의 미래적 완성을 강조하였다(마 16:28; 20:21; 25:34 등). 따라서 예루살렘 멸망(주후 70년)과 "파루시아" 즉 주의 다시 나타나심을 분명하게 분리시켜 마태의 경우처럼 별개의 사건으로 강조하지 않는다. 왜냐하면 마가복음은 최초의 복음으로서(The Marcan Priority) 판단할 때에 예루살렘 멸망 이전에 기록되었기 때문이다. 마가는 하나님 나라의 원리적인 성취(Fulfillment)를 가져온 "데오파루시아"와 그 실재적인 완성(Consummation)을 가져올 "파루시아"를 연대기적으로 이해한 것이 아니라 원근투시적으로 이해(the prophetic foreshortening)하고 있다. 즉 구약의 선지자들이 그리스도의 초림과 재림을 분리시키지 않고 하나의 사건으로 대종말론적 입장에서 하나의 사건과 같이 이해한 것과도 같다. 따라서 마가는 예루살렘 멸망을 종말의 시작으로 제시함으로써(막 13:8) 임박한 천국(The imminence of Parousia)사상이나 연기 혹은 지연되는 천국(delay of parousia) 사상을 다같이 거부하고 천국의 현재성과 미래성을 동시적으로 균형있게 이해토록 제시하였다.

조지 래드(G.E. Ladd)를 비롯하여 수많은 학자들이 하나님의 통치성을 지나치게 강조함으로써 "세상 속에 하나님의 나라"를 지나치게 강조하고 있다. 그러나 안토니 후크마(Anthony Hoekema)같은 개혁주의 학자는 이같은 급진주의적 추세는 하나님 나라의 미래적 타계성을 약화시킨다고 그의 저서 "성경과 미래"(유효준역 "개혁주의종말론")에서 지적한다. 벤 엘드렌(B. Van Elderen)교수는 하나님 나라의 현재성에 대한 편견적 이해는 두 가지 오류의 원인이 되었다고 분석한다. 그 첫째는 자유주의 내지 급진주의 신학인 민중신학, 해방신학의 요람이 되었다는 것이다. 사실 하나님 나라의 현재성 강조는 현실적 책임을 중시하는 윤리시행에 중점을 두게 된다. 지금 여기가 하나님의 나라라면 천국 윤리가 시행되는 것은 마땅하다. 그러나 무시해서 결코 안될 것은 요단강 저편에 있는 도래하는 하나님 나라의 타계성이다.

그 둘째는 역설적으로 요하네스 바이스(Johnness Weiss)의 "미래 종말론"(Future Eschatology)이나 알버트 슈바이처(Albert Schweitzer)의 재림의 포기를 의미하는 "철저 종말론"(Consequent Eschatology)이나 씨 에취 다드(C. H. Dodd)의 실현된 종말론(Realized Eschatology)은 한결같이 미래적 하나님 나라의 완성을 계속적으로 연기 혹은 포기해 버리는 탈성경적 천국론에 도달하게 되는 것이다. 그러므로 마가의 강조점은 천국의 현재적 윤리성과 그 미래적 타계성을 동시적으로 붙잡게 한다.

3. 누가복음에 나타난 하나님의 나라

누가복음은 그리스도의 인격과 사역에 나타난 하나님 나라의 현재적 성취와 그 미래적 완성을 마태복음과 같이 현저하게 분리시키면서도 그 양자 사이에 "모든 족속"에게 복음이 증거되는 제자도(Discipleship)를 강조한다. 때문에 마가복음보다 하나님 나라의 현재성(Presence of God's Kingdom)을 강조하면서도 복음 전파의 기간이 상당히 있음을 암시함으로써 임박한 천국 도래보다 지연되는 재림을 제시하는 모순적 개념을 보여준다(눅 8장-11장). 그러나 이같은 이중적 강조는 모순이 아니라 둘 사이에 있는 긴장임을 이해해야 한다. 하나님 나라의 중심적 사역인 구속사(Redemption History)의 주제는 "판타 타 에드네" 즉 "모든 족속"이 아브라함의 언약에 참여하는데 있다(창 12:3; 마 28:19-20;

막 13:10, 한글 성경에는 "만국"으로 번역되었지만 "모든 족속"이 문자적 의미임). 누가는 유대인 우선 구원주의(Particularism)를 배격하고 "천국 복음이 모든 민족에게 증거되기 위하여 온 세상에 전파되리니 그제야 끝이 오리라"(마 24:14)는 마태복음의 맥락(Mattheamism)을 그대로 채용하여 유대인과 이방인의 차별이 없는 구원의 보편성(Universalism)을 강조하였다. 현재적 하나님의 나라를 보여주는 구원사역도 마태복음과 같이 치유의 사역(눅 10:9)과 축사의 사역(눅 11:20)으로 표현되었다.

III. 요한복음에 나타난 하나님의 나라

공관복음에는 "천국" 또는 "하나님의 나라"라는 용어가 평균 33회 이상 채용되었지만 요한복음에는 "천국"'이란 용어는 물론 없고 "하나님의 나라"란 어휘도 3장 3절과 5절에 2회만 채용되었다. 공관복음에 흔히 채용된 "인자의 나라", "당신의 나라", "내 나라" 등 "나라"(Basileia Simplex)란 용어도 공관복음서의 십분지 일에 미달하는 3회(18:36ter)만 채용되었다. 이같은 현상은 요한복음이 하나님의 나라를 공관복음서보다 덜 강조하는 것으로 판단케 할 수 있다. 그러나 자세히 분석하면 그 이유가 복음서 저자간의 본질에 있어서는 동질이지만 강조점의 차이에 기인함을 쉽게 알 수 있다.

요한은 마가나 누가가 천국 개념에 동격 명사로 "하나님의 나라"란 어휘를 채용하였듯이 그 동격 명사로 "생명"(헬라어 "조에"로 표현됨)이란 용어를 19회, 그리고 "영생"(헬라어 "조에 이이오니오스")이란 용어를 17회 채용하였다. 즉 천국에 들어가는 개념이나 하나님의 나라에 들어가는 개념이나 생명이나 혹은 영생에 들어가는 개념은 동질 개념임을 공관복음서에서도 볼 수 있다(마 19:16, 23이하, 막 10:17, 23-25; 눅 18:18, 24이하). 요한복음은 생명이나 영생을 현재적으로 소유함을 강조함으로써 시작된 종말 사상(Inaugurated eschatology)으로 다드(C. H. Dodd)의 실현된 종말론(realized Eschatology)과는 전혀 다른 진행돼 있는 하나님의 나라(realized Basileia)를 강조한다(요 5:23). 그러므로 공관복음에서 하나님의 나라를 가져온 치유나 축사의 사역으로써 천국의 현존을 제시하는 예는 전혀 없고 8가지의 표적들(헬라어 "세메이아"로서 "예수가 하나님의 아들 그리스도이심을 증거"하였다(요 20:31). 요한복음에 채용된 이 8가지 표적들(2:2-11; 4:46-54; 5:1-15; 6:1-14; 6:15-21; 9:1-41; 11:1-44; 21:6-11)은 진정한 왕이신 메시야의 신성과 사역(messianic role and divinity of Jesus)을 증거할 뿐만 아니라 그의 나라의 현재 미래적 도래를 포함한다. 또한 요한복음에서는 공관복음과는 달리 "데오파루시아"나 "임마누엘" 개념이 아니라 "영광"의 개념(Dogsa-Concept)으로써 하나님의 현재적 임재를 표현하였다(요 1:14). 이는 인자의 종말론적 임재를 암시하는 구약의 하나님의 임재를 나타내는 구름(쉐키나)과 연계성을 가진다(단 7:13-14; 계 1:7).

그리고 "보혜사"의 개념(Paraclete-Concept)도 역시 예수 그리스도의 종말론적 임재를 현재에 시작된 하나님 나라의 실재로 제시한다. 공관복음서와의 이같은 차이점은 공관복음서는 하나님의 나라 자체를 강조하는 반면에 요한복음은 하나님 나라의 영원한 왕권을 가지신 예수 그리스도를 강조했기 때문이라고 지적할 수 있다. 그러므로 요한복음도 역시 이미 임한(Already) 현재적 나라와 장차 임할(not yet) 미래적 나라를 그 시작과 완성으로서 제시하는 면에서 공관복음에 나타난 하나님의 나라 개념과 동일하다.

결론으로 환언한다면, 하나님의 나라에 대한 건전한 개념 이해의 결핍으로 말미암아 오늘날 천국의 현재성만을 강조하는 해방신학, 민중신학 등 급진주의 신학은 "데오파루시아"의 현재에 몰입된 나머지 천국의 미래성과 그 타계성을 무시하는 결함이 있다면, "데오파루시아"의 미래성만 강조하여 요단강 저편만 바라보게 하는 신비주의 내지 극단적 보수 신학은 천국의 현재성을 무시함으로써 이미 천국 백성이 된 기독자들의 이 땅에서의 현실적 책임과 천국 윤리(Kingdom Ethics)의 실천을 등한케 하는 결함이 있다.

11권 찾아보기

출 34:22-24 / 맥추절의 감사 / 13

민 11:16-23 / 여호와의 손이 짧아졌느냐 / 92
민 13:25-14:10 / 임마누엘의 신앙 / 96

신 6:49 / 말씀교육 / 17
신 8:11-20 / 너를 시험하사 / 141
신 9:12-21 / 모세의 중보기도 / 141
신 24:19-22 / 더불어 사는 삶 / 155

수 24:13-15 / 여호와만 섬기자 / 159

시 66:16-20 / 내 기도를 / 53
시 84:1-2 / 주의 장막 / 124
시 121:1-8 / 지키시는 자 / 109

사 52:7-10 / 땅 끝까지 / 9

마 5:14-16 / 빛이 되게 하소서 / 186
마 7:13-14 / 좁은 길 / 37
마 18:1-10 / 천국에서 큰 자 / 191
마 19:29-20:16 / 나중된 자 / 33

막 4:1-9 / 미래가 여기에 / 29
막 9:50 / 소금되게 하소서 / 168

눅 3:21-22 / 기도의 축복 / 119
눅 7:11-17 / 연민의 정 / 45

요 9:1-7 / 누구의 죄인가 / 129

행 2:37-47 / 계속 부흥하는 교회 / 114
행 10:1-8 / 가정 구원 / 66
행 12:1-12 / 교회적 중보기도 / 137
행 20:22-24 / 나의 길 / 49

롬 1:8-17 / 할 수 있는대로 / 58
롬 8:31-9:5 / 골육과 친척 / 80

고전 10:12-13 / 시험에서의 자유 / 41
고전 12:12, 26-27 / 성령의 은사 / 133

갈 5:1-6 / 율법에서의 자유 / 151

엡 4:30-5:2 / 그리스도와 같이 / 163

빌 2:5-8 / 자기를 비우는 삶 / 100

골 1:24-25 / 교회를 위하여 / 76

딤후 4:9-18 / 전도의 말씀 / 182

히 5:7-10 / 고난과 순종 / 173

벧전 1:3-4 / 산 소망 / 178
벧전 5:1-4 / 본이 되라 / 62

1~10권 찾아보기

창 2:18-25 / 뼈 중의 뼈 / 9권 p. 32
창 3:17-19 / 흙이니 흙으로 / 10권 p. 163
창 6:1-8 / 하나님의 사람들 / 10권 p. 107
창 6:9-12 / 구원받는 가정 / 2권 p. 126
창 12:1-4 / 복의 근원 / 2권 p. 35
창 12:1-4 / 순종과 믿음의 전진 / 2권 p. 171
창 12:1-4 / 말씀을 쫓아가는 사람 / 10권 p. 111
창 12:1-5 / 신앙의 여행 / 1권 p. 9
창 12:1-9 / 아브라함의 자취 / 2권 p. 168
창 12:1-9 / 축복의 언약 / 8권 p. 7
창 17:15-19 / 열국의 어미들 / 7권 p. 58
창 19:29 / 의인의 가치 / 10권 p. 171
창 22:1-14 / 신앙하는 자녀 / 2권 p. 177
창 23:22-25 / 부모를 즐겁게 하라 / 3권 p. 197
창 25:27-34 / 야곱의 도전 / 2권 p. 180
창 26:12-22, 27-31 / 이삭의 인간성 / 2권 p. 174
창 27:1-4 / 축복하는 아버지 / 8권 p. 66
창 28:10-22 / 야곱의 기도 / 2권 p. 99
창 32:21-30 / 절망에서의 자유 / 5권 p. 9
창 35:1-15 / 벧엘로 올라가자 / 8권 p. 47
창 37:5-11 / 우리의 꿈 / 2권 p. 135
창 39:1-6, 21-23 / 형통의 축복 / 7권 p. 89

출 2:23-25 / 언약 신앙 / 10권 p. 175
출 9:13-21 / 말씀을 마음에 / 7권 p. 49
출 15:22-26 / 치료하시는 여호와 / 10권 p. 219
출 16:1-12 / 광야 생활의 감사 / 1권 p. 13
출 20:1-6 / 아비로부터 / 9권 p. 127
출 20:8-11 / 복된 날 / 9권 p. 237
출 23:14-17 / 맥추절을 지키라 / 3권 p. 87
출 23:16 / 맥추절의 감사 / 10권 p. 35
출 32:30-35 / 모세의 기도 / 2권 p. 120
민 17:1-11 / 화목의 사역자 / 1권 p. 23

신 6:4-9 / 교육이 있는 가정 / 9권 p. 16
신 8:1-3 / 떡과 말씀 / 7권 p. 12
신 8:1-3, 14-16 / 복을 주시려고 / 7권 p. 260
신 8:1-4 / 사람이 사는 것 / 4권 p. 75
신 11:18-28 / 가정의 유산 / 1권 p. 18

수 9:3-16 / 묻지 아니하고 / 7권 p. 168
수 24:14-18 / 오직 나와 내 집은 / 9권 p. 107

룻 1:19-22 / 더불어 사는 삶 / 8권 p. 177

삼상 7:5-12 / 성회의 축복 / 7권 p. 45
삼상 7:12-14 / 에벤에셀 / 2권 p. 156
삼상 7:12-14 / 지금 여기까지 / 9권 p. 135
삼상 31:1-13 / 길보아 산의 교훈 / 1권 p. 28

삼하 3:1 / 강해지는 집 / 8권 p. 78
삼하 21:1, 14 / 그 후에야 / 7권 p. 71

왕상 4:29-34 / 솔로몬의 성공과 실패 / 3권 p. 56
왕상 17:8-16 / 먼저 하나님을 위하여 / 8권 p. 29
왕상 19:9-14 / 낙심이 될 때 / 9권 p. 99

왕하 2:1-14 / 영감의 소유자 / 4권 p. 115
왕하 2:1-14 / 영감의 사람 / 8권 p. 202
왕하 5:9-14 / 말씀대로 사는 사람 / 6권 p. 133
왕하 6:1-7 / 이상적 신앙 공동체 / 10권 p. 135
왕하 20:1-7 / 질병에서의 자유 / 6권 p. 18
왕하 22:8-19 / 나도 네 말을 들었노라 / 7권 p. 206

대상 4:9-10 / 축복받는 기도 / 8권 p. 57
대상 17:23-27 / 가정을 위한 기도 / 8권 p. 108
대상 21:1-8 / 괘씸죄 / 8권 p. 103
대상 29:10-17 / 주권신앙 / 8권 p. 42

대하 15:1-2 / 주를 찾으면 / 8권 p. 189

욥 1:1-5 / 신령한 가정 / 7권 p. 66
욥 1:1,6-12 / 악에서의 자유 / 9권 p. 36
욥 2:1-6 / 제한적 시험 / 9권 p. 210
욥 8:5-8 / 의로운 집 / 10권 p. 11
욥 21:6-16 / 악인의 형통 / 9권 p. 95
욥 22:21-23 / 재기의 축복 / 9권 p. 103
욥 42:10-17 / 나중 복 / 8권 p. 70
욥 42:10-17 / 시험을 이기는 가정 / 10권 p. 211

시 1:1-6 / 복 있는 사람 / 9권 p. 75
시 13:1-6 / 나의 눈을 밝히소서 / 1권 p. 33
시 16:1-11 / 나의 복 / 7권 p. 98
시 17:6-9 / 주께 피하는 사람 / 9권 p. 87
시 22:1, 27-29 / 선교의 미래 / 9권 p. 167
시 23:1-6 / 부족함이 없는 생활 / 4권 p. 14
시 23:1-6 / 따르는 양 / 6권 p. 141
시 27:1-6 / 한 가지 소원 / 1권 p. 38
시 29:1-2 / 진정한 예배 / 2권 p. 162
시 37:23-28 / 영원한 보호 / 9권 p. 119
시 56:9-13 / 감사제 / 9권 p. 58
시 68:19-21 / 짐을 지시는 주 / 3권 p. 252
시 88:12-14 / 아침의 기도 / 9권 p. 123
시 90:1-2 / 우리의 평생 / 2권 p. 147
시 90:1-12 / 한 평생 / 5권 p. 102
시 101:6 / 충성된 자 / 1권 p. 43

시 103:1-5,22; 104:1,33-35 / 찬양의 바른 개념 / 5권 p. 230
시 105:17-19 / 말씀의 단련 / 9권 p. 147
시 121:3-8 / 축복이 있는 가정 / 8권 p. 224
시 126:1-6 / 눈물의 기쁨 / 5권 p. 41
시 127:1-2 / 헛수고 / 9권 p. 41
시 127:1-5 / 여호와의 축복 / 1권 p. 48
시 137:1-9 / 시온의 눈물 / 1권 p. 53
시 144:1-4 / 사람이 무엇인가 / 8권 p. 129
시 145:1-10 / 은혜를 기념하자 / 1권 p. 58
시 145:17-21 / 간구하는 사람 / 9권 p. 67
시 146:1-5 / 소망의 축복 / 6권 p. 107

잠 1:7-9 / 지혜로운 자녀 / 5권 p. 82
잠 3:1-10 / 부러운 사람 / 5권 p. 23
잠 14:1 / 집을 세우는 여인 / 8권 p. 113
잠 16:9 / 자기의 길 / 9권 p. 131
잠 17:1 / 화목하는 가정 / 8권 p. 74
잠 17:1 / 화목한 가정 / 4권 p. 212
잠 22:6 / 자녀교육의 바른 개념 / 5권 p. 239
잠 24:16 / 의인의 모습 / 4권 p. 247
잠 27:7 / 주린 자 / 10권 p. 39
잠 29:18 / 묵시가 있는 백성 / 5권 p. 32
잠 31:10-31 / 진주 같은 여인 / 9권 p. 27

전 7:13-14 / 하나님이 하시는 일 / 8권 p. 125

아 11:28-30 / 마음의 안식 / 4권 p. 121

사 1:1-9 / 소와 나귀는 알건마는 / 2권 p. 105
사 1:18-23 / 오라 변론하자 / 4권 p. 272
사 2:1-4 / 오라 하나님 전에 이르자 / 4권 p. 277
사 2:1-4 / 새 시대의 교회 / 9권 p. 11
사 2:5-11 / 오라 빛에 행하자 / 4권 p. 282
사 6:1-3 / 오라 여호와께로 돌아가자 / 4권 p. 287
사 6:1-8 / 신령한 교제 / 8권 p. 86
사 14:12-20 / 죄의 뿌리 / 4권 p. 105
사 38:1-8 / 히스기야의 기도 / 2권 p. 114
사 43:14-21 / 새일을 보라 / 7권 p. 248

사 49:5-7 / 이방의 빛 / 1권 p. 63
사 53:1-9 / 대속적 고난 / 7권 p. 36
사 54:1-3 / 장막터를 넓히라 / 8권 p. 121
사 55:1-3 / 확실한 은혜 / 8권 p. 215
사 61:1-3 / 포로된 자에게 자유를 / 2권 p. 123
사 61:1-3 / 아름다운 소식 / 3권 p. 207

렘 1:4-10 / 열방의 선지자들 / 7권 p. 232
렘 5:1 / 한 사람이라도 / 4권 p. 54
렘 9:23-24 / 기뻐하시는 자랑 / 4권 p. 151
렘 9:23-24 / 우리의 자랑 / 7권 p. 107
렘 10:23 / 인생의 길 / 4권 p. 161
렘 20:7-13 / 중심에 붙은 불 / 3권 p. 92

겔 3:16-21 / 파수꾼의 책임 / 2권 p. 90
겔 11:19-21 / 천국 백성의 모습 / 1권 p. 68
겔 36:32-38 / 그래도 구하여야 / 7권 p. 197
겔 37:1-6 / 능히 살겠느냐 / 7권 p. 48

단 1:8-21 / 하나님이 주시는 복 / 3권 p. 61
단 6:10-16 / 감사와 축복 / 8권 p. 197

호 6:1-3 / 여호와께로 돌아가자 / 3권 p. 227
호 6:4-6 / 하나님을 아는 지식 / 5권 p. 90

암 4:12-13 / 하나님과의 만남 / 4권 p. 95
암 8:11-14 / 말씀의 기갈 / 9권 p. 143

합 3:2, 17-18 / 마음의 부흥 / 10권 p. 51

말 3:7-12 / 기본적 헌신과 축복 / 9권 p. 180
말 4:1-3 / 해가 떠올라서 / 5권 p. 86
말 4:1-3 / 치료하는 광선 / 7권 p. 32

마 1:18-25 / 임마누엘의 축복 / 4권 p. 262
마 1:18-25 / 임마누엘의 축복 / 7권 p. 22
마 2:1-12 / 베들레헴으로 가다 / 2권 p. 198
마 2:16-18 / 비통에서의 자유 / 4권 p. 257
마 3:7-12 / 좋은 열매 / 3권 p. 97

마 4:1-11 / 시험에서의 승리 / 1권 p. 72
마 4:1-11 / 마귀의 역사 / 7권 p. 76
마 4:18-22 / 사람을 낚는 어부 / 2권 p. 102
마 5:13 / 세상의 소금 / 8권 p. 171
마 6:1 / 은밀한 사역 / 3권 p. 222
마 6:1 / 사람에게 보이려고 / 7권 p. 103
마 6:27-34 / 염려에서의 자유 / 8권 p. 90
마 6:30-32 / 믿음이 적은 자 / 4권 p. 110
마 6:30-34 / 한 날의 철학 / 2권 p. 183
마 6:33-34 / 한 날의 수고 / 10권 p. 55
마 7:1-6 / 티와 들보 / 3권 p. 132
마 7:6-11 / 구하는 사람 / 6권 p. 98
마 7:7-11 / 구하는 생활 / 1권 p. 77
마 7:7-11 / 축복에의 도전 / 2권 p. 195
마 8:5-13 / 믿음의 소산 / 1권 p. 82
마 8:5-13 / 이만한 믿음 / 4권 p. 242
마 8:5-13 / 말씀 체험 / 8권 p. 94
마 9:17 / 새 포도주는 새 부대에 / 10권 p. 127
마 10:2-15 / 잃어버린 양에게로 / 10권 p. 167
마 10:26-31 / 아버지의 허락 / 5권 p. 15
마 10:28-31 / 아버지의 허락 / 6권 p. 76
마 10:40-42 / 냉수 한 그릇 / 10권 p. 119
마 11:16-19 / 기쁨의 세대 / 4권 p. 19
마 11:16-19 / 새 시대의 기쁨 / 5권 p. 133
마 11:16-19 / 장터의 아이들 / 6권 p. 166
마 11:28-30 / 그리스도의 초대 / 8권 p. 141
마 12:9-21 / 한 사람의 가치 / 3권 p. 232
마 12:22-32 / 성령 훼방죄 / 9권 p. 163
마 12:30-33 / 함께 모으는 자 / 1권 p. 87
마 13:33 / 누룩과 같은 인생 / 2권 p. 108
마 13:33 / 누룩과 같은 혁명 / 3권 p. 172
마 13:33 / 누룩 같은 사람 / 9권 p. 79
마 15:4-6 / 공경과 훼방 / 9권 p. 20
마 15:21-28 / 소원 성취의 비결 / 1권 p. 19
마 15:21-28 / 큰 믿음 / 6권 p. 80
마 16:13-17 / 누구라 하느냐 / 4권 p. 44
마 16:21-28 / 믿음의 각오 / 3권 p. 202
마 16:21-26 / 십자가를 지는 생활 / 5권 p. 36
마 16:24-27 / 십자가를 지는 사람 / 8권 p. 34

마 17:22-23 / 제 삼일 / 9권 p. 190
마 18:1-7 / 천국에서 큰 자 / 3권 p. 192
마 20:1-16 / 먼저 된 자 / 8권 p. 149
마 20:1-16 / 포도원의 품꾼 / 6권 p. 169
마 21:28-32 / 두 아들 / 6권 p. 172
마 21:33-46 / 소작 농부 비유 / 6권 p. 175
마 22:1-14 / 혼인 잔치 비유 / 6권 p. 178
마 23:23 / 십일조의 바른 개념 / 5권 p. 196
마 24:3-14 / 시험에 빠진 증거 / 1권 p. 96
마 24:32-35 / 무화과 나무 비유 / 6권 p. 181
마 25:1-13 / 열 처녀 / 6권 p. 184
마 25:14-30 / 한 해의 성적 / 10권 p. 123
마 25:31-44 / 작은 자 하나에게 / 1권 p. 101
마 25:31-45 / 사랑의 수고 / 9권 p. 49
마 26:26-28 / 떡과 잔의 축복 / 1권 p. 106
마 26:69-75 / 생각이 날 때 / 3권 p. 277
마 26:69-75 / 회개의 시간 / 7권 p. 244
마 28:1-10 / 부활의 약속 / 3권 p. 142
마 28:16-20 / 전도의 삼단계 / 2권 p. 41
마 28:16-20 / 모든 족속으로 / 3권 p. 177
마 28:16-20 / 제자 훈련 / 10권 p. 19
마 28:18-20 / 함께 있으리라 / 9권 p. 155

막 1:12-14 / 시험에서의 자유 / 10권 p. 179
막 1:35-45 / 자원하는 전도 / 3권 p. 122
막 2:1-12 / 이상적인 봉사자 / 3권 p. 247
막 2:13-17 / 식탁의 교제 / 6권 p. 57
막 3:31-35 / 예수님의 가족 / 4권 p. 24
막 4:35-41 / 광풍이 일어날 때 / 4권 p. 126
막 6:34-43 / 이상과 현실 / 9권 p. 194
막 7:14-23 / 속에서 나와서 / 10권 p. 215
막 8:27-34 / 인자의 고난 / 10권 p. 183
막 9:2-8 / 고난의 구주 / 4권 p. 232
막 9:14-29 / 기도의 능력 / 4권 p. 201
막 9:16-29 / 능력 체험 / 10권 p. 27
막 10:13-16 / 어린이의 나라 / 9권 p. 206
막 10:17-31 / 사랑의 대상 / 4권 p. 64
막 10:23 / 예루살렘으로 올라가자 / 4권 p. 166
막 10:29-31 / 백 배의 결실 / 1권 p. 111

막 10:35-45 / 인자의 구하는 것 / 1권 p. 115
막 10:35-45 / 섬김의 축복 / 4권 p. 141
막 10:46-52 / 보기를 원하나이다 / 2권 p. 129
막 13:5-10 / 복음이 먼저 / 9권 p. 54
막 13:16 / 파이디온의 나라 / 2권 p. 38
막 14:32-42 / 사단의 시험 / 9권 p. 218
막 15:21-27 / 골고다의 길 / 2권 p. 68
막 15:33-39 / 성취의 음성 / 4권 p. 49

눅 1:5-7 / 흠이 없는 부모 / 5권 p. 78
눅 1:26-38 / 이 몸을 쓰시옵소서 / 2권 p. 16
눅 2:8-14 / 성탄의 기쁨 / 5권 p. 55
눅 2:22-35 / 기다리는 사람 / 3권 p. 272
눅 2:22-35 / 기다리는 자 / 7권 p. 17
눅 2:40-52 / 자라나는 축복 / 8권 p. 61
눅 5:1-11 / 은혜 체험 / 8권 p. 162
눅 6:27-38 / 역설의 사람 / 9권 p. 63
눅 6:38 / 주는 사람 / 5권 p. 113
눅 6:43-45 / 마음에 가득한 것 / 2권 p. 84
눅 7:11-17 / 연민의 정 / 9권 p. 202
눅 10:25-37 / 선한 이웃 / 1권 p. 120
눅 10:25-37 / 착한 사마리아 사람 / 6권 p. 187
눅 11:5-8 / 밤중에 온 벗 / 6권 p 190
눅 11:42 / 십일조의 바른 개념 / 5권 p. 196
눅 12:1-12 / 두려워할 자 / 3권 p. 107
눅 12:41-48 / 청지기 정신 / 4권 p. 176
눅 13:1-9 / 이후에는 열매를 맺자 / 2권 p. 23
눅 13:10-17 / 주일 정신 / 10권 p. 195
눅 13:31-33 / 내가 갈 길 / 9권 p. 186
눅 14:15-24 / 아버지의 집을 채우자 / 1권 p. 125
눅 14:15-24 / 내 집을 채우라 / 10권 p. 99
눅 14:16-23 / 강권하는 사랑 / 7권 p. 215
눅 14:23 / 죄에서의 자유 / 5권 p. 98
눅 15:1-7 / 한 영혼의 가치 / 6권 p. 53
눅 15:11-24 / 스스로 돌이킨 아들 / 3권 p. 242
눅 15:11-24 / 돌이키는 자식 / 10권 p. 203
눅 16:19-31 / 현세와 내세 / 3권 p. 212
눅 16:19-31 / 가정 구원 / 5권 p. 69
눅 16:19-31 / 때를 놓친 사람 / 7권 p. 187

314 / 율법에서의 자유

눅 17:6 / 겨자씨 한 알만한 믿음 / 2권 p. 87
눅 17:11-19 / 감사의 표준 / 1권 p. 129
눅 17:11-19 / 감사와 축복 / 3권 p. 217
눅 17:11-19 / 열의 하나 / 7권 p. 219
눅 17:11-19 / 작은 감사 큰 은혜 / 10권 p. 103
눅 17:22-37 / 인자의 때에도 / 10권 p. 79
눅 18:9-14 / 불쌍히 여기옵소서 / 1권 p. 134
눅 18:9-14 / 기도의 정신 / 8권 p. 158
눅 18:18-23 / 자기 발견 / 8권 p. 133
눅 19:1-10 / 오늘 구원이 이 집에 / 2권 p. 53
눅 19:1-10 / 만남의 축복 / 4권 p. 100
눅 19:1-10 / 가정의 변화 / 10권 p. 15
눅 19:11-27 / 충성과 거역 / 1권 p. 138
눅 19:11-27 / 므나 비유 / 6권 p. 193
눅 22:39-46 / 어찌하여 자느냐 / 4권 p. 186
눅 22:39-46 / 시험에 들지 않게 / 8권 p. 181
눅 24:1-12 / 부활을 전하자 /2권 p. 71
눅 24:25-35 / 말씀의 역사 / 10권 p. 143

요 1:7-15 / 양과 목자 / 9권 p. 111
요 1:39-51 / 와 보라 / 9권 p. 171
요 2:1-11 / 잔치하는 교회 / 5권 p. 59
요 2:1-11 / 재미있는 교회 / 7권 p. 252
요 3:1-8 / 새로운 출생 / 7권 p. 121
요 3:16-21 / 그 아들을 세상에 보내신 것은 / 2권 p. 59
요 4:19-24 / 새 시대의 예배 / 4권 p. 207
요 4:27-30 / 변화된 사람 / 7권 p. 125
요 8:5-13 / 말씀 체험 / 8권 p. 94
요 8:31-36 / 진리가 주는 자유 / 3권 p. 167
요 9:1-5 / 하나님의 섭리 / 7권 p. 173
요 9:1-7 / 누구의 죄인가 / 2권 p. 111
요 13:1-11 / 생각의 뿌리 / 2권 p. 29
요 13:1-15 / 새로운 공동체 / 4권 p. 39
요 13:12-17 / 서로 발을 씻기는 것 / 4권 p. 227
요 13:12-17 / 삶의 자리 / 9권 p. 223
요 13:31-35 / 새 계명 / 1권 p. 143
요 14:1-6 / 영원한 두 처소 / 2권 p. 44
요 14:15-31 / 곁에서 도우시는 분 / 5권 p. 122

요 14:25-28 / 심령의 평안 / 2권 p. 144
요 15:1-7 / 응답받는 기도 / 8권 p. 99
요 15:9-14 / 사랑의 기쁨 / 3권 p. 152
요 16:20-24 / 근심에서 기쁨으로 / 1권 p. 147
요 19:28-30 / 고난의 목적 / 1권 p. 152
요 19:28-30 / 다 이루었다 / 6권 p. 116
요 20:19-23 / 부활의 신앙 / 5권 p. 94
요 20:19-23 / 너희를 보내노라 / 9권 p. 115
요 20:19-23 / 선교의식 / 10권 p. 115
요 20:24-29 / 믿음의 회복 / 1권 p. 156
요 20:26-29 / 주님의 사람 / 10권 p. 191
요 21:15-18 / 네가 나를 사랑하느냐 / 6권 p. 112
요 21:15-18 / 나를 사랑하느냐 / 9권 p. 228
요 24:1-12 / 부활을 전하자 / 2권 p. 71

행 1:6-11 / 예수님의 증인 / 4권 p. 29
행 1:6-11 / 증인의 사명 / 5권 p. 129
행 1:12-14 / 마음을 같이 하여 / 8권 p. 137
행 1:15-26 / 성실한 일꾼 / 2권 p. 74
행 1:15-26 / 제자의 모습 / 5권 p. 64
행 1:15-26 / 기도한 후에 / 8권 p. 24
행 2:1-4 / 다같이 한 곳에 / 7권 p. 202
행 2:1-4 / 영성 회복 / 9권 p. 151
행 2:1-13 / 새 술에 취한 교회 / 7권 p. 265
행 2:43-47 / 날마다 할 일 / 3권 p. 267
행 2:43-47 / 날마다 부흥 / 6권 p. 84
행 2:43-47 / 예루살렘 공동체 / 7권 p. 236
행 2:43-47 / 건강한 교회 / 10권 p. 91
행 3:1-10 / 예수의 이름으로 / 8권 p. 145
행 4:1-4 / 말씀을 들은 사람 / 8권 p. 154
행 6:1-3 / 빛을 발하라 / 7권 p. 141
행 6:1-7 / 말씀으로 성장하는 교회 / 9권 p. 139
행 6:1-7 / 이상적 교회 / 10권 p. 139
행 8:1-8 / 흩어진 사람들 / 4권 p. 34
행 8:1-8 / 하나님의 선교 / 6권 p. 159
행 8:1-8 / 하나님의 선교 / 7권 p. 149
행 9:10-19 / 나의 택한 그릇 / 3권 p. 127
행 9:31 / 든든히 선 교회 / 8권 p. 185
행 10:1-8 / 온 집으로 더불어 / 10권 p. 207

1~10권 찾아보기 / *315*

행 10:23-33 / 은혜받는 자세 / 5권 p. 117
행 10:44-48/ 성령이 내려오시는 집회/2권 p. 159
행 11:12-18 / 생명얻는 회개 / 4권 p. 59
행 11:19-28 / 그리스도인 / 2권 p. 138
행 12:1-5 / 예루살렘 교회의 기도 / 1권 p. 161
행 12:1-5 / 교회적 합심기도 / 10권 p. 95
행 12:1-12 / 믿음의 안식 / 4권 p. 80
행 13:13-23 /하나님의 마음에 합한 사람 / 6권 p. 149
행 13:13-23 / 하나님의 마음에 합한 사람 / 7권 p. 159
행 16:6-10 / 환상을 보는 교회 / 2권 p. 165
행 17:10-14 / 날마다 성경을 / 10권 p. 71
행 20:24-37 / 주는 인생이 되자 / 2권 p. 20
행 20:32-35 / 주는 사람 / 6권 p. 93
행 20:32-35 / 복 받는 비결 / 7권 p. 182
행 20:33-35 / 더 복된 삶 / 1권 p. 166
행 20:33-35 / 주는 복 / 6권 p. 62
행 23:11 / 마지막 여행 / 8권 p. 211

롬 1:13-17 / 감사의 사람 / 7권 p. 94
롬 1:16-17 / 복음과 능력 / 8권 p. 117
롬 1:18-23 / 하나님을 알만한 것 / 2권 p. 132
롬 3:23-29 / 칭의의 바른 개념 / 5권 p. 226
롬 4:17-25 / 말씀대로 믿는 사람 / 1권 p. 174
롬 4:18-22 / 견고한 마음 / 1권 p. 170
롬 4:18-22 / 말씀 중심의 사람 / 6권 p. 137
롬 5:1-11 / 환난에서의 승리 / 1권 p. 178
롬 5:3-4 / 환난의 저편에는 / 2권 p. 186
롬 5:3-4 / 환난과 소망 / 7권 p. 133
롬 5:12-21 / 죽음에서의 승리 / 1권 p. 183
롬 6:15-23 / 죄에서의 자유 / 1권 p. 187
롬 7:22-8:2 / 이상적인 사람 / 9권 p. 91
롬 8:1-11 / 그리스도의 사람 / 1권 p. 192
롬 8:12-17 / 아바 아버지 / 2권 p. 32
롬 8:26-28 / 모든 것이 합력하여 / 8권 p. 82
롬 9:1-1 / 바울의 근심과 고통 / 1권 p. 197
롬 9:1-3 / 신령한 근심 / 7권 p. 112
롬 12:1-2 / 변화된 마음 / 6권 p. 72

롬 12:1-2 / 영적 예배 / 8권 p. 20
롬 12:9-13 / 열심 있는 사람 / 9권 p. 83
롬 13:11-14 / 자다가 깰 때 / 2권 p. 50
롬 15:22-29 / 서바나로 가리라 / 2권 p. 93
롬 15:22-29 / 선교의 환상 / 7권 p. 256
롬 15:22-29 / 빚진 자의 선교 / 10권 p. 23
롬 15:22-33 / 이상과 도전 / 4권 p. 181

고전 1:18-25 / 십자가의 도 / 4권 p. 217
고전 1:18-25 / 미련한 전도 / 10권 p. 59
고전 4:1-5 / 맡은 자의 각오 / 4권 p. 267
고전 4:14-17 / 고백적 교육 / 3권 p. 112
고전 7:29-31 / 역설적인 생활 관념 / 2권 p. 13
고전 7:29-31 / 이 세상 / 7권 p. 211
고전 7:29-31 / 시간의 철학 / 9권 p. 198
고전 9:16-23/모든 사람에게 종이 되자/2권 p. 26
고전 9:19-23 / 더 많은 사람을 / 7권 p. 145
고전 9:19-23 / 모든 사람의 종 / 9권 p. 233
고전 9:23-27 / 상 얻는 자 / 4권 p. 191
고전 9:24-27 / 절제 생활 / 9권 p. 214
고전 10:1-13 / 피할 길 / 2권 p. 47
고전 10:1-10 / 감당할 시험 //3권 p. 237
고전 10:13 / 감당할 시험 / 7권 p. 129
고전 10:31-33/하나님의 영광을 위하여/8권 p. 12
고전 12:12, 26-27 / 공동 운명체 / 2권 p. 7
고전 12:22, 26-27 / 은사의 바른 개념/5권 p. 215
고전 12:28-13:3 / 더욱 큰 은사 / 10권 p. 75
고전 14:1-12, 16/덕을 세우는 신앙인/2권 p. 141
고전 15:1-11 / 하나님의 은혜 / 4권 p. 222
고전 15:1-11 / 은혜체험 / 10권 p. 83
고전 15:11-20 / 부활신앙 / 9권 p. 7
고전 15:16-19 / 죽음에서의 자유 / 4권 p. 9
고전 15:16-20 / 바라는 것 / 7권 p. 40
고전 15:50-58 / 주일의 바른 개념 / 5권 p. 204
고전 15:55-58 / 사망에서 생명으로 / 3권 p. 117
고전 15:57-58 / 더욱 힘쓰는 사람 / 8권 p. 38

고후 4:7-11 / 인생의 보배 / 4권 p. 196
고후 4:16-18 / 회고와 전망 / 1권 p. 201

고후 5:13-17 / 새로운 피조물 / 2권 p. 153
고후 5:17 / 진정한 개혁 / 5권 p. 106
고후 12:7-10 / 질병에서의 자유 / 1권 p. 206
고후 12:7-10 / 가시와 은혜 / 4권 p. 131
고후 12:7-10 / 약할 그 때에 / 10권 p. 31
고후 12:7-12 / 질병에서의 자유 / 7권 p. 7
고후 13:5-7 / 자신을 시험하라 / 1권 p. 211

갈 1:6-12 / 복음의 파수와 전파 / 10권 p. 63
갈 1:11-17 / 은혜의 부르심 / 1권 p. 215
갈 2:11-16 / 사랑의 책망 / 3권 p. 82
갈 2:20-21 / 믿음 안에서 사는 것 / 4권 p. 90
갈 3:1-6 / 실패에서의 자유 / 6권 p. 23
갈 3:1-9 / 믿음으로 말미암은 자 / 4권 p. 237
갈 4:12-20 / 해산의 수고 / 9권 p. 45
갈 4:19-20 / 해산하는 수고 / 1권 p. 219
갈 5:1 / 진정한 자유 / 5권 p. 109
갈 5:13-15 / 사랑의 사람 / 7권 p. 85
갈 6:1-6 / 자신을 돌아보자 / 10권 p. 87
갈 6:1-10 / 성도의 교제 / 3권 p. 102
갈 6:6-10 / 무엇으로 심든지 / 1권 p. 223
갈 6:11-16 / 성도의 자랑 / 6권 p. 125

엡 1장 / 성령의 인치심을 받자 / 5권 p. 138
엡 1:3-6 / 신령한 복 / 6권 p. 103
엡 1:17-19 / 마음의 눈 / 5권 p. 46
엡 1:22-23 / 교회의 바른 개념 / 5권 p. 235
엡 2장 / 성령 안에서 아버지께 나가자/5권 p. 143
엡 2:1-10 / 죽었던 사람 / 5권 p. 50
엡 3장 / 성령으로 속사람을 강건하게 하자 / 5권 p. 148
엡 4장 / 성령을 근심하게 하지 말자 / 5권 p. 153
엡 4:7-12 / 그리스도의 몸을 세우자 / 9권 p. 241
엡 4:11-16 / 은사의 바른 개념 / 5권 p. 215
엡 4:25-32 / 기독자의 언어 생활 / 3권 p. 137
엡 4:25-32 / 사랑의 언어 / 7권 p. 53
엡 4:25-32 / 성령 근심죄 / 9권 p. 176
엡 5장 / 성령의 충만함을 받자 / 5권 p. 159
엡 5:15-17 / 세월을 아끼라 / 8권 p. 167

엡 5:15-21 / 성령 충만을 받자 / 2권 p. 150
엡 5:15-21 / 범사에 감사 / 7권 p. 67
엡 5:22-6:4 / 가정 생활의 원리 / 2권 p. 80
엡 6장 / 성령 안에서 기도하자 / 5권 p. 161
엡 6:1-3 / 순종과 공경 / 7권 p. 62
엡 6:1-4 / 부모와 자녀 / 9권 p. 24
엡 6:4 / 자녀 교육의 바른 개념 / 5권 p. 239

빌 1:1-11 / 그리스도 예수의 마음 / 2권 p. 204
빌 1:27-30 / 복음에 합당한 생활 / 1권 p. 227
빌 2:1-4 / 이상적인 교회 / 3권 p. 157
빌 2:1-8 / 예수의 마음 / 7권 p. 164
빌 2:1-11 / 신앙 공동체 / 6권 p. 120
빌 2:1-11 / 겸손한 마음 / 10권 p. 43
빌 2:1-12 / 교만에서의 승리 / 1권 p. 231
빌 2:5-8 / 아들의 선교 / 7권 p. 81
빌 2:5-8 / 낮은 곳을 향하여 / 7권 p. 240
빌 3:1-9 / 예수를 아는 지식 / 7권 p. 228
빌 3:8-9 / 최고의 지식 / 9권 p. 245
빌 3:10-16 / 부름의 상 / 1권 p. 236
빌 3:10-16 / 상급 신앙 / 7권 p. 27
빌 3:13-16 / 한 일과 할 일 / 2권 p. 201
빌 4:1-7 / 주 안에서의 생활 / 3권 p. 67
빌 4:4-7 / 슬픔에서의 자유 / 6권 p. 14
빌 4:10-13 / 가난에서의 자유 / 1권 p. 241
빌 4:10-13 / 자족하는 사람 / 9권 p. 71
빌 4:10-13 / 능력주시는 자 안에서/ 10권 p. 131

골 1:3-8 / 전도의 열매 / 1권 p. 246
골 1:23-29 / 이상적인 일꾼 / 10권 p. 47
골 1:24-29 / 그리스도의 남은 고난 / 8권 p. 229
골 3:1-4 / 위엣 것 땅엣 것 / 7권 p. 224
골 4:2-6 / 전도할 문을 열어 주소서 / 1권 p. 251

살전 5:1-11 / 낮에 속한 사람 / 1권 p. 256
살전 5:1-11 / 재림의 바른 개념 /5권 p. 209
살후 1:3-9 / 자랑스러운 교회 / 4권 p. 156
살후 3:6-12 / 인생의 자본 / 4권 p. 171

살후 5:1-11 / 낮에 속한 사람 / 7권 p. 137

딤전 3:15 / 교회의 바른 개념 / 5권 p. 235
딤전 4:6-11 / 경건의 연습 / 3권 p. 14
딤전 6:3-5 / 경건의 연습 / 9권 p. 159
딤전 6:7-12 / 오직 너 하나님의 사람아/2권 p. 10
딤전 6:7-12/세상과의 싸움에서의 승리/3권 p. 19
딤전 6:7-12 / 하나님의 사람 / 3권 p. 23

딤후 2:1-13 / 전승되는 부탁 / 3권 p. 28
딤후 2:1-13 / 함께 고난을 받자 / 10권 p. 187
딤후 3:15-17 / 성경적 자녀 교육 / 7권 p. 116
딤후 3:12-17 / 지혜의 원천 / 8권 p. 16
딤후 4:1-5 / 때를 얻든지 못 얻든지 / 2권 p. 77
딤후 4:1-8 / 나의 달려갈 길 / 3권 p. 9
딤후 4:9-18 / 내 곁에 계신 주님 / 2권 p. 65

히 4:9-13 / 고통에서의 자유 / 6권 p. 9
히 5:6-10 / 아들의 고난 / 3권 p. 147
히 9:11-14 / 보혈의 능력 / 3권 p. 162
히 9:11-22 / 그리스도의 피 / 2권 p. 96
히 10:32-39 / 믿음을 가진 자 / 4권 p. 85
히 11:3 / 창조의 바른 개념 / 5권 p. 220
히 11:6,24-26 / 상주시는 이 / 4권 p. 146
히 11:8-10 / 순종과 믿음의 전진 / 2권 p. 171
히 11:23-26 / 믿음의 가정 / 10권 p. 199
히 12:3-13 / 징계에서의 자유 / 3권 p. 33

약 1:1 / 흩어진 사람들 / 6권 p. 198
약 1:2-4 / 여러 가지 시험 / 6권 p. 201
약 1:5-8 / 두 마음 / 6권 p. 204
약 1:8-11 / 사랑의 공동체 / 6권 p. 207
약 1:12-15 / 시험을 이기는 비결 / 4권 p. 70
약 1:12-15 / 시험의 뿌리 / 6권 p. 210
약 1:16-18 / 다양한 은사 / 6권 p. 213
약 1:19-21 / 온유한 사람 / 6권 p. 216
약 1:25 / 자유와 율법 / 6권 p. 219
약 1:26-27 / 경건 생활 / 6권 p. 221
약 2:1-7 / 믿음에 부요한 사람 / 6권 p. 224

약 2:5-9 / 믿음에 부요한 사람 / 3권 p. 182
약 2:8-13 / 율법의 정신 / 6권 p. 227
약 2:14-19 / 행함이 없는 믿음 / 6권 p. 230
약 2:20-26 / 온전한 믿음 / 6권 p. 233
약 3:1-6 / 선생과 재갈 / 6권 p. 236
약 3:7-12 / 단물과 쓴물 / 6권 p. 239
약 3:13-18 / 위로부터 난 지혜 / 6권 p. 242
약 4:1-3 / 정욕의 기도 / 6권 p. 245
약 4:4-10 / 겸손의 축복 / 6권 p. 248
약 4:5-10 / 겸손한 자가 받는 복 / 3권 p. 37
약 4:11-12 / 비방과 판단 / 6권 p. 251
약 4:13-17 / 삶의 우선 순위 / 5권 p. 19
약 4:13-17 / 안개 인생 / 6권 p. 254
약 5:1-6 / 말세와 재물 / 6권 p. 257
약 5:7-11 / 인내와 축복 / 6권 p. 260
약 5:12 / 맹세와 정죄 / 6권 p. 263
약 5:12-18 / 믿음의 기도 / 6권 p. 266
약 5:13-18 / 믿음의 기도 / 3권 p. 77
약 5:19-20 / 돌아서게 하는 자 / 3권 p. 257
약 5:19-20 / 전도와 사랑 / 6권 p. 269

벧전 1:5-12 / 고난과 영광 / 8권 p. 219
벧전 2:11-12 / 정욕과의 싸움에서의 승리 / 3권 p. 47
벧전 2:11-12 / 나그네 같은 인생 / 3권 p. 262
벧전 3:1-6 / 거룩한 부녀들 / 5권 p. 73
벧전 3:7 / 아내를 귀히 여기는 남편 / 5권 p. 28
벧전 4:7-11 / 청지기 인생 / 2권 p. 192
벧전 4:7-11 / 종말의 사역 / 10권 p. 67
벧전 4:12-16 / 불 시험 / 6권 p. 154
벧전 4:12-16 / 불 시험 / 7권 p. 154

벧후 3:17-18 / 계속적인 성장 / 10권 p. 155

요일 1:5-10 / 하나님과의 사귐 / 10권 p. 147
요일 2:12-17 / 순간과 영원 / 3권 p. 51
요일 3:9 / 하나님께로서 난 자 / 10권 p. 151
요일 3:13-24 / 사랑의 증거 / 4권 p. 136

계 2:1-7 / 처음 행위를 가지라 / 3권 p. 187
계 2:1-7 / 에베소 교회에 주신 편지 / 5권 p. 172
계 2:8-11/ 서머나 교회에 주신 편지 / 5권 p. 175
계 2:12-17/ 버가모 교회에 주신 편지/5권 p. 178
계 2:18-29/두아디라 교회에 주신 편지/5권 p. 81
계 3:1-6 / 사데 교회에 주신 편지 / 5권 p. 185
계 3:7-8 / 적은 능력으로 / 6권 p. 145
계 3:7-13 / 하나님의 성전에 기둥이 되자 / 2권 p. 62
계 3:7-13 / 열린 문 / 2권 p. 189
계 3:7-13 / 빌라델비아 교회에 주신 편지 / 5권 p. 188
계 3:7-13 / 말씀과 축복 / 10권 p. 159
계 3:14-22 / 라오디게아 교회에 주신 편지 / 5권 p. 191
계 3:20 / 문을 열면/ 8권 p. 193

CHRISTIAN LITERATURE CRUSADE

사단법인 기독교문서선교회는 청교도적 복음주의신학과 신앙을 선포하는 국제적, 초교파적, 비영리 문서선교기관입니다.

사단법인 기독교문서선교회는 한국교회를 위한 교육, 전도, 교화에 힘쓰고 있습니다.

만일 당신이 예수 그리스도와 그리스도인의 생활에 대하여 알기를 원하시면 지체말고 서신연락을 주십시오. 주 안에서 기쁜 마음으로 도움을 드리겠습니다.

서울 서초구 방배동 983-2
Tel. (02)586-8761~3

사단법인 **기독교문서선교회**

율법에서의 자유

저　　자 ·	김 근 수
발 행 일 ·	2001년 8월 20일
발 행 처 ·	기독교문서선교회
주　　소 ·	서울시 서초구 방배동 983-2
전　　화 ·	(02)586-8761~3
	(031)923-8762~3(영업부)
E-mail ·	clc@clckor.com
홈페이지 ·	www.clckor.com
F A X ·	(02)523-0131
	(031)923-8761(영업부)
온 라 인 ·	국민은행 043-01-0379-646
	기업은행 073-021367-06-023
등　　록 ·	1980년 1월 18일 제16~25호

〈낙장·파본은 교환해 드립니다〉
ISBN 89-341-0716-2(04230)
ISBN 89-341-0648-4(세트)